전과목 최종모의고사

우편일반 · 예금일반 · 보험일반 · 컴퓨터일반

시대에듀

INTRODUCE
계리직이란?

📧 우정사업본부에서 하는 사업은?
우정사업본부(지방우정청)는 과학기술정보통신부 산하기관으로, 핵심 업무인 우편물의 접수·운송·배달과 같은 우정사업을 비롯하여 우체국보험 등 금융 관련 사업에 관한 정책을 수립하고 집행하는 일을 담당합니다.

📧 계리직 공무원이 하는 일은?
계리직 공무원의 직무는 우체국 금융업무, 회계업무, 현업창구업무, 현금수납 등 각종 계산관리업무와 우편통계관련업무입니다.

📧 계리직 공무원을 선호하는 이유는?

1. 영어·한국사 부담 DOWN
계리직 공무원은 전문성 있는 인재를 뽑고자 업무에 필요한 영어 7문제 출제와 한능검 자격제도를 도입하였습니다. 이는 수험생들이 직무관련 과목에 집중할 수 있도록 하여 학습의 효율성을 높여줍니다.

2. 업무 만족도 UP
계리직은 대부분 발령이 거주지 안에서 이루어지므로 거주지 이전의 부담이 적습니다. 또한 업무 특성상 명절 기간 등을 제외하고는 야근을 하는 일이 드물어 업무 만족도가 높은 편입니다.

INFORMATION
시험 안내

📬 주관처
우정사업본부 및 지방우정청

📬 응시자격

구분	내용
학력·경력	제한 없음
응시연령	만 18세 이상
결격사유	다음에 해당하는 자는 응시할 수 없음 ❶ 「국가공무원법」 제33조의 결격사유에 해당되는 자 ❷ 「국가공무원법」 제74조(정년)에 해당되는 자 ❸ 「공무원임용시험령」 등 관계법령에 의하여 응시자격을 정지당한 자(판단기준일: 면접시험 최종예정일)
구분 모집 응시 대상자	❶ 장애인 구분 모집 응시 대상자 「장애인복지법 시행령」 제2조에 따른 장애인 및 「국가유공자 등 예우 및 지원에 관한 법률 시행령」 제14조 제3항에 따른 상이등급 기준에 해당하는 자 ❷ 저소득층 구분 모집 응시 대상자 「국민기초생활 보장법」에 따른 수급자 또는 「한부모가족지원법」에 따른 지원대상자에 해당하는 기간이 응시원서 접수일 또는 접수마감일까지 계속하여 2년 이상인 자
거주지역 제한	공고일 현재 응시하는 지방우정청 거주지역에 주민등록이 되어 있어야 응시 가능

📬 시험과목 및 시험기간

구분	내용
시험과목	❶ 우편일반　❷ 예금일반 ❸ 보험일반　❹ 컴퓨터일반(기초영어 7문항 포함)
문항 수	과목당 20문항
특이사항	한국사는 한국사능력검정시험으로 대체(한능검 3급 이상)

※ 세부 사항은 반드시 시행처의 최신 공고를 확인해 주세요.

2024 시험 총평 및 통계

📩 총평

우정사업본부 발표에 따르면 2024년 우정 9급(계리) 공무원 선발인원은 362명으로 작년보다 10명 감소하였다. 작년에 비해 평균 경쟁률은 소폭 상승하였는데, 경쟁률이 가장 높은 지역은 부산 69.6:1이고 경쟁률이 가장 낮은 것은 강원 21.2:1로 나타났다.

2024년 필기시험은 우편일반, 예금일반, 보험일반, 컴퓨터일반 4과목으로 개편된 후 치러진 첫 시험이었다. 높은 난도에 대한 예상과 달리 전반적으로 평이한 난도로 출제되었다. 그러나 시험 문제 유형의 변화로 그동안 출제되지 않았던 영역에서 문제가 출제되는 양상을 보인 만큼 과목별로 충분한 대비가 필요하다.

우정사업본부에서 공고한 2024년 시험의 특이사항은 다음과 같다.

2024년 시험 특이사항

 한국사능력검정제 도입 | 시험의 공신력 향상을 위해 기존 필기시험 과목 중 한국사를 한국사능력검정시험으로 대체

 직무관련 과목 확대 | 직무관련성이 높은 금융상식을 예금일반(20문항)과 보험일반(20문항)으로 세분화하여 업무전문성 및 시험 변별력 확보

 실무위주 문제 출제 | 업무관련성이 낮은 컴퓨터일반의 알고리즘, 프로그래밍 언어론 및 상용한자를 출제범위에서 제외

 창구업무를 주로 수행하는 계리직종의 특성을 고려하여 **기초영어는 생활영어 중심으로 개선**하고 문항 수 확대(2문항 ➡ 7문항)

2025년 시험을 준비하기 위해서는 우선 한국사능력검정시험을 취득해야 하며, 예금일반, 보험일반 과목은 우정사업본부에서 제공하는 학습자료 및 기출문제를 중심으로 학습해야한다. 또한 영어 과목의 문항이 생활영어를 중심으로 개편·확대됨에 따라 창구에서 사용할 수 있는 다양한 영어 숙어와 표현을 익혀두는 것이 좋다.

전반적으로 평이했던 2024년 시험에 의해 2025년 시험은 난도의 소폭 상승이 있을 수 있다. 우정사업본부에서 제공하는 학습자료와 기출문제를 바탕으로 출제경향을 면밀히 파악하여 학습하는 자세가 필요하다.

지역별 시험 통계

❶ 지원자 및 응시율

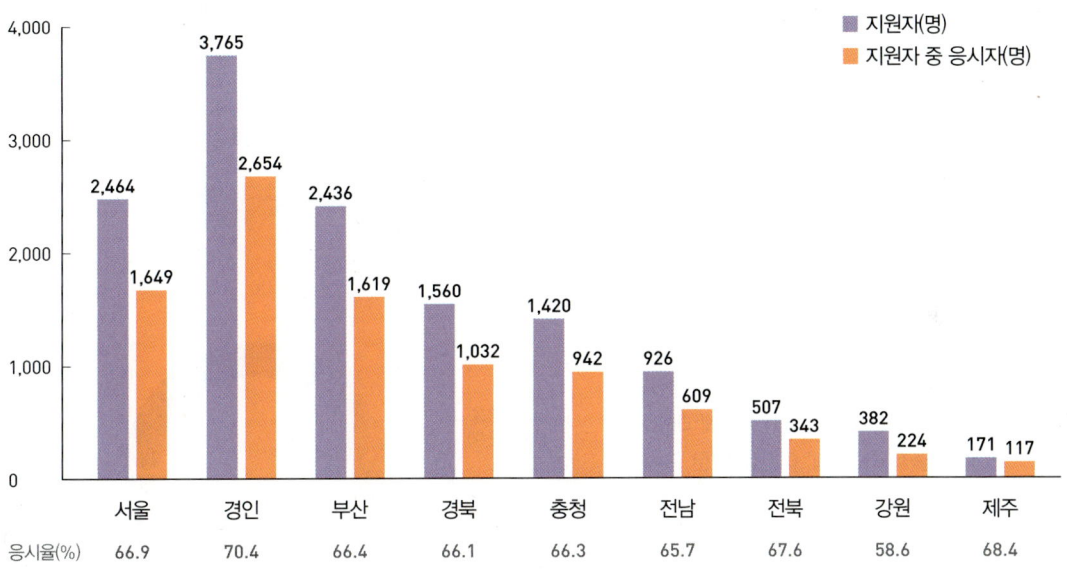

	서울	경인	부산	경북	충청	전남	전북	강원	제주
지원자(명)	2,464	3,765	2,436	1,560	1,420	926	507	382	171
지원자 중 응시자(명)	1,649	2,654	1,619	1,032	942	609	343	224	117
응시율(%)	66.9	70.4	66.4	66.1	66.3	65.7	67.6	58.6	68.4

❷ 시험 합격선 및 경쟁률

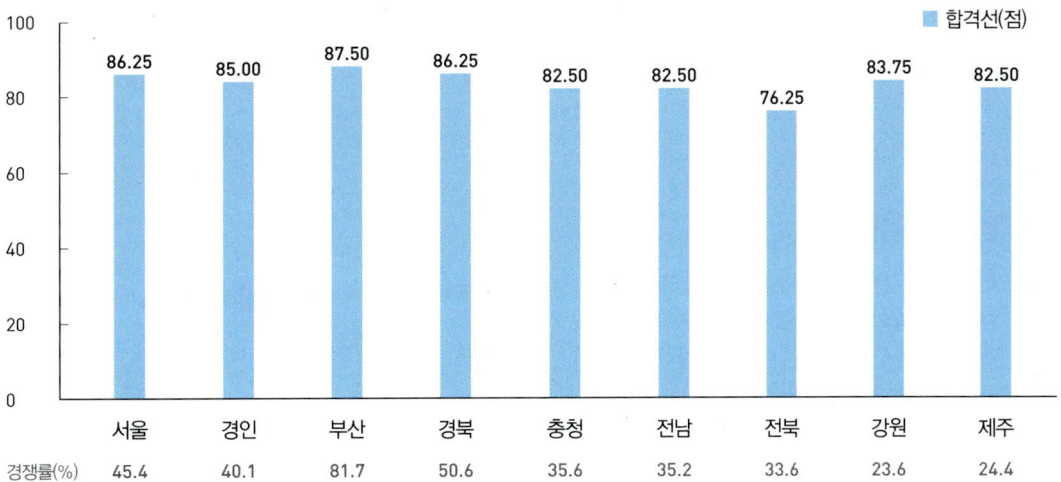

	서울	경인	부산	경북	충청	전남	전북	강원	제주
합격선(점)	86.25	85.00	87.50	86.25	82.50	82.50	76.25	83.75	82.50
경쟁률(%)	45.4	40.1	81.7	50.6	35.6	35.2	33.6	23.6	24.4

※ 합격선 및 경쟁률은 각 지방 우정청별 '일반'부문을 기준으로 수록하였습니다.

REPORT
2024 기출 리포트

📬 우편일반

국내우편이 여전히 높은 비중을 차지하였으나 그동안 출제되지 않았던 물류 영역에서도 문제가 출제되었으므로 학습 시 해당 영역의 시간 배분에 신경을 쓸 필요가 있을 것으로 보인다.

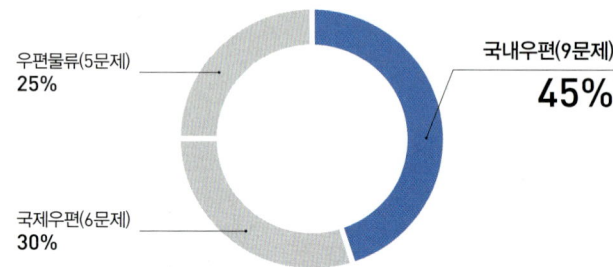

- 국내우편(9문제) 45%
- 국제우편(6문제) 30%
- 우편물류(5문제) 25%

📬 예금일반

금융 관련 내용 특성상 체감난도가 높았을 수 있으나 까다롭게 나왔던 작년에 비해 비교적 낮은 난도였다. 우체국 금융상품에 대한 문제가 다수 출제되었는데, 이론에 대한 구체적인 지식을 요하는 문제가 대부분이었다.

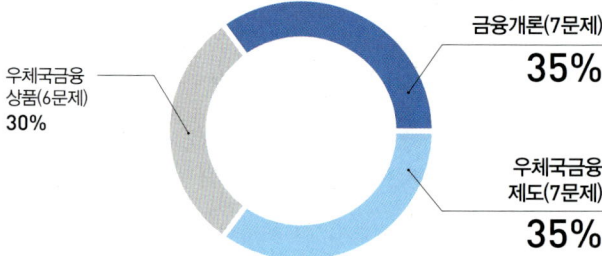

- 금융개론(7문제) 35%
- 우체국금융제도(7문제) 35%
- 우체국금융상품(6문제) 30%

📬 보험일반

전반적으로 평이한 난도에 빈출 영역 위주로 출제되었다. 실무 중심의 보험상품 관련 문제가 다수 출제된 점은 눈여겨볼 만하다.

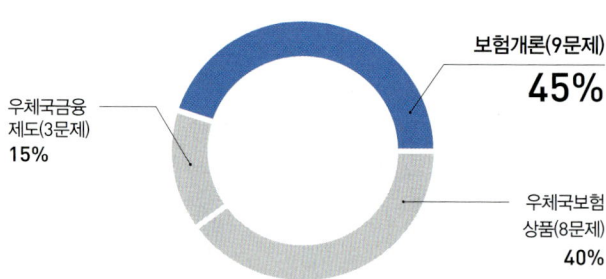

- 보험개론(9문제) 45%
- 우체국보험상품(8문제) 40%
- 우체국금융제도(3문제) 15%

📬 컴퓨터일반

프로그래밍 언어론 및 자료구조 영역이 출제 범위에서 제외되어 이전보다 난도가 낮아질 것이라는 예상처럼 높은 난도의 시험은 아니었다. 그동안 출제되지 않았던 정보 보안 관련 문제가 출제되었으나 문제 풀이에 큰 어려움은 없었을 것으로 보인다.

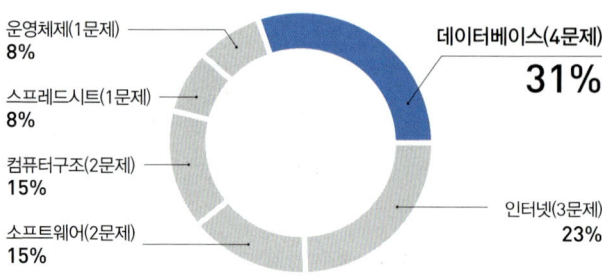

- 데이터베이스(4문제) 31%
- 인터넷(3문제) 23%
- 소프트웨어(2문제) 15%
- 컴퓨터구조(2문제) 15%
- 스프레드시트(1문제) 8%
- 운영체제(1문제) 8%

STRUCTURES
이 책의 구성과 특징

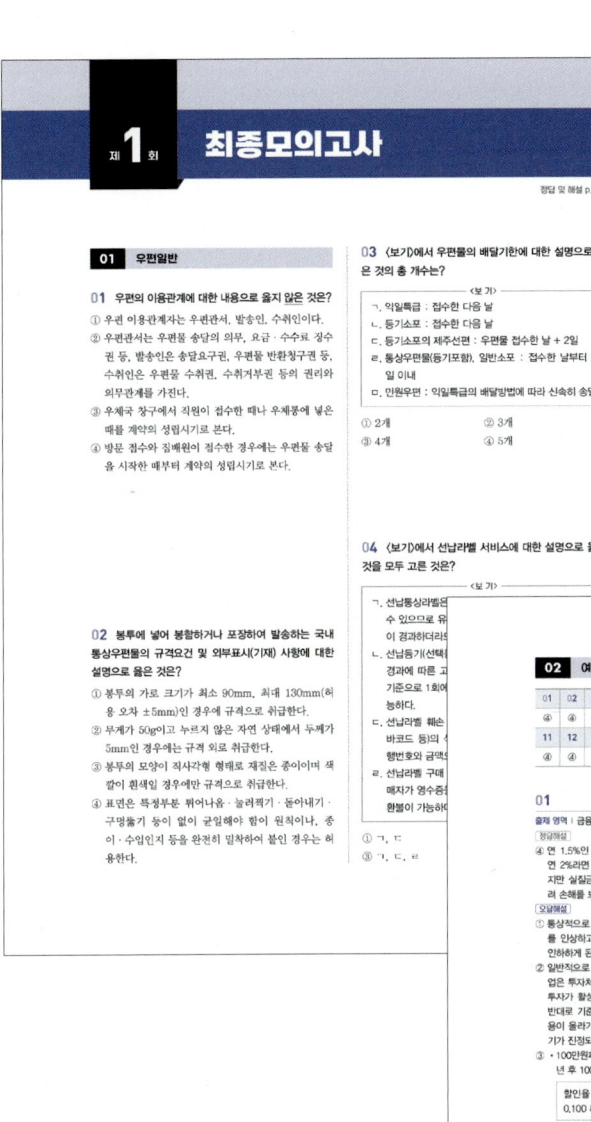

총 5회분 모의고사 수록

2025년 시험대비를 위한 총 5회분의 모의고사를 수록하였습니다.

출제경향 완벽 반영

2024년 시험부터 개편된 출제경향과 우정사업본부 학습자료를 반영한 문제들로 구성하였습니다.

정확하고 풍부한 해설

세분화된 '출제 영역'과 '정답 및 오답 분석'으로 부족한 부분을 파악하고, '더 알아보기'로 중요한 이론을 학습할 수 있습니다.

CONTENTS 목차

최종 모의고사

제1회 최종모의고사 · · · · · · · 3

제2회 최종모의고사 · · · · · · · 23

제3회 최종모의고사 · · · · · · · 43

제4회 최종모의고사 · · · · · · · 63

제5회 최종모의고사 · · · · · · · 81

정답 및 해설

제1회 정답 및 해설 · · · · · · · 103

제2회 정답 및 해설 · · · · · · · 117

제3회 정답 및 해설 · · · · · · · 133

제4회 정답 및 해설 · · · · · · · 149

제5회 정답 및 해설 · · · · · · · 167

우정 9급 계리직 공무원 전과목 최종모의고사

최종모의고사

제1회	최종모의고사
제2회	최종모의고사
제3회	최종모의고사
제4회	최종모의고사
제5회	최종모의고사

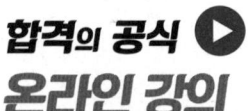 

보다 깊이 있는 학습을 원하는 수험생들을 위한
시대에듀의 동영상 강의가 준비되어 있습니다.
www.sdedu.co.kr → 회원가입(로그인) → 강의 살펴보기

제1회 최종모의고사

01 우편일반

01 우편의 이용관계에 대한 내용으로 옳지 않은 것은?

① 우편 이용관계자는 우편관서, 발송인, 수취인이다.
② 우편관서는 우편물 송달의 의무, 요금·수수료 징수권 등, 발송인은 송달요구권, 우편물 반환청구권 등, 수취인은 우편물 수취권, 수취거부권 등의 권리와 의무관계를 가진다.
③ 우체국 창구에서 직원이 접수한 때나 우체통에 넣은 때를 계약의 성립시기로 본다.
④ 방문 접수와 집배원이 접수한 경우에는 우편물 송달을 시작한 때부터 계약의 성립시기로 본다.

02 봉투에 넣어 봉함하거나 포장하여 발송하는 국내 통상우편물의 규격요건 및 외부표시(기재) 사항에 대한 설명으로 옳은 것은?

① 봉투의 가로 크기가 최소 90mm, 최대 130mm(허용 오차 ±5mm)인 경우에 규격으로 취급한다.
② 무게가 50g이고 누르지 않은 자연 상태에서 두께가 5mm인 경우에는 규격 외로 취급한다.
③ 봉투의 모양이 직사각형 형태로 재질은 종이이며 색깔이 흰색일 경우에만 규격으로 취급한다.
④ 표면은 특정부분 튀어나옴·눌러찍기·돋아내기·구멍뚫기 등이 없이 균일해야 함이 원칙이나, 종이·수입인지 등을 완전히 밀착하여 붙인 경우는 허용한다.

03 〈보기〉에서 우편물의 배달기한에 대한 설명으로 옳은 것의 총 개수는?

―〈보 기〉―
ㄱ. 익일특급 : 접수한 다음 날
ㄴ. 등기소포 : 접수한 다음 날
ㄷ. 등기소포의 제주선편 : 우편물 접수한 날 + 2일
ㄹ. 통상우편물(등기포함), 일반소포 : 접수한 날부터 3일 이내
ㅁ. 민원우편 : 익일특급의 배달방법에 따라 신속히 송달

① 2개 ② 3개
③ 4개 ④ 5개

04 〈보기〉에서 선납라벨 서비스에 대한 설명으로 옳은 것을 모두 고른 것은?

―〈보 기〉―
ㄱ. 선납통상라벨은 시간이 경과하면 인쇄상태가 흐려질 수 있으므로 유효기간 내 사용을 권장하며, 유효기간이 경과하더라도 고객 요청 시 재출력이 가능하다.
ㄴ. 선납등기(선택등기, 준등기) 라벨의 경우 유효기간 경과에 따른 고객의 라벨 재출력 요청 시 판매일자 기준으로 1회에 한하여 1년을 연장하여 재출력이 가능하다.
ㄷ. 선납라벨 훼손 정도가 심각하여 판매정보(발행번호, 바코드 등)의 식별이 불가능한 경우에도 동일한 발행번호와 금액으로 재출력(교환)이 가능하다.
ㄹ. 선납라벨 구매 취소 및 환불은 구매 당일에 한해 구매자가 영수증을 소지하여 판매한 우체국에 방문 시 환불이 가능하다.

① ㄱ, ㄷ ② ㄱ, ㄹ
③ ㄱ, ㄷ, ㄹ ④ ㄴ, ㄷ, ㄹ

05 보험통상 우편물의 취급 대상 및 금액에 대한 설명으로 옳지 않은 것은?

① 통화등기 취급의 한도액은 10원 이상 100만원 이하의 국내 통화로서 10원 미만의 단수는 붙일 수 없다.
② 물품등기의 신고가액은 10원 이상 300만원 이하의 물건만 취급하며, 10원 미만의 단수는 붙일 수 없다.
③ 외화등기의 취급 금액은 최소 10만원 이상 100만원 이하이며, 원화 환산 시 기준으로 지폐만 가능하다.
④ 유가증권등기의 취급 대상 및 한도액은 액면 또는 권면가액이 10원 이상 2천만원 이하의 송금수표, 국고수표, 우편환증서, 자기앞수표, 상품권, 선하증권, 창고증권, 화물상환증, 주권, 어음 등으로, 10원 미만의 단수는 붙일 수 없다.

06 국내우편서비스 중 준등기우편에 대한 설명으로 옳지 않은 것은?

① 우편물의 접수에서 배달 전(前)단계까지는 등기우편으로 취급하고 수취함에 투함하여 배달을 완료하는 제도로 등기우편으로 취급되는 단계까지만 손해배상을 하는 서비스이다.
② 200g 이하의 국내 통상우편물을 대상으로 한다.
③ 배달기한은 접수한 다음 날부터 3일 이내이며, 전송 시에는 일반 우편물로 처리한다.
④ 우편집중국, 별정우체국 및 우편취급국을 포함한 전국 우체국에서 접수가 가능하다.

07 국내 요금후납 우편물에 대한 설명으로 옳지 않은 것은?

① 최초 요금후납 계약일부터 체납하지 않고 2년간 성실히 납부한 사람은 담보금 50% 면제 대상이다.
② 담보금 제공을 전액 면제받은 후 2년 안에 요금납부를 2회 체납한 경우 담보금 제공 면제가 취소된다.
③ 계약우체국장은 체납을 이유로 면제 취소를 받은 사람에 대해서 담보금 면제 혜택을 2년간 금지할 수 있다.
④ 모든 요금후납 계약자는 요금후납 계약국 변경 신청 제도를 이용할 수 있다.

08 〈보기〉에서 비영리민간단체의 요금감액을 받기 위한 우편물 제출방법으로 옳은 것을 모두 고른 것은?

〈보 기〉
ㄱ. 집배코드를 사용하여 배달국 번호 또는 배달국-집배팀 번호별로 구분하여 제출해야 한다.
ㄴ. 1묶음은 50통 이내로 하여야 하며, 그 두께는 30cm를 초과할 수 없다.
ㄷ. 우편물 제출 시(최초) 비영리민간단체는 주무장관이나 시·도지사에게 등록된 비영리민간단체 등록증 사본을 제출해야 한다.
ㄹ. 접수국별 접수신청서는 서면으로, 접수목록표는 파일(엑셀)로 제출한다.

① ㄱ, ㄷ
② ㄱ, ㄹ
③ ㄱ, ㄷ, ㄹ
④ ㄴ, ㄷ, ㄹ

09 손실보상제도에서 손실보상 청구에 대한 내용으로 옳은 것은?

① 손실보상 청구는 그 사실이 있었던 날부터 6개월 이내에 청구하여야 한다.
② 보수와 손실보상금액은 현금으로 지불하되 분할 지급도 가능하다.
③ 「우편법」 제4조 제1항에 의한 조력자의 경우에는 일반노무비, 교통비, 도움에 소요된 실비를 보상한다.
④ 보수 또는 손실보상의 결정에 대하여 불복하는 사람은 그 통지를 받은 날부터 1개월 이내에 소송을 제기할 수 있다.

10 「우편업무 규정」 제265조에 따라 우편물 발송의 우선순위에 맞게 옳게 나열한 것은?

> ㄱ. EMS우편물
> ㄴ. 국제항공우편물
> ㄷ. 국제선편우편물

① ㄱ → ㄴ → ㄷ
② ㄴ → ㄷ → ㄱ
③ ㄷ → ㄴ → ㄱ
④ ㄱ → ㄷ → ㄴ

11 우편물을 기계구분 우편물과 수구분 우편물로 분류할 경우, 기계구분이 가능한 우편물은?

① 내용물의 글씨가 봉투에 비치는 우편물
② 봉투의 끝부분이 봉함되지 아니한 우편물
③ 주소와 우편번호의 기록위치가 적정하지 않은 우편물
④ 주소와 우편번호가 적정한 위치에 선명하게 인쇄된 우편물

12 등기취급 우편물의 배달에 대한 설명으로 옳지 않은 것은?

① 수령인이 본인이 아닌 경우에는 수취인과의 관계를 기록하고 수취인 이름으로 서명하여야 한다.
② 안심소포 우편물 배달 시 안심소포의 포장 상태, 파손, 무게 상이 등을 고객에게 확인하게 한 후 배달한다.
③ 수취인과 같은 집배구에 있고 수취인의 배달동의를 받은 무인우편물보관함은 정당 수령인에 해당한다.
④ 통화등기우편물은 통화등기 송금통지서와 현금 교환 업무 취급 시 반드시 참관자를 선정하여 서로 확인하고 봉투의 표면에 처리자와 참관자가 확인하여 날인한다.

13 〈보기〉에서 우편물의 수집에 대한 설명으로 옳은 것을 모두 고른 것은?

> 〈보 기〉
> ㄱ. 통상구 집배원은 관할 배달구역 내에 설치된 우체통에 투함된 우편물을 1일 3회 수집한다.
> ㄴ. 요금부족우편물을 발송인에게 반환할 경우에는 붙어있는 우표에 날짜도장을 찍지 않고 반환한다.
> ㄷ. 우체통에서 지갑을 발견할 경우 분실인의 주소를 확인할 수 있으면 직접 분실인에게 송부한다.
> ㄹ. 우표가 떨어진 우편물을 발견하였을 경우 떨어진 우표가 있으면 해당 우편물을 확인하여 원상태로 붙여서 발송한다.
> ㅁ. 수집해온 우편물은 소인 작업에 편리하도록 종류와 형태별로 분류하여 우표나 요금인면을 바르게 간추려 우표면에 날짜도장을 찍는다.

① ㄱ, ㄷ
② ㄴ, ㅁ
③ ㄱ, ㄷ, ㅁ
④ ㄴ, ㄹ, ㅁ

14 〈보기〉에서 국제우편물 취급우체국에 대한 설명으로 옳은 것을 모두 고르면?

― 〈보 기〉 ―
ㄱ. 현재 국제우편물류센터, 부산국제우체국, 인천해상교환우체국 세 곳이 있다.
ㄴ. 국제우편물류센터와 부산국제우체국, 인천해상교환우체국 모두 통관국과 통상국의 업무를 수행한다.
ㄷ. 관세청장이 지정한 우체국으로 세관공무원이 주재하거나 파견되어 국제우편물의 수출입에 관한 세관검사를 실시한다.
ㄹ. 국제우편물류센터는 해상특송우편물, 복합환적우편서비스의 교환업무를 담당하며, 국제우편의 관문 구실을 한다.

① ㄱ, ㄴ
② ㄱ, ㄷ
③ ㄴ, ㄷ
④ ㄷ, ㄹ

15 〈보기〉에서 국제우편 인쇄물로 접수할 수 없는 것의 총 개수는?

― 〈보 기〉 ―
ㄱ. 서적
ㄴ. 정기간행물
ㄷ. CD
ㄹ. 명함
ㅁ. OCR
ㅂ. 포장박스
ㅅ. 봉인한 서류
ㅇ. 홍보용 팸플릿
ㅈ. 잡지
ㅊ. 상업광고물
ㅋ. 도면

① 4개
② 5개
③ 6개
④ 7개

16 국제우편 소형포장물에 대한 설명으로 옳지 않은 것은?

① 내용품 검사를 위해 쉽게 열어볼 수 있도록 봉하여야 한다.
② 내용품의 가격이 300SDR 이하인 경우는 CN22를, 300SDR을 초과하는 경우는 CN23을 첨부한다.
③ 「만국우편협약」에 따라 정하여진 우편물 종류로서 이용조건 등에 각국 공통점이 많아 이용이 편리하다.
④ 개인적인 통신문과 같은 성질의 그 밖의 서류 동봉이 가능하며, 그러한 서류는 해당 소형포장물의 발송인이 아닌 다른 발송인이 작성할 수 있다.

17 국제소포우편물 접수 시 기표지(운송장) 작성에 대한 설명으로 옳지 않은 것은?

① 중량기재 시 보통소포는 100g 단위로 절상하고, 보험소포는 10g 단위로 절상한다.
② 항공우편물의 실제중량(Actual weight), 부피중량(Volume weight), 요금, 접수우체국명/접수일자 등을 접수 담당자가 정확하게 기재한다.
③ 보험소포의 보험가액은 소포우편물 내용물의 실제 가격을 초과할 수 없고, 소포우편물 가격의 일부만 보험에 가입하는 것은 허용되지 않는다.
④ 도착국가에서 배달불능 시, 발송인이 우편물을 반송받기를 원할 경우 'Return 반송'의 '항공·우선편 priority' 또는 '선편·비우선편 non-priority' 중 하나를 선택한다.

18 〈보기〉의 국제특급우편물(EMS) 보험취급수수료 계산으로 옳은 것은?

― 〈보기〉 ―
ㄱ. 도착국 : 태국
ㄴ. 중량 : 10kg
ㄷ. 우편요금 : 58,000원
ㄹ. 물품가(보험가) : 115,000원

① 최초 114,300원까지 2,800원+500원
② 최초 114,500원까지 2,800원+500원
③ 최초 114,300원까지 2,800원+550원
④ 최초 114,500원까지 2,800원+550원

19 국제우편요금 수취인부담에 대한 설명으로 옳지 않은 것은?

① 취급 대상 우편물은 인쇄물(봉투)과 엽서에 한한다.
② 수취인이 우편물을 받을 때 납부하며 후납은 불가능하다.
③ 국제우편요금 수취인부담은 집배우체국에 한하여 취급한다.
④ 우편물을 외국으로 발송하는 자가 국내 배달우체국과 계약을 체결하여 회신요금을 자신이 부담할 수 있도록 하는 제도이다.

20 국제우편물의 우편요금반환 요건으로 옳지 않은 것은?

① 우편관서의 과실로 과다징수한 경우
② 보험취급된 등기우편물이 분실된 경우
③ 외국으로 발송하는 부가취급된 통상우편물이 우편관서의 취급과정에서 파손된 경우
④ 행방조사청구에 따른 조사결과 우편물의 분실 등이 우편관서의 과실로 발생하였음이 확인된 경우

02 예금일반

01 국민경제의 순환과 금융의 연결에 대한 설명으로 옳은 것은?

① 기업부문은 생산요소의 공급주체로서 생산요소인 노동, 자본, 토지를 제공한다.
② 생산과정에 투입되는 생산요소에는 노동인 인적 요소와 서비스인 물적 요소가 있다.
③ 분배는 생산에 의해 얻은 소득이 누구에게 나누어지느냐의 문제이다.
④ 재화와 용역(서비스)을 생산하는 주된 주체는 가계이다.

02 우체국 예금상품에 대한 설명으로 옳은 것은?

① 우체국은 예금상품 개발 시 수익성, 공공성, 형평성, 소비자보호 이 4가지를 고려한다.
② 시니어 싱글벙글 정기예금은 만 65세 이상 실버 고객의 노후 생활 자금 마련을 위한 전용 정기예금이다.
③ 우체국 행복지킴이통장은 기초생활 수급권 보호를 위한 압류방지 전용 통장이다.
④ 우체국 정부보관금통장은 건설업에 종사하는 건설올패스 이용고객을 우대하는 전용 통장이다.

03 다음 중 유로지로 해외송금에 대한 내용으로 옳지 않은 것은?

① 유로지로사의 네트워크를 사용하는 EDI방식의 국제금융 송금서비스이다.
② 취급국가는 태국, 필리핀, 스리랑카, 베트남, 몽골이다.
③ 계좌와 주소지 송금이 가능하다.
④ 송금에 약 10분이 소요된다.

04 우체국금융 예금상품과 설명을 연결한 것으로 옳지 않은 것은?

① 우체국 호국보훈지킴이통장 – 관련 법령에 따라 가입자에게 지급되는 보훈급여금, 참전명예수당, 고엽제수당 등 정기 급여에 한하여 입금이 가능한 예금
② 우체국 파트너든든 정기예금 – 회전주기 적용을 통해 고객의 탄력적인 목돈운용이 가능하며 우편 계약 고객 및 예금 거래 고객을 우대하는 정기예금
③ 우체국 마미든든 적금 – 우체국 수시입출식 예금에서 이 적금으로 월 20만원 이상 자동이체 약정 시 우체국 쇼핑 할인쿠폰을 제공
④ 2040+α 자유적금 – 20~40대 직장인과 카드 가맹점, 법인 등의 자유로운 목돈 마련을 위해 일정 조건에 해당하는 경우 우대금리를 제공하는 적립식 예금

05 우체국 체크카드에 대한 설명으로 옳지 않은 것은?

① 우체국 체크카드 발급대상 중 개인형 일반 상품의 가입연령은 12세 이상이다.
② 2025년 1월 판매상품 기준 우체국 체크카드는 개인 18종, 법인 5종 등 총 23종의 상품이 있다.
③ 국민행복 체크카드는 정부에서 지원하는 다양한 국가바우처를 한 장의 카드로 이용할 수 있다.
④ 위탁업체를 통하여 발급받은 경우 카드 수령 후 사용 등록 없이도 바로 효력이 발생한다.

06 고액현금거래보고(CTR ; Currency Transaction Report)에 대한 설명으로 옳지 않은 것은?

① 1거래일 동안 2천만원 이상의 현금을 입금하거나 출금한 경우 거래자의 신원과 거래일시, 거래금액 등 객관적 사실을 전산으로 자동보고토록 하고 있다.
② 고액현금거래보고제도는 객관적 기준에 의해 일정금액 이상의 현금거래를 보고토록 하여 불법자금의 유출입 또는 자금세탁이 의심되는 비정상적 금융거래를 효율적으로 차단하려는 데 목적이 있다.
③ 고액현금거래보고제도는 의심거래보고제도만으로는 금융기관의 보고가 없는 경우 불법자금을 적발하기가 사실상 불가능하다는 문제점을 해결하기 위한 것이다.
④ FATF 등 자금세탁방지 관련 국제기구는 고액현금거래보고제도가 자금세탁거래를 차단하는 데 효율적이라는 점이 인정됨에 따라 세계 각국이 이 제도를 도입할 것을 적극 권고하고 있다.

07 금융시장의 기능에 대한 설명으로 옳지 않은 것은?

① 금융시장은 다양한 금융상품을 제공함으로써 투자자가 분산투자를 통해 투자위험을 줄일 수 있는 기능을 한다.
② 금융시장은 가계부문에 여유자금을 운용할 수 있는 수단(금융자산)을 제공하고 흡수한 자금을 투자수익성이 높은 기업을 중심으로 기업부문에 이전시킨다.
③ 금융시장이 발달하면 유동성 프리미엄이 높아지고 금융자산의 환금성이 낮아짐으로써 자금수요자의 차입비용이 줄어들게 된다.
④ 금융시장은 소비주체인 가계부문에 적절한 자산운용 및 차입기회를 제공하여 가계가 자신의 시간선호에 맞게 소비시기를 선택할 수 있게 함으로써 소비자 효용을 증진시키는 기능을 한다.

08 장내 파생상품에 대한 설명으로 옳지 않은 것은?

① 선물계약의 종류 중 금융선물에는 금리에 의해 가격이 결정되는 장단기 채권을 기초자산으로 하는 금리선물, 개별주식 및 주가지수를 거래대상으로 하는 주식관련선물, 주요국의 통화를 대상으로 하는 통화선물이 있다.
② 선물계약이 장래의 일정시점을 인수·인도일로 하여 일정한 품질과 수량의 어떤 물품 또는 금융상품을 정한 가격에 사고팔기로 약속하는 계약이라면 옵션계약은 장래의 일정시점 또는 일정기간 내에 특정 기초자산을 정한 가격에 팔거나 살 수 있는 권리를 말한다.
③ 선물거래는 가격변동 리스크를 줄이는 헤징(hedging) 기능이 있으며 현물시장의 유동성 확대에도 기여한다.
④ 풋옵션의 매도자는 장래의 일정 시점 또는 일정기간 내에 특정 기초자산을 정해진 가격으로 매도할 수 있는 권리를 가진다.

09 〈보기〉에서 증권투자 또는 증권분석에 대한 설명으로 옳은 것을 모두 고른 것은?

― 〈보 기〉 ―
ㄱ. 우선주와 채권은 회사경영과 관련된 의결권을 투자자에게 부여하지 않는 유사점이 있으나, 우선주는 배당금을 3개월마다 지급하는 반면, 채권 이자는 회계기간이 종료한 후에 지급하는 차이점이 있다.
ㄴ. 유동성지표는 기업이 부담하고 있는 단기부채를 충분하게 상환할 수 있는 능력을 살펴보는 지표로 1년 이내에 만기가 돌아오는 유동부채 대비 현금성이 있는 유동자산의 비율로 측정된다.
ㄷ. 무상증자는 기존의 주주에게 그들이 소유한 주식의 비율로 새로운 주식을 무상으로 배부하는 것으로 회사와 주주의 실질재산에는 변동이 없다.
ㄹ. 신주인수권부사채는 보유자에게 유리한 선택권이 주어지기 때문에 다른 조건이 같다면 일반사채에 비해 높은 금리로 발행된다.

① ㄱ, ㄷ ② ㄱ, ㄹ
③ ㄴ, ㄷ ④ ㄴ, ㄹ

10 주식과 채권을 비교한 것으로 옳지 않은 것은?

번호	구분	주식	채권
①	발행자	주식회사	정부, 지자체, 특수법인, 주식회사
②	증권소유자의 지위	채권자	주주
③	원금상환	없다	만기 시 상환
④	가격변동위험	크다	작다

11 다음 중 저축상품에 대한 설명으로 옳지 <u>않은</u> 것은?

① 저축예금은 가계우대성 금융상품으로 가계의 여유자금을 초단기로 예치하거나 입출금이 빈번한 자금을 운용하기에 적합하다.
② 일반 당좌예금과 가계당좌예금은 이자의 지급여부에 있어 차이가 있다.
③ MMDA는 고객의 돈을 모아 주로 CP(기업어음), CD(양도성예금증서), RP(환매조건부채권), 콜(call) 자금이나 잔존만기 1년 이하의 안정적인 국공채로 운용하는 실적배당상품이다.
④ CMA는 자금을 단기금융상품에 투자하고 실적배당을 하며, 이체와 결제, 자동화기기(ATM)를 통한 입출금 기능을 갖고 있다.

12 〈보기〉에서 채권투자에 대한 설명으로 옳은 것을 모두 고른 것은?

───〈보 기〉───
ㄱ. 표면이자율은 액면금액에 대하여 1년 동안 지급하는 이자금액의 비율을 나타내며 채권을 발행할 때 결정된다.
ㄴ. 이자 지급방법 중 이표채는 표면상 이자가 지급되지 않는 대신에 액면금액에서 상환일까지의 이자를 공제한 금액으로 매출되는 채권으로서 이자가 선급되는 효과가 있다.
ㄷ. 회사채는 기업이 도산하거나 청산할 경우 주주들에 우선하여 기업자산에 대한 청구권을 갖는다.
ㄹ. 회사채의 경우 대부분 기업의 설비투자 용도로 발행되므로 투자자의 환금성 보장을 위해 반드시 발행시장이 있어야 한다.

① ㄱ, ㄷ ② ㄱ, ㄹ
③ ㄴ, ㄷ ④ ㄴ, ㄹ

13 다음은 인터넷뱅킹 보안등급별 자금이체 한도에 대한 내용이다. 다음 표에서 빈칸 안에 들어갈 내용으로 옳은 것은?

구분			보안등급		
			안전등급	일반등급	기본등급
인터넷 뱅킹	개인	1회	(ㄱ)억원	(ㄴ)천만원	3백만원
		1일	(ㄷ)억원	(ㄹ)천만원	3백만원
	법인	1회	10억원	–	–
		1일	50억원	–	–
	법인 (별도계약)	1회	10억원	–	–
		1일	무제한	–	–

	ㄱ	ㄴ	ㄷ	ㄹ
①	1	1	2	3
②	1	1	5	5
③	1	2	5	5
④	1	3	5	10

14 예금의 입금에 대한 설명으로 옳지 <u>않은</u> 것은?

① 입금 의뢰액보다 실제 확인된 금액이 적은 경우에 입금 의뢰액대로 예금계약이 성립함을 주장하기 위해서는 입금자가 그 입금 의뢰액을 입증할 책임을 부담한다.
② 금융회사 직원이 입금조작을 잘못하여 착오계좌에 입금한 경우 잘못된 입금은 착오에 기인한 것이므로 착오계좌 예금주의 동의 없이 취소하여 정당계좌에 입금할 수 있다.
③ 금융회사가 실제로 받은 금액보다 과다한 금액으로 통장 등을 발행한 경우, 초과된 부분에 대해 예금계약은 성립하나 입금자는 초과금액을 부당이득으로 반환해야 한다.
④ 예금주가 오류입금인 사실을 알면서 예금을 인출하였다면 부당이득으로 반환하여야 한다.

15 <보기>에서 금리에 대한 설명으로 옳은 것을 모두 고른 것은?

―――< 보 기 >―――
ㄱ. 자금수요는 주로 가계의 저축, 한국은행의 통화정책 등에 영향을 받고 자금공급은 가계소비, 기업투자 등에 영향을 받는다.
ㄴ. 보통 경기 전망이 좋아지면 이익 증가를 예상한 기업의 투자가 늘어나 돈에 대한 수요가 증가하고 금리는 올라가게 된다.
ㄷ. 물가가 오를 것으로 예상되면 돈을 빌려주는 사람은 같은 금액의 이자를 받는다 하더라도 그 실질가치가 떨어지므로 더 높은 금리를 요구하게 되어 금리는 상승하게 된다.
ㄹ. 돈의 공급은 주로 기업에 의해 이루어지는데 기업의 소득이 적어지거나 지출이 늘면 돈의 공급이 줄어들어 금리가 오르게 된다.

① ㄱ, ㄷ　　② ㄱ, ㄹ
③ ㄴ, ㄷ　　④ ㄴ, ㄹ

16 금융기관과 회사의 거래에 대한 설명으로 옳지 <u>않은</u> 것은?

① 당좌거래와 같이 회사의 신용상태와 행위능력 등이 특히 문제되는 경우에는 등기사항전부증명서와 인감증명 등을 징구하며 법인의 존재 여부와 대표자를 엄격하게 확인할 필요가 있다.
② 공동대표이사 제도는 회사의 대표자가 독단 또는 전횡으로 권한을 남용하는 것을 방지하기 위하여 여러 사람의 대표자가 공동으로서만 대표권을 행사할 수 있도록 하는 제도이므로 예금거래도 공동으로 하는 것이 원칙이다.
③ 외국회사의 대표자로 등기된 자는 회사의 영업에 관하여 재판상·재판 외의 권한을 행사할 수 있으므로 법인등기사항전부증명서를 징구하여 한국 내의 예금자와 예금거래를 하면 된다.
④ 등기가 이루어지지 않은 외국회사는 규정된 절차를 거치면 등기를 하지 않고도 계속적 거래를 전제로 하는 당좌계좌개설이 가능하다.

17 금융실명거래 원칙 및 방법 중 실명확인방법에 대한 설명으로 옳은 것은?

① 실명확인자는 실명확인 업무에 대한 권한·의무가 주어진 영업점(본부의 영업부서 포함) 직원(계약직, 시간제 근무자, 도급직 제외)이다.
② 금융회사 직원이 아닌 대출모집인, 카드모집인, 보험모집인 등도 실명확인을 할 수 있다.
③ 비대면 실명확인 적용 대상자는 명의자 본인(대리인 포함)으로 하고, 인정 대상 실명확인증표는 주민등록증, 운전면허증에 한한다.
④ 동시에 다수의 계좌를 개설하는 경우 기 실명확인된 실명확인증표를 재사용할 수 있다.

18 현행 상속제도에 대한 설명으로 옳지 않은 것은?

① 상속은 사망한 사실이 가족관계등록부에 기재된 시점에서 개시되는 것이 아니라 사망한 시점에서 개시된다.
② 포괄유증을 받은 자는 재산상속인과 동일한 권리의무가 있으므로, 적극재산뿐만 아니라 소극재산인 채무까지도 승계한다.
③ 2008.1.1.부터 시행된 친양자입양제도에 따라 입양된 친양자는 친생부모와의 친족관계 및 상속관계가 모두 종료되므로 생가부모의 예금을 상속하지는 못한다.
④ 유언의 방식 중 공정증서 또는 자필증서에 의한 경우에는 가정법원의 유언검인심판서를 징구하여 유언의 적법성 여부를 확인하여야 한다.

19 우체국금융 거치식 예금상품에 대한 설명으로 옳은 것은?

① 챔피언정기예금은 가입기간 및 이자지급방식이 고정된 정기예금이다.
② e-Postbank정기예금은 오프라인뿐 아니라 인터넷뱅킹, 스마트뱅킹으로도 가입이 가능한 상품으로 자동이체약정, 체크카드 이용실적에 따라 우대금리를 제공하는 정기예금이다.
③ 우체국 퇴직연금 정기예금은 우정사업본부가 정한 우체국에 한해 취급이 가능한 상품이다.
④ 우체국 소상공인 정기예금은 우체국 카드 실적에 따라 우대금리를 제공한다.

20 목돈마련을 위한 상품(적립식 예금) 중 정기적금에 대한 설명으로 옳지 않은 것은?

① 가입자가 자금여유가 있을 때 금액이나 입금 횟수에 제한 없이 입금할 수 있는 적립식 상품이다.
② 정기적금의 계약액은 '월 저축금×계약기간(월)+세전이자'로 구성되며 세전이자는 '월 저축금×이율× $\dfrac{계약기간 \times (계약기간+1)}{2} \times \dfrac{1}{12}$'로 산출된다.
③ 만기 후에는 적용금리가 가입 당시 또는 만기일 당시 약정이율의 1/2 이하로 크게 낮아진다.
④ 예치기간이 정해져 있어서 보통예금보다 이자가 많지만 유동성은 낮다.

03 보험일반

01 다음 중 무배당 우체국노후실손의료비보험(갱신형)에 대한 설명으로 옳지 않은 것은?

① 최대 75세까지 가입 가능하다.
② 근로소득자는 납입한 보험료(연간 100만원 한도)에 대하여 12% 세액공제를 받을 수 있다.
③ 필요에 따라 종합형·질병형·상해형·요양형 중 선택하여 가입 가능하다.
④ 상해 및 질병 최고 1억원, 통원 건당 최고 100만원, 요양병원의료비 5천만원, 상급병실료차액 2천만원을 보장한다.

02 〈보기〉에서 보험계약 고지의무 위반에 대해 해지할 수 없는 경우를 모두 고른 것은?

─〈보 기〉─
ㄱ. 계약을 체결한 날부터 1년이 지났을 때
ㄴ. 체신관서가 그 사실을 안 날부터 1개월 이상 지났거나 또는 보장개시일부터 보험금 지급사유가 발생하지 않고 1년이 지났을 때
ㄷ. 체신관서가 계약 당시에 그 사실을 알았거나 과실로 인하여 알지 못하였을 때
ㄹ. 보험을 모집한 자가 계약자 또는 피보험자에게 사실대로 고지하지 않게 하였거나 부실한 고지를 권유했을 때

① ㄱ, ㄴ ② ㄱ, ㄷ
③ ㄴ, ㄹ ④ ㄷ, ㄹ

03 〈보기〉에서 어깨동무연금보험 2109에 대한 설명으로 옳은 것을 모두 고른 것은?

─〈보 기〉─
ㄱ. 장애인 부모의 부양능력 약화 위험 및 장애아동을 고려하여 15세부터 연금수급이 가능하다.
ㄴ. 실세금리 등을 반영한 신공시이율Ⅳ로 적립되며, 시중금리가 하락하더라도 최저 1.0%(다만, 가입 후 10년 초과 시 0.5%)의 금리를 보장한다.
ㄷ. 무배당상품으로 향후 운용이익금 발생 시 배당혜택이 제공되지 않는다.
ㄹ. 일반연금보다 더 많은 연금을 받도록 설계되어 있다.

① ㄱ, ㄴ ② ㄱ, ㄷ
③ ㄴ, ㄹ ④ ㄷ, ㄹ

04 다음 중 우체국보험 상품에 관한 내용으로 옳은 것은 모두 몇 개인가?

─〈보 기〉─
ㄱ. 무배당 우체국든든한종신보험 2109는 해약환급금 50% 지급형 선택 시 동일한 보장혜택을 제공하고, 표준형 대비 저렴한 보험료로 고객 부담을 완화한다.
ㄴ. 무배당 우체국건강클리닉보험(갱신형) 2109는 3대 질병 진단(최대 3,000만원), 중증수술(최대 500만원) 및 중증재해장해(최대 5,000만원)를 고액 보장한다.
ㄷ. 무배당 우체국New100세건강보험 2203은 뇌·심 질환을 진단, 입원, 수술까지 종합적으로 보장하고, 비갱신형으로 설계하여 보험료 인상 없이 최대 100세까지 집중보장[주계약 및 특약(비갱신형)]한다.
ㄹ. 무배당 우체국하나로OK건강종신보험 2402는 4대 질병(암·뇌출혈·뇌경색증·급성심근경색증)으로 진단 시 사망 보험금의 일부를 선지급하여 치료비를 지원(주계약 1종 가입 시)한다.

① 1개 ② 2개
③ 3개 ④ 4개

05 월적립식 저축성보험의 보험차익 비과세 요건에 대한 설명으로 옳은 것은?

① 최초 납입일로부터 납입기간이 3년 이상인 월적립식 계약일 것
② 최초로 보험료를 납입한 날부터 만기일 또는 중도해지일까지의 기간이 7년 이상
③ 최초 납입일로부터 매월 납입하는 기본보험료가 균등(최초 계약 기본보험료의 1배 이내로 기본보험료를 증액하는 경우 제외)하고 기본보험료의 선납기간이 6개월 이내
④ 2017년 4월 1일 이후 가입한 보험계약에 한하여 보험계약자 1명당 매월 납입하는 보험료 합계액이 150만원 이하일 것

06 〈보기〉에서 보장성 보험료의 세액공제에 대한 설명으로 옳은 것을 모두 고른 것은?

―― 〈보 기〉 ――
ㄱ. 세액공제 대상을 근로소득자 또는 개인사업자로 제한한다.
ㄴ. 기본공제대상자가 장애인일 경우 연령에 상관없이 소득금액 요건만 충족 시 세액공제가 가능하다.
ㄷ. 과세기간 중 보장성보험을 해지할 경우 해지 시점까지 납입한 보험료에 대해 세액공제가 가능하나, 세액공제 받은 보험료에 대한 추징이 있다.
ㄹ. 장애인전용 보장성보험의 경우, 납입한 보험료(1년 100만원 한도)의 15%에 해당하는 금액을 해당 과세기간의 종합소득산출 세액에서 공제한다.

① ㄱ, ㄴ ② ㄱ, ㄷ
③ ㄴ, ㄹ ④ ㄷ, ㄹ

07 무배당 우체국실속정기보험 2109에 관한 내용으로 옳지 않은 것은?

① 주계약은 우체국보험 암진단보험금 최고액 보장으로 암 진단 시 최대 4,000만원까지 보장한다.
② 비갱신형으로 보험료 변경 없이 사망과 50% 이상 중증장해를 보장한다.
③ 고객 형편 및 목적에 맞게 순수형 또는 환급형 선택이 가능하다.
④ 근로소득자는 납입한 보험료(연간 100만원 한도)에 대하여 12% 세액공제를 받는다.

08 〈보기〉에서 우체국보험 청약서비스에 대한 설명으로 옳은 것을 모두 고른 것은?

―― 〈보 기〉 ――
ㄱ. 전자청약이 가능한 계약은 가입설계일부터 15일(비영업일 제외) 이내에 한하여 전자청약을 할 수 있다.
ㄴ. 전자청약을 이용하는 고객에게는 제2회 이후 보험료 자동이체 시 0.5%의 할인이 적용된다.
ㄷ. 태블릿청약서비스가 이용 가능한 계약은 보험계약자가 17세 이후 청소년 및 성인이어야 한다.
ㄹ. 전자청약이 가능한 계약은 가입설계서를 발행한 계약으로 전자청약 전환을 신청한 계약에 한한다.

① ㄱ, ㄴ ② ㄱ, ㄷ
③ ㄴ, ㄹ ④ ㄷ, ㄹ

09 〈보기〉에서 보험료 계산의 기초에 대한 설명으로 옳은 것을 모두 고른 것은?

―― 〈보 기〉 ――
ㄱ. 예정이율이 낮아지면 보험료는 올라가고 예정이율이 높아지면 보험료는 내려간다.
ㄴ. 예정사망률이 높아지면 생존보험의 보험료는 올라가고 사망보험의 보험료는 내려간다.
ㄷ. 보험료는 수지상등의 원칙에 의거하여 예정사망률(예정위험률), 예정이율, 예정사업비율의 3대 예정률을 기초로 계산한다.
ㄹ. 예정사업비율이 높아지면 보험료는 내려가고 예정사업비율이 낮아지면 보험료는 올라간다.

① ㄱ, ㄴ ② ㄱ, ㄷ
③ ㄴ, ㄹ ④ ㄷ, ㄹ

10 무배당 우체국더든든한자녀지킴이보험 2203에 대한 특징으로 옳지 <u>않은</u> 것은?

① 출생 시부터 최대 100세까지 꼭 필요한 보장만 담은 어린이 종합보험이다.
② 보험금 면책 및 감액기간 없이 가입 즉시 100% 보장된다.
③ 태아가 특약 가입 시 신생아 질병(선천이상 제외)부터 산모 위험까지 보장 가능하다.
④ 성인 질환 진단·입원·수술 및 사망 보장까지 미래 성인기 대비 맞춤형 설계가 가능한 상품이다.

11 41세인 김현수씨의 (무) 우체국온라인연금저축보험 2109 가입 현황이 다음과 같을 때 연금 수령 10차 연도 산출 세액(지방소득세 포함)으로 옳은 것은?

- 연금 지급 구분 : 종신연금형
- 연금 수령 개시 나이 : 만 65세
- 연금 수령 한도 이내 연간연금액 : 12,000,000원
- 연금 수령 한도 초과 연간연금액 : 5,000,000원
  (단, 납입보험료 전액을 세액공제 받았으며, 의료목적 또는 부득이한 사유로 인한 연금 수령액 및 다른 연금 소득은 없는 것으로 한다)

[적용 세율]

연금 소득세율(지방소득세 포함)		기타 소득세율 (지방소득세 포함)
연금수령 나이 (만 80세 이상)	종신연금형	
3.3%	4.4%	16.5%

① 960,800원
② 1,353,000원
③ 2,178,000원
④ 2,301,000원

12 〈보기〉에서 보험료의 할인에 대한 설명으로 옳은 것을 모두 고른 것은?

―― 〈보 기〉 ――
ㄱ. 의료급여법상 의료급여 수급권자로서의 증명서류를 제출하면 실손의료비보험 영업보험료의 5%를 할인하고 계약 갱신 시 할인이 자동으로 적용된다.
ㄴ. 우체국 보험은 계약체결 시기, 이체 금융기관, 청약 방법 등에 따라 약 0.1~1.5%의 할인율을 적용하고 있다.
ㄷ. 다자녀가구의 할인율은 두 자녀 1%, 세 자녀 이상 1.5%로 차등 적용하며 자동이체 할인과 중복할인이 가능하다.
ㄹ. 실손의료비보험 무사고는 갱신 후 영업보험료의 5~10%를 할인하고 있다.

① ㄱ, ㄴ ② ㄱ, ㄷ
③ ㄴ, ㄹ ④ ㄷ, ㄹ

13 다음 중 생명보험계약 관계자에 대한 설명으로 옳지 않은 것은?

① 보험수익자는 피보험자에게 보험사고가 발생 시 보험자에게 보험금지급을 청구·수령할 수 있는 권리를 가진 사람이다.
② 보험계약자는 보험계약에 대한 보험료 납부 등의 의무와 보험금 청구 권리를 갖는다.
③ 피보험자는 보험계약에서 정의한 보험사고가 발생함으로써 손해를 입는 사람으로 1인 또는 다수이든 상관이 없다.
④ 보험중개사는 보험회사, 대리점, 중개사에 소속되어 보험계약 체결을 중개하는 자이다.

14 〈보기〉에서 질병보험에 대한 설명으로 옳은 것은 모두 고른 것은?

〈보 기〉
ㄱ. 질병보험계약의 보험자는 피보험자의 질병에 관한 보험사고가 발생할 경우 보험금이나 그 밖의 급여를 지급할 책임이 있다.
ㄴ. 질병보험 보상한도는 진단비, 수술비의 경우 1회 보상한도 금액을 설정하고 있고 입원의 경우 입원일수 90일로 한도를 정하고 있다.
ㄷ. 질병보험의 보험기간은 10년 이상이 대부분이며, 0세부터 가입이 가능하다(사망보장의 경우 만 15세 이상).
ㄹ. 실손의료보험은 가입자가 다수 가입하게 되면 치료비를 가입 상품 수만큼 지급된다.

① ㄱ, ㄴ
② ㄱ, ㄷ
③ ㄴ, ㄹ
④ ㄷ, ㄹ

15 보험계약의 체결 또는 모집에 관한 금지행위로 옳지 않은 것은?

① 객관적인 근거 없이 다른 보험계약과 비교한 사항을 알리는 행위(「표시·광고의 공정화에 관한 법률」에 의하여 허용되는 경우 포함)
② 보험계약자 또는 피보험자에게 체신관서에 대하여 중요한 사항에 관하여 부실한 사항을 알릴 것을 권유하는 행위
③ 보험계약자 또는 피보험자에게 보험계약의 내용을 사실과 다르게 알리거나 그 내용의 중요한 사항을 알리지 아니하는 행위
④ 보험계약자 또는 피보험자에게 보험료의 할인 또는 기타 특별한 이익을 제공하거나 이를 약속하는 행위

16 보험회사 영업행위 윤리준칙의 주요 내용으로 옳지 않은 것은?

① 보험모집자 권익 제고를 위해 신의성실, 공정한 영업풍토 조성, 보험관계 법규 준수 등으로 영업활동 기본원칙을 지킨다.
② 윤리준칙 준수 여부에 대한 주기적 점검 및 위법·부당행위 내부 신고제도 운영 등으로 영업행위 내부를 통제 강화한다.
③ 충실한 설명의무 이행, 계약체결 및 유지단계에서 필요한 정보를 제공하여 보험소비자와의 정보 불균형을 해소한다.
④ 독립적이고 공정한 민원처리를 위한 민원관리 시스템 구축, 분쟁방지 및 효율적 처리방안 마련 등으로 합리적 분쟁해결 프로세스를 구축한다.

17 다음 빈칸에 들어갈 보험 상품으로 옳지 <u>않은</u> 것은?

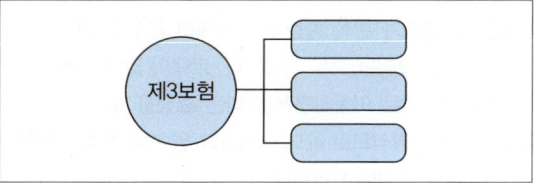

① 상해보험
② 생명보험
③ 질병보험
④ 간병보험

18 보장성보험의 기본 공제대상자 요건으로 옳지 <u>않</u>은 것은?

① 배우자(연간 소득금액이 200만원 이하)
② 부양가족 중 만 20세 이하인 자녀(연간 소득금액이 100만원 이하)
③ 부양가족 중 만 20세 이하 또는 만 60세 이상인 형제자매(연간 소득금액이 100만원 이하)
④ 부양가족 중 만 60세 이상인 부모(연간 소득금액이 100만원 이하)

19 〈보기〉에서 보험금의 지급청구에 대한 설명으로 옳은 것을 모두 고른 것은?

― 〈보 기〉 ―
ㄱ. 즉시 지급 대상 보험금에는 생존보험금, 해약환급금, 연금, 학자금, 계약자배당금 등이 있다.
ㄴ. 보험금 지급청구 접수 시 사실증명 및 사고조사에 필요한 관계서류를 제출받아 보험금 지급의 적정여부를 심사한 후 약정한 보험금을 지급하는 것을 즉시지급이라 한다.
ㄷ. 지급예정일은 보험금 지급예정일 초과사유를 제외하고는 보험금 청구서류를 접수한 날부터 30영업일 이내에서 정한다.
ㄹ. 체신관서가 보험금 청구서류를 접수한 날부터 10영업일 이내에 보험금을 지급하거나 보험료 납입을 면제한다.

① ㄱ, ㄴ
② ㄱ, ㄷ
③ ㄴ, ㄹ
④ ㄷ, ㄹ

20 우체국보험의 특징으로 옳지 <u>않은</u> 것은?

① 보험료가 저렴한 보험상품을 취급하여 서민들이 쉽게 가입이 가능하도록 하고 있다.
② 과학기술정보통신부, 감사원, 국회, 금융위원회 등이 감독기관이다.
③ 사익(주주이익)을 추구하지 않는 국영보험으로서 변액보험, 퇴직연금, 손해보험을 취급하고 있다.
④ 자유가입으로 가입한도액이 사망 시 4,000만원까지이며 국가가 전액 지급 보장한다.

04 컴퓨터일반(기초영어 포함)

01 다음 중 보이스 코드 정규형에서 제4정규형이 되기 위한 조건은?

① 이행적 함수 종속 제거
② 부분적 함수 종속 제거
③ 다치 종속 제거
④ 결정자이면서 후보 키가 아닌 것 제거

02 컴퓨터구조에 대한 설명으로 옳지 않은 것은?

① 폰노이만이 제안한 프로그램 내장방식은 프로그램 코드와 데이터를 내부기억장치에 저장하는 방식이다.
② CISC 구조는 RISC 구조에 비해 명령어의 종류가 적고 고정 명령어 형식을 취한다.
③ 파이프라인 기법은 하나의 작업을 다수의 단계로 분할하여 시간적으로 중첩되게 실행함으로써 처리율을 높인다.
④ 병렬처리방식 중 하나인 MISD는 각기 다른 명령어를 처리하는 처리부 여러 개가 동일한 데이터를 처리하는 방식이다.

03 스레싱(Thrashing)에 대한 설명으로 옳지 않은 것은?

① 프로세스의 작업 집합(Working Set)이 새로운 작업 집합으로 전이 시 페이지 부재율이 높아질 수 있다.
② 워킹 셋이 주기억장치에 적재되지 않으면 스레싱이 발생할 수 있다.
③ 스레싱(Thrashing) 현상을 최소화하기 위한 이론으로 프로세스를 효과적으로 실행한다.
④ 각 프로세스에 설정된 작업 집합 크기와 페이지 프레임 수가 매우 큰 경우 다중 프로그래밍 정도(Degree of Multiprogramming)를 증가시킨다.

04 다음에서 설명하는 디스크 스케줄링은?

> 디스크 헤드가 한쪽 방향으로 트랙의 끝까지 이동하면서 만나는 요청을 모두 처리한다. 트랙의 끝에 도달하면 반대 방향으로 이동하면서 만나는 요청을 모두 처리한다. 이러한 방식으로 헤드가 디스크 양쪽을 계속 왕복하면서 남은 요청을 처리한다.

① 선입 선처리(FCFS) 스케줄링
② 최소 탐색 시간 우선(SSTF) 스케줄링
③ 스캔(SCAN) 스케줄링
④ 라운드 로빈(RR) 스케줄링

05 현대를 데이터 기술(Data Technology) 시대라고 한다. 다음 중 데이터 기술 시대에 대한 설명으로 옳지 않은 것은?

① 데이터 기술에서 데이터는 정보로서의 가치를 갖는 데이터에 국한된다.
② 빅 데이터의 개념과 유사하나, 다양한 기술의 융합이 필요한 개념으로 빅 데이터 기술 뿐 아니라 데이터 수집 단계의 IoT부터 저장(HDFS), 처리(Map Reduce), 분석(Deep learning) 등이 필요한 방법론이다.
③ 데이터 기술은 IT를 통해서 수집되어 저장되는 대량 데이터를 분석하여 혁신의 기회를 발견할 수 있는 과학적 방법론이다.
④ 데이터 기술은 수집에서 처리 분석에 대한 4차 산업 혁명시대에 맞는 기술들을 융합하는 이론이다.

06 다음 진리표를 만족하는 부울 함수로 옳은 것은?(단, ·은 AND, ⊕는 XOR, ⊙는 XNOR 연산을 의미한다)

A	B	C	Y
0	0	0	1
0	0	1	0
0	1	0	0
0	1	1	1
1	0	0	0
1	0	1	1
1	1	0	1
1	1	1	0

① Y=A · B⊕C
② Y=A⊙B⊙C
③ Y=A⊕B⊕C
④ Y=A⊕B⊙C

07 컴퓨터에 설치되어 있는 CD-RW 드라이브는 읽기 52배속, 쓰기는 32배속까지 지원한다고 하자. 이 CD-RW를 이용하여 데이터를 기록하면 1초에 몇 바이트를 기록할 수 있는가?(단, 1MB=1,000KB)

① 약 1.8MB/sec
② 약 4.8MB/sec
③ 약 7.8MB/sec
④ 약 9.8MB/sec

08 문자의 시작과 끝에 각각 START 비트와 STOP 비트가 부가되어 전송의 시작과 끝을 알려 전송하는 방식은?

① 비동기식 전송
② 동기식 전송
③ 전송 동기
④ PCM 전송

09 파일 디스크립터의 내용으로 옳지 <u>않은</u> 것은?

① 오류 발생 시 처리 방법
② 보조기억장치의 유형
③ 파일의 구조
④ 접근 제어 정보

10 NUR 기법은 호출 비트와 변형 비트를 가진다. 다음 중 가장 나중에 교체될 페이지는?

① 호출 비트 : 0, 변형 비트 : 0
② 호출 비트 : 0, 변형 비트 : 1
③ 호출 비트 : 1, 변형 비트 : 0
④ 호출 비트 : 1, 변형 비트 : 1

11 HRN(Highest Response ratio Next) 방식으로 스케줄링 할 경우, 입력된 작업이 다음과 같을 때 우선순위가 가장 높은 것은?

작업	대기시간	서비스시간
A	8	2
B	10	6
C	15	7
D	20	8

① A
② B
③ C
④ D

12 다음 중 캡슐화에 대한 설명으로 옳지 않은 것은?

① 캡슐화된 기능은 다른 클래스에서 재사용이 용이하다.
② 변경 작업 시 부작용의 전파를 최소화한다.
③ 인터페이스가 단순화되고 객체 간의 결합도가 높아진다.
④ 객체 안의 데이터와 연산들을 하나로 묶는 것을 의미한다.

13 효과적인 프로젝트 관리를 위한 3P를 옳게 나열한 것은?

① People, Priority, Problem
② People, Problem, Process
③ Problem, Process, Priority
④ Power, Problem, Process

14 밑줄 친 부분과 의미가 가장 가까운 것은?

> Privacy as a social practice shapes individual behavior in conjunction with other social practices and is therefore central to social life.

① in combination with
② in comparison with
③ in place of
④ in case of

15 다음 빈칸에 들어갈 단어로 적절한 것은?

> My letter has _____ for addressee unknown.

① returned
② sent out
③ figureed out
④ filled out

16 다음 대화에서 여성고객(W)이 결정한 일로 가장 알맞은 것은? 2010 계리직 20번

> M : What can I do for you?
> W : I'd like to send a parcel to Australia by EMS.
> M : OK. What's inside of it?
> W : Clothes, cosmetics, seaweed, and hairspray.
> M : I'm sorry, but you can't send hairspray by EMS.
> W : Why not?
> M : Inflammable things aren't allowed into the aircraft for safety reasons.
> W : Is that so? Then, is there any other way available?
> M : You can mail it by sea, but it'll take 45 to 60 days.
> W : It takes too long. I'd rather take out hairspray from my parcel and use EMS.
> M : OK. You're all set. Thank you.

① To send her parcel by sea
② To make a protest to the airport
③ To check out other options available
④ To mail her parcel without hairspray

17 다음 대화의 밑줄 친 부분에 들어갈 말로 가장 적절한 것은?

A : Hello. I need to exchange some money.
B : Okay. What currency do you need?
A : I need to convert dollars into pounds. What's the exchange rate?
B : The exchange rate is 0.73 pounds for every dollar.
A : Fine. Do you take a commission?
B : Yes, we take a small commission of 4 dollars.
A : _____?
B : We convert your currency back for free. Just bring your receipt with you.

① How much does this cost
② How should I pay for that
③ What's your buy-back policy
④ Do you take credit cards

18 다음 글의 흐름을 고려했을 때 빈칸에 들어갈 말로 가장 적절한 것은?

A : Heather! They are saying that _____. But they have tickets for 8 o'clock movies.
B : That's strange! Why they didn't let us know a little earlier? They should have posted 'sold out.' What a waste of time!
A : Don't be so angry. We can still get into 8 o'clock movies.

① they have a long face
② you can't miss it
③ they are on sale
④ all tickets are sold out

19 다음 글의 목적으로 가장 적절한 것은?

I have received the proposed renewal lease for my unit at Rolling Meadow Garden Apartments. I was shocked to see a 20 percent increase in the monthly rent. I find it hard to understand why such a large increase would be asked, especially when there are so many empty apartments in the complex. As you know, I have lived here for four years. I have never missed a rent payment, and I believe I have been a model tenant in all other ways. I would like to continue to live here. I am asking that you redraw the lease so that the rent does not increase for the coming year. I am willing to live here for another year but not to pay 20 percent more. I don't want to move, but if I must I will. At the same time, I'm sure you don't want to see another empty apartment. I look forward to hearing from you soon with a revised lease.

① 임대 아파트에 대해 문의하려고
② 아파트 부실 공사를 고발하려고
③ 아파트 월세 동결을 요구하려고
④ 아파트 전세 재계약을 체결하려고

20 다음 글의 주제로 가장 적절한 것은?

Much of the influence of social institutions lies beyond our ordinary awareness. For example, because of our economic institution, it is common to work eight hours a day for five days every week. There is nothing normal or natural about this pattern, however. This rhythm is only an arbitrary arrangement for dividing work and leisure. Yet, this one aspect of a single social institution has far-reaching effects. Not only does it rule how people divide up their days, but it also lays out a structure for their interaction with their family and friends and for how they meet their personal needs. Each of the other social institutions also has far-reaching effects on our lives. They establish the context in which we live, shaping our behavior and coloring our thoughts.

① developmental stages of economic institutions
② widespread effects of social institutions on our lives
③ the necessity of balancing between work and leisure
④ why personal needs conflict with social responsibility

제2회 최종모의고사

01 우편일반

01 「우편업무 규정」에 대한 설명으로 옳지 않은 것은?

① 우정사업의 경영 합리성과 우정 서비스의 품질을 높이기 위한 특례 규정이다.
② 우편법, 우편법 시행령 및 우편법 시행규칙, 기타 우편관계 법령에 의한 우편업무의 취급에 관하여 필요한 사항을 정함을 목적으로 한다.
③ 우편업무 취급 세칙으로 2014.2.1. 처음 시행되었으며, 최근 개정된 규정은 우정사업본부 훈령 제951호(시행 2024.10.7.)이다.
④ 이 규정의 적용에 있어서 「별정우체국법」에 의하여 지정받은 별정우체국과 「우체국창구업무의 위탁에 관한 법률」에 의하여 우체국창구업무를 위탁받은 우편취급국에서 행하는 우편업무는 법령에 특별한 규정이 있는 것을 제외하고는 6급 이하 공무원이 장인 우체국에서 행하는 업무로 본다.

02 국내 소포우편물의 접수 및 요금납부 등에 대한 설명으로 옳지 않은 것은?

① 접수 검사 시 내용품에 대하여 발송인이 허위로 진술한다고 의심이 가는 경우에는 개봉을 요구할 수 있으며, 발송인이 개봉을 거부할 때에는 접수를 거절할 수 있다.
② 소포등기번호의 표시는 발송인/수취인 주소, 등기번호, 접수국명, 중량 및 요금을 표시한 소포운송장을 우편물의 표면 오른쪽 상단에 부착한다.
③ 일반소포우편물은 현금, 우표첩부, 신용카드 결제로 요금납부를 할 수 있으며, 반송 시 반송수수료를 징수하지 않는다.
④ 등기소포우편물의 분실·훼손, 지연배달 시에는 손해배상청구를 할 수 있다.

03 〈보기〉에서 국내우편물 제한 부피 및 무게에 관한 설명으로 옳은 것을 모두 고른 것은?

〈보 기〉

ㄱ. 통상우편물(서신 등 의사전달물 및 통화)의 최대 부피
  • 가로, 세로, 두께를 합하여 90cm
  • 원통형은 "지름의 2배"와 길이를 합하여 1m
  • 다만, 가로 세로 어느 쪽이나 60cm를 초과할 수 없음
ㄴ. 통상우편물의 최대 무게
  • 최소 2g~최대 6,000g
  • 단, 정기간행물, 서적, 달력, 다이어리로서 요금감액을 받는 우편물은 1,000g, 요금감액을 받지 않는 서적과 달력, 다이어리는 600g, 국내특급은 30kg이 최대 무게임
ㄷ. 소포우편물의 최대 무게 : 30kg 이내
ㄹ. 소포우편물의 최대 부피 : 가로·세로·높이 세 변을 합하여 90cm 이내(단, 어느 변이나 60cm를 초과할 수 없음)

① ㄱ, ㄴ ② ㄱ, ㄷ
③ ㄴ, ㄷ ④ ㄷ, ㄹ

04 〈보기〉에서 절대적으로 접수가 불가한 우편물의 총 개수는?

〈보 기〉
ㄱ. 폭발성물질	ㄴ. 강산류
ㄷ. 독약류	ㄹ. 병균류
ㅁ. 발화성물질	ㅂ. 방사성물질

① 3개 ② 4개
③ 5개 ④ 6개

05 국내특급우편에 대한 설명으로 옳은 것은?

① 국내특급우편에는 당일특급과 익일특급이 있으며, 취급제한 중량은 30kg이다.
② 익일특급 우편물이 접수한 날 + 3일에 배달되었을 경우, 국내특급수수료만을 지연배달 배상금으로 지급한다.
③ 익일특급 취급지역은 전국으로 하되, 별도의 사항들은 우정사업본부장이 고시한다.
④ 접수지정 우체국별 접수마감시각 및 배달우체국의 배달시간은 관할 지방우정청장이 정하여 고시한다.

06 〈보기〉에서 준등기 우편에 대한 설명으로 옳은 것을 모두 고른 것은?

〈보 기〉
ㄱ. 준등기 우편의 요금은 1,800원(정액 요금)이며, 전자우편의 제작수수료는 별도이다.
ㄴ. 우편물이 우편집중국으로 발송되기 전까지 반환청구 수수료는 무료이나, 발송한 후에는 반환청구 수수료(통상우편 기본요금 적용)를 징수해야 한다.
ㄷ. 반송 시에는 발송인에게 도착되기까지 배달결과에 대한 종적조회가 가능하다.
ㄹ. 접수 시부터 배달완료 후 발생된 손실·분실에 대해 최대 5만원까지 손해배상을 제공한다.

① ㄱ, ㄴ ② ㄱ, ㄹ
③ ㄴ, ㄷ ④ ㄷ, ㄹ

07 다음의 우정당국들이 가입한 기구에 대한 설명으로 옳지 않은 것은?

① 슬로건은 'The Power to Deliver'이며 국제특급우편(EMS) 서비스 품질 향상을 추진한다.
② 2002년 6월 국제특성시장에서의 주도권 확보와 국제특급우편(EMS) 경쟁력 향상을 목적으로 결성되었다.
③ 사무국은 홍콩에 소재하고 있으며, 회원국은 한국, 미국, 일본, 중국, 호주, 홍콩, 스페인, 영국, 프랑스, 태국, 캐나다 등 11개국이다.
④ 공동으로 구축한 단일 통합네트워크를 기반으로 EMS배달보장서비스를 제공한다.

08 국내 정기간행물의 우편요금 기본 감액률에 내용 중 ( )에 들어갈 내용으로 옳은 것은?

요금감액대상		요금 감액률	비고
종별	간별		
등록	신문	일간	(㉠)%	주 3회 이상 발행하여 발송하는 정기간행물
	신문/잡지	주간	59%	월 (㉡)회 이상 발행하여 발송하는 정기간행물 단, 월 (㉡)회 미만 발행하여 발송하는 격주간 신문 등은 잡지(월간) 감액률 적용
	잡지	월간	50%	월 1회 이상 발행하여 발송하는 정기간행물
미등록		일간/주간/월간	(㉢)%	• 잡지법 제2조 제1호 나목·라목에 의한 정기간행물 • 신문법 제9조 제1항 단서조항 및 동법 시행령 제7조 제1호에 의한 신문 • 잡지법 제15조 제1항 단서조항 및 동법 시행령 제8조 제1항 제1호에 의한 잡지 • 잡지법 제16조 제1항 단서조항 및 동법 시행령 제8조 제2항 제1호에 의한 정보간행물, 기타간행물

	㉠	㉡	㉢
①	67	5	35
②	65	5	35
③	62	4	37
④	62	4	36

09 이용자 실비지급제도에 대한 설명으로 옳은 것은?

① 이용자 실비를 지급받기 위해서는 사유가 발생한 다음 날부터 15일 이내에 해당 우체국에 신고해야 한다.
② 우체국 직원의 잘못이나 불친절한 응대 등으로 2회 이상 우체국을 방문하였다고 신고한 경우 3만원 상당의 문화상품권 등을 지급한다.
③ 무기명 신고자도 실비지급을 받을 수 있다.
④ EMS우편물에서 한 발송인에게 보험가입여부와 관계없이 월 2회 이상 손실이나 분실이 생긴 때는 무료발송권(1회 10kg까지)을 이용자 실비로 지급한다.

10 운송용기의 종류와 용도에 대한 설명으로 옳은 것은?

① 상자운반차(트롤리) : 통상·소포우편물, 우편상자, 우편자루의 담기와 운반
② 접수상자 : 소형통상 다량우편물 접수, 소형통상우편물 담기
③ 일반자루 : 부가취급우편물 담기
④ 소형상자 : 얇은 대형통상우편물 담기

11 〈보기〉에서 운반차에 여러 형태의 우편물을 함께 넣을 경우 적재 순서를 알맞게 나열한 것은?

―〈보 기〉―
ㄱ. 일반소포
ㄴ. 일반통상
ㄷ. 등기소포
ㄹ. 중계우편물
ㅁ. 등기통상

① ㄱ → ㄴ → ㄷ → ㄹ → ㅁ
② ㄱ → ㄴ → ㅁ → ㄷ → ㄹ
③ ㄱ → ㄷ → ㄹ → ㄴ → ㅁ
④ ㄱ → ㄷ → ㄴ → ㅁ → ㄹ

12 〈보기〉에서 우편물 배달 기준에 대한 설명으로 옳은 것을 모두 고른 것은?

―〈보기〉―
ㄱ. 일반우편물은 우편물이 도착한 날 순으로 구분하여 다음날에 배달한다.
ㄴ. 특수(등기)취급우편물의 배달은 2회 배달, 3일 보관 후 반환을 원칙으로 한다.
ㄷ. 외화 맞춤형 계약등기는 2회 배달, 2일 보관 후 반환한다.
ㄹ. 특별송달은 3회 배달 후 보관하지 않고 반환한다.
ㅁ. 준등기우편물은 접수한 날부터 3일 이내 배달한다.

① ㄱ, ㄴ
② ㄱ, ㄹ
③ ㄴ, ㄷ, ㅁ
④ ㄱ, ㄷ, ㄹ, ㅁ

13 우편물의 운송에 대한 설명으로 옳지 <u>않은</u> 것은?

① 운송계획에 따라 정기운송, 임시운송, 특별운송으로 구분된다.
② 특별운송우편물은 정시송달이 가능하도록 최선편에 운송하고 운송료는 사전에 정산한다.
③ 정기 운송편에 발송한 후 잔량이 있을 것으로 예상되면 정기편을 변경하여 운송한다.
④ 우편물의 안정적인 운송을 위하여 관할 지방우정청장은 운송구간, 수수국, 수수시각, 차량통수 등을 우편물 운송 방법 지정서에 지정한다.

14 〈보기〉에서 국제특급우편으로 보낼 수 있는 물품의 총 개수는?

―〈보기〉―
ㄱ. 업무용 서류   ㄴ. 동전, 화폐
ㄷ. 송금환   ㄹ. 여권
ㅁ. 상품 견본   ㅂ. 마이크로 필름
ㅅ. 상업용 서류   ㅇ. 보석
ㅈ. 컴퓨터 데이터   ㅊ. 유가증권류
ㅋ. 신분증

① 4개   ② 5개
③ 6개   ④ 7개

15 다음 중 시각장애인용 우편물에 대한 설명으로 옳지 <u>않은</u> 것은?

① 항공부가요금을 제외한 모든 요금이 면제된다.
② 봉투 겉표지에 Items for the blind를 고무인으로 날인한다.
③ 우표, 요금인영증지 등 금전적 가치를 나타내는 증서를 포함한다.
④ 항공 등기로 접수할 때에는 등기요금은 무료이며, 항공부가요금만 징수한다.

16 국제우편물의 종류별 접수에 대한 설명으로 옳은 것은?

① 통관절차대행수수료 2,500원을 우편요금과 별도로 징수한다.
② 시각장애인용 우편물을 항공우편으로 발송할 때에는 항공요금을 부가하여 수납한다.
③ 소형포장물은 현실적이고 개인적인 통신문의 서류 동봉이 가능하며, 내용품의 탈락을 방지하기 위하여 단단히 밀봉하여야 한다.
④ 우편자루배달 인쇄물의 등기취급은 미국, 캐나다 등 북미권역과 유럽, 아시아 등 만국우편연합 회원국가 간 발송에 제한이 없다.

17 국제회신우표권(International Reply Coupons)에 대한 설명으로 옳지 않은 것은?

① 국제회신우표권(IRC)은 수취인에게 회신요금의 부담을 지우지 아니하고 외국으로부터 회답을 받는 데 편리한 제도이다.
② 30장 이하는 자유 판매, 초과 판매를 요구할 때에는 구체적인 사용 목적을 확인한 후 판매하는 등 판매 수량을 합리적으로 제한한다.
③ 만국우편연합 국제사무국에서 발행하며 각 회원국에서 판매하고, 국제회신우표권 1장은 그 나라에서 외국으로 발송되는 항공보통서장 최저요금의 우표와 교환한다.
④ 국제회신우표권은 UPU 총회가 개최되는 4년마다 총회 개최지명으로 국제회신우표권을 발행하며(4년마다 디자인 변경) 국제회신우표권의 유효기간은 앞면 우측과 뒷면 하단에 표시한다.

18 국제우편물 사전 통관정보 제공에 대한 설명으로 옳지 않은 것은?

① 대상국가는 UPU 회원국가 중 우리나라와 우편물을 교환하는 국가(2024.01.)이다.
② 우편취급국을 제외한 전국 모든 우체국이 적용 대상 관서이다.
③ 우리나라의 HS코드는 10자리이며, 그중 앞자리 6개 숫자는 국제 공통 분류에 해당한다.
④ 대상 우편물은 비서류[국제소포우편물, K-Packet, EMS(비서류), 해상특송우편물(한중, 한일)], EMS(서류), 소형포장물로 한정하며 포스트넷 입력 시 문자는 영문으로 숫자는 아라비아 숫자로 입력한다.

19 국제우편 요금감액 제도에 대한 설명으로 옳은 것은?

① 발송비용절감 요금감액은 EMS, EMS프리미엄에만 적용된다.
② 국제특급 요금감액은 계약특급, 수시특급, 일괄특급으로 구분된다.
③ 계약국제특급의 15% 이상 감액률은 우정사업본부장의 승인 후 적용한다.
④ 특별감액의 장기이용고객 조건에 해당할 경우, 일괄적으로 3%p 요금감액률을 적용한다.

20 다음 중 행방조사청구제도에 대한 설명으로 옳지 않은 것은?

① 파손된 경우 청구권자는 발송인만 해당된다.
② 청구기한은 우편물을 발송한 다음 날부터 계산하여 6개월이다.
③ 청구대상우편물에는 등기우편물, 소포우편물, 국제특급우편물이 있다.
④ 우편을 이용하는 행방조사, 모사전송(팩스)을 이용하는 행방조사, 전자우편·전자전송방식(인터넷)을 이용하는 행방조사가 있다.

02 예금일반

01 주식과 주식시장에 대한 설명으로 옳지 않은 것은?

① 주가지수는 특정 시점의 경제상황을 대표하는 지수로 비교시점 시가총액/기준시점 시가총액×100으로 나타낸다.
② 주식시장에서는 주가가 변동한 후에 거래량이 변하는 것이 일반적이며, 거래량이 증가하면 주가가 하락하고, 거래량이 감소하면 주가는 상승하는 경향이 있다.
③ 우리나라 주식시장에서 외국인 투자가 증가하면 주가지수가 올라가고 반대로 외국인 투자가 감소하면 주가지수도 하락한다.
④ 주가지수는 주식시장 상황은 물론 한 나라의 정치·사회적 상황과 투자자들의 심리적 요인까지 반영하고 있다.

02 시장금리부 수시입출금식예금에 대한 설명으로 옳지 않은 것은?

① 시장실세금리에 의한 고금리가 적용되고 입출금이 자유로운 단기상품이다.
② 모든 은행이 예금거래 실적에 따라 마이너스 대출, 수수료 면제 등 부대서비스를 제공하고 있다.
③ 각종 공과금, 신용카드대금 등의 자동이체용 결제통장으로도 활용할 수 있다.
④ 주로 증권사, 종합금융회사의 어음관리계좌(CMA), 자산운용회사의 단기금융상품펀드(MMF) 등과 경쟁하는 상품이다.

03 〈보기〉에서 인터넷뱅킹에 대한 설명으로 옳은 것을 모두 고른 것은?

― 〈보 기〉 ―
ㄱ. 인터넷뱅킹 조회서비스만 이용할 고객이라도 공동인증서 발급 없이는 조회서비스를 이용할 수 없다.
ㄴ. 인터넷뱅킹은 저렴한 수수료, 인터넷예금과 대출 시 우대금리 제공, 환율우대 등 고객 중심의 보다 신속하고 편리한 서비스를 제공한다.
ㄷ. 인터넷뱅킹을 이용할 경우 창구를 이용하는 것보다 저렴하나 외화 환전이나 해외 송금에는 수수료 우대 혜택이 제공되지 않는다.
ㄹ. 인터넷 공과금 납부 서비스를 통해 별도 영업점 창구를 방문할 필요 없이 공과금의 과금내역을 조회하고 납부할 수 있다.

① ㄱ, ㄷ　　　　② ㄱ, ㄹ
③ ㄴ, ㄷ　　　　④ ㄴ, ㄹ

04 직불카드와 체크카드에 대한 설명으로 옳지 않은 것은?

① 직불카드와 체크카드 이용 시 예금계좌에서 카드 거래 대금이 바로 인출된다.
② 최근에는 고객의 신용등급에 따라 소액의 신용공여(30만원 한도)가 부여된 하이브리드형 체크카드를 발급받아 이용할 수 있다.
③ 체크카드가 Visa, Master 등 해외사용 브랜드로 발급된 경우에는 해외에서 물품구매 및 현지통화로 예금인출도 가능하다.
④ 직불카드의 결제방식은 신용공여에 기반을 둔 후불 결제방식을 이용한 것이다.

05 〈보기〉에서 가계당좌예금에 대한 내용으로 옳은 것은 모두 몇 개인가?

─〈보 기〉─
ㄱ. 예금 잔액이 부족할 경우에는 대월한도 범위 내에서 자동대월이 가능하나, 소액가계자금 대출은 가능하지 않다.
ㄴ. 가계수표를 발행할 수 있는 개인용 당좌예금이며 무이자인 일반 당좌예금과는 달리 이자가 지급되는 가계우대성 요구불예금이다.
ㄷ. 가입대상은 신용상태가 양호한 개인, 자영업자(신용평가 결과 평점이 일정 점수 이상인 자)로 제한된다.
ㄹ. 모든 은행에 걸쳐 1인 1계좌만 거래 가능하다.

① 1개 ② 2개
③ 3개 ④ 4개

06 금융기관의 건전성관리를 기준으로 볼 때 우체국예금의 일반은행과의 주요 차이점으로 옳지 않은 것은?

① 주식 발행이 없으므로 자기자본에 자본금 및 주식발행 초과금이 없다.
② 우편대체 계좌대월 등 일부 특수한 경우를 제외하고는 여신이 없다.
③ 환매조건부채권매도 등을 통한 차입부채는 없다.
④ 타인자본에는 예금을 통한 예수부채만 있고, 은행채의 발행 등을 통한 차입 혹은 금융기관 등으로부터의 차입을 통한 차입부채는 없다.

07 〈보기〉에서 우체국에서 운용하는 공익형 예금상품은 모두 몇 개인가?

─〈보 기〉─
ㄱ. 우체국 국민연금안심통장
ㄴ. 우체국 다드림통장
ㄷ. 우체국 건설하나로통장
ㄹ. 우체국 이웃사랑정기예금
ㅁ. 우체국 듬뿍우대저축예금
ㅂ. 우체국 생활든든통장
ㅅ. 우체국 장병내일준비적금
ㅇ. 2040+α정기예금
ㅈ. 시니어 싱글벙글 정기예금
ㅊ. 우체국 행복지킴이통장
ㅋ. 우체국 마미든든 적금
ㅌ. 우체국 페이든든통장

① 3개 ② 5개
③ 7개 ④ 9개

08 CD/ATM 서비스에 대한 설명으로 옳은 것은?

① 거래매체 없이 CD/ATM 이용은 불가능하다.
② CD/ATM 서비스로는 현금(모든 자기앞수표 제외)인출 및 입금, 신용카드 현금서비스, 계좌이체, 잔액조회, 공과금 납부 등이 있다.
③ 현금서비스 업무는 거래은행과 상관없이 CD/ATM을 통하여 현금서비스 이용한도 내에서 현금을 인출할 수 있다.
④ 계좌이체 시 보이스피싱 피해 방지를 위해 수취계좌 기준 1회 200만원 이상 이체금액에 대해 지연인출제도가 시행되고 있다.

09 「금융실명거래 및 비밀보장에 관한 법률」 시행령에 의거하여 실명확인 생략이 가능한 거래에 대한 설명으로 옳지 않은 것은?

① 재예치 등 계좌가 새로 개설되는 경우는 실명확인 생략이 가능한 거래이다.
② 수표 및 어음 입금 시에는 금액 상관없이 실명확인 대상이다.
③ 100만원 이하의 원화 송금(무통장입금 포함)은 실명확인 생략이 가능한 거래이다.
④ 보험 공제거래, 여신거래는 실명거래대상에서 제외된다.

10 〈보기〉에서 금융의 역할에 대한 설명으로 옳은 것은 모두 몇 개인가?

― 〈보 기〉 ―
ㄱ. 금융은 여윳돈이 있는 사람들의 돈을 모아서 돈이 필요한 사람들에게 이전해주는 자금의 중개기능을 수행한다.
ㄴ. 금융은 여유자금을 가진 사람에게는 투자의 수단을 제공하고 자금이 필요한 사람에게는 자금을 공급해 준다.
ㄷ. 금융은 안전하고 편리한 지급·결제 시스템을 구축하여 이용자들의 원활한 거래를 지원하고 있다.
ㄹ. 금융은 소득에 비해 지출이 많을 때에는 돈을 운용할 기회를 마련해주고, 소득이 많을 때에는 돈을 빌려주는 등 자산관리 수단을 제공해 준다.

① 1개   ② 2개
③ 3개   ④ 4개

11 〈보기〉에서 예금자보호에 대한 설명으로 옳은 것은 모두 몇 개인가?

― 〈보 기〉 ―
ㄱ. 주택청약저축, 주택청약종합저축 등은 보호금융상품이다.
ㄴ. 2025년 1월 기준 보호한도는 원금과 소정이자를 합하여 1인당 5천만원까지만 보호되며 초과금액은 보호되지 않는다.
ㄷ. 보호금액은 예금의 종류별 또는 지점별 보호금액이 아니라 동일한 금융회사 내에서 예금자 1인이 보호받을 수 있는 총금액이다.
ㄹ. 정부, 지방자치단체(국·공립학교 포함), 한국은행, 금융감독원, 예금보험공사, 부보금융회사의 예금은 보호대상에서 제외한다.

① 1개   ② 2개
③ 3개   ④ 4개

12 금융거래에 대한 비밀보장 중 비밀보장의 대상에서 제외되는 예로 옳지 않은 것은?

① 특정 명의인의 전화번호, 주소, 근무처 등이 포함된 금융거래 자료 또는 정보
② 성명, 주민등록번호, 계좌번호, 증서번호 등이 삭제된 다수 거래자의 금융거래 자료로서 특정인에 대한 금융거래정보를 식별할 수 없는 자료
③ 순수한 대출거래·보증·담보내역 등에 관한 정보 및 자료
④ 신용카드 발급, 가맹점 가입, 카드를 이용한 매출, 현금서비스, 기타 회원, 가맹점 및 채무관리 등에 관한 정보 및 자료

13 「우체국 예금거래 기본약관」에 의거하여 예금이 되는 시기로 옳지 않은 것은?

① 현금으로 입금한 경우에는 우체국이 이를 받아 확인한 때에 예금이 된다.
② 현금으로 계좌송금하거나 계좌이체한 경우에는 예금원장에 입금기록이 된 때에 예금이 된다.
③ 증권으로 입금하거나 계좌송금한 경우에는 우체국이 그 증권을 교환에 돌려 부도반환시한이 지나고 결제를 확인한 때에 예금이 된다.
④ 증권이 자기앞수표이고 지급제시 기간 안에 사고신고가 없으며 결제될 것이 틀림없음을 우체국이 확인한 경우에는 우체국이 이를 받아 확인한 때에 예금이 된다.

14 〈보기〉에서 우체국 해외송금에 대한 설명으로 옳은 것을 모두 고른 것은?

― 〈보 기〉 ―
ㄱ. 우체국의 해외송금 업무는 크게 시중은행과의 제휴를 통한 SWIFT(계좌송금)·MoneyGram(무계좌 실시간 송금)과 유로지로 네트워크를 통해 우체국이 자체적으로 제공하는 Eurogiro, 소액해외송금업체와의 제휴를 통해 제공하는 핀테크 송금서비스인 간편해외송금으로 구분할 수 있다.
ㄴ. 머니그램(MoneyGram) 특급송금은 1973년 유럽 및 북미은행 중심으로 설립된 국제은행 간의 금융통신망이다.
ㄷ. 유로지로 해외송금은 유럽지역 우체국 금융기관이 주체가 되어 설립한 Eurogiro社의 네트워크를 사용하는 EDI(전자문서 교환)방식의 국제금융 송금서비스로 우정사업자와 민간 금융기관이 회원으로 가입 후 회원 간 쌍무협정(Bilateral Agreement)을 통해 해외송금을 거래한다.
ㄹ. 유로지로 취급국가로는 태국, 필리핀, 스리랑카, 몽골, 베트남, 싱가포르가 있다.

① ㄱ, ㄷ
② ㄱ, ㄹ
③ ㄴ, ㄷ
④ ㄴ, ㄹ

15 자금세탁방지제도에 대한 설명으로 옳은 것은?

① 금융감독원은 금융기관으로부터 자금세탁 관련 의심거래보고 등 금융정보를 수집·분석하여, 이를 법집행기관에 제공하는 기관이다.
② 고액현금거래보고제도는 1거래일 동안 1천만원 이상의 현금을 입금하거나 출금한 경우 거래자의 신원과 거래일시, 거래금액 등 객관적 사실을 전산으로 자동 보고한다.
③ 자금세탁행위 등의 우려가 있는 경우 금융거래 목적 및 자금의 원천 등을 추가로 확인하는 고객확인제도는 우리나라에 2003년부터 본격적으로 도입되었다.
④ 금융회사가 금융거래의 상대방과 공모하여 의심거래보고를 하지 않거나 허위보고를 하는 경우에는 1년의 범위 내에서 영업정지처분도 가능하다.

16 적립식 예금 중 우체국 아이LOVE 적금에 대한 설명으로 옳지 않은 것은?

① 가입대상은 19세 미만 실명의 개인이다.
② 어린이·청소년의 목돈 마련을 위한 적립식 예금이다.
③ 가입 고객을 대상으로 우체국 주니어보험 무료가입을 제공한다.
④ 저축한도는 매월 20만원 범위 내에서 적립이 가능하다.

17 〈보기〉에서 우체국 노란우산 판매대행 업무에 대한 설명으로 옳은 것은 모두 몇 개인가?

〈보기〉
ㄱ. 노란우산공제는 기 가입자 또는 강제해지 후 1년 미경과 시에는 신규 및 (재)청약이 불가하므로 청약 전 기가입 여부를 반드시 조회해야 한다.
ㄴ. 가입자격은 소기업·소상공인 대표자, 무등록 소상공인이며, 무등록 소상공인은 사업소득원천징수영수증 발급이 가능한 사업자등록이 없는 프리랜서를 포함한다.
ㄷ. 우체국에서는 부금 수납, 공제금/해약지급신청서 및 제반 서류 접수를 대행한다.
ㄹ. 노란우산공제의 가입부금에 대해 연간 최대 1,000만원 한도 내 소득공제 및 연 복리이율을 적용한다.

① 1개 ② 2개
③ 3개 ④ 4개

18 모바일뱅킹 서비스에 대한 설명으로 옳지 않은 것은?

① 스마트폰뱅킹이란 태블릿 PC나 스마트폰으로 무선인터넷(LTE, 5G, WIFI 등)을 이용하여 시간과 장소에 상관없이 편리하게 뱅킹서비스, 상품가입, 자산관리 등을 이용할 수 있는 금융서비스이다.
② 2009년 말 이후 혁신적인 멀티태스킹과 고객 친화적 인터페이스를 기반으로 한 스마트폰이 급속히 보급되며 국내 스마트폰 시장의 활성화에 따라 현재 국내 모든 시중은행들이 자체 앱(App)을 통해 스마트폰 뱅킹서비스를 제공하고 있다.
③ IC칩기반 모바일뱅킹, VM모바일뱅킹, 3G 모바일뱅킹, WAP 뱅킹 등 기존 모바일뱅킹에 대한 서비스는 스마트폰뱅킹과 함께 더욱 성장하여 가장 핵심적인 전자금융서비스 채널로 자리잡았다.
④ 스마트폰뱅킹은 휴대성, 이동성 및 개인화라는 매체적 특성을 활용한 조회, 이체, 상품가입 등 기본 업무에 한정되던 것에서 최근 부동산담보대출 등의 고관여 업무까지 범위를 확장하며 비대면의 한계를 극복하고 있다.

19 금리에 대한 설명으로 옳지 않은 것은?

① 자금공급은 주로 가계소비, 기업투자 등에 영향을 받고 자금수요는 가계의 저축, 한국은행의 통화정책 등에 영향을 받는다.
② 금리의 변동은 가계소비와 기업투자 수준, 물가, 국가 간의 자금이동 등에 영향을 미친다.
③ 금리의 종류 중 명목금리는 실질금리에 물가상승률을 더한 금리이다.
④ 기준금리는 한국은행이 시중에 풀린 돈의 양을 조절하기 위해 금융통화위원회(금통위)의 의결을 거쳐 결정하는 정책금리이다.

20 A씨의 2024년 금융소득 현황이 다음과 같을 때 종합소득 산출세액으로 옳은 것은?

- 회사채 이자 : 50,000,000원
- 은행예금 이자 : 48,000,000원
- 세금우대종합저축의 이자 : 20,000,000원
  단, 누진 공제액은 5,760,000원이며, 종합소득 공제는 5,100,000원으로 가정한다.

① 11,500,000원
② 13,720,000원
③ 14,536,000원
④ 15,564,000원

03 보험일반

01 보험계약에 대한 설명으로 옳은 것은?

① 보험계약은 특별한 방식을 요구하지 않는 불요식의 낙성계약이므로 보험계약자의 청약에 대하여 보험자가 승낙한 때에 성립한다.
② 전문보험계약자는 보험가입증서(보험증권)를 받은 날부터 15일 이내에 청약을 철회할 수 있다.
③ 보험자는 계약을 체결한 날부터 2년이 지나면 고지의무 위반으로 계약을 해지할 수 없다.
④ 계약자가 최초 보험료를 신용카드로 납부한 계약에 대한 승낙 거절 시 일정 이자를 지급한다.

02 보험계약의 부활에 대한 설명으로 옳지 않은 것은?

① 우체국보험 약관에 의거 보험료의 납입연체로 인한 해지계약이 해약환급금을 받지 않은 경우 계약자는 계약의 부활을 청약할 수 있다.
② 부활의 청약은 해지된 날부터 3년 이내에 청약하여야 한다.
③ 부활계약 청구 시 이전에 알린 중요한 사항에 대하여는 고지의무가 면제된다.
④ 체신관서가 부활을 승낙한 때에 계약자는 부활을 청약한 날까지의 연체된 보험료에 약관에서 정한 이자를 더하여 납입하여야 한다.

03 〈보기〉에서 생명보험 상품의 종류에 대한 설명으로 옳은 것은 모두 몇 개인가?

〈보 기〉

ㄱ. 종신보험은 보험기간을 정하지 않고 피보험자가 일생을 통하여 언제든지 사망하였을 때 보험금을 지급하는 보험을 말한다.
ㄴ. 연금보험은 소득의 일부를 일정기간 적립했다가 노후에 연금을 수령하여 일정수준의 소득을 계속 유지함으로써 노후의 생활능력을 보호하기 위한 보험이다.
ㄷ. CI보험은 계약자가 납입한 보험료를 특별계정을 통하여 기금을 조성한 후 주식, 채권 등에 투자하여 발생한 이익을 보험금 또는 배당으로 지급하는 상품이다.
ㄹ. 저축성보험은 생명보험 고유의 기능인 위험보장보다는 생존 시에 보험금이 지급되는 저축 기능을 강화한 보험으로 중·단기간 목돈 마련에 유리한 고수익 상품이다.

① 1개　② 2개
③ 3개　④ 4개

04 무배당 어깨동무보험 2109의 상품 유형별 가입한도액에 관한 내용이다. 빈칸에 들어갈 내용으로 옳은 것은?

상품유형	가입한도액	
1종(생활보장형)	(ㄱ)만원	(ㄹ)만원 단위
2종(암보장형)	(ㄴ)만원	
3종(상해보장형)	(ㄷ)만원	

	ㄱ	ㄴ	ㄷ	ㄹ
①	3,000	2,000	1,000	1,000
②	4,000	2,000	1,000	1,000
③	4,000	2,000	500	500
④	4,000	3,000	1,000	500

05 〈보기〉에서 제3보험에 관한 내용으로 옳지 않은 것은 모두 몇 개인가?

─────── 〈보 기〉 ───────
ㄱ. 제3보험이란 '위험보장을 목적으로 사람의 질병·상해 또는 이에 따른 간병에 관하여 금전 및 그 밖의 급여를 지급할 것을 약속하고 대가를 수수하는 계약으로서 대통령령으로 정하는 계약이다.'라고 「상법」에서 규정하고 있다.
ㄴ. 우리나라에서는 2013년 8월 「보험업법」 개정을 통해서 최초로 제3보험이 제정되었다.
ㄷ. '피보험자의 동의 필요, 피보험이익 평가불가'는 생명보험으로서 제3보험의 특성이다.
ㄹ. 「상법」에서 생명보험, 상해보험, 질병보험, 화재보험, 운송보험, 해상보험, 책임보험, 자동차보험, 제3보험에 대한 정의를 하고 있다.

① 1개 ② 2개
③ 3개 ④ 없다.

06 우체국 보험상품의 보험세제에 대한 설명으로 옳은 것은?

① 무배당 우체국더든든한자녀지킴이보험 2203의 경우, 연간 납입보험료 100만원 한도 내에서 연간 납입보험료의 15%가 세액공제 금액이 된다.
② 무배당 에버리치상해보험 2109는 한번 가입으로 80세까지 보장하고 가입한도액은 500만원이다.
③ 무배당 파워적립보험 2109는 보험기간이 10년인 경우, 납입기간은 보험종류에 관계없이 월적립식 저축성보험 비과세 요건의 납입기간을 충족한다.
④ 무배당 우체국온라인저축보험 2109는 3년납의 기본보험료 납입한도는 1만원~300만원이다.

07 무배당 우체국간병비보험 2309에 대한 설명으로 옳은 것은?

① 병이 있어도 2가지(건강관련) 간편고지로 간편하게 가입이 가능하다.
② 일반가입 기준은 10세부터 80세까지 폭넓게 가입 가능하다.
③ 근로소득자는 납입한 보험료(연간 100만원 한도)에 대하여 10% 세액공제 혜택을 받는다.
④ 장기요양 진단보험금(1~2등급, 1~5등급) 설계가 가능하여 고객 맞춤형 혜택을 제공한다.

08 〈보기〉에서 보험료를 계산하는 현금흐름방식에 대한 설명으로 옳은 것을 모두 고른 것은?

─────── 〈보 기〉 ───────
ㄱ. 보험료 산출이 비교적 간단하고 기초율 예측 부담이 경감된다.
ㄴ. 새로운 가격요소 적용으로 정교한 보험료를 산출한다.
ㄷ. 상품개발 시 별도의 수익성 분석이 필요하며, 상품개발 후 리스크 관리가 어렵다.
ㄹ. 각 보험회사별로 최적의 기초율을 가정하여 적용한다.

① ㄱ, ㄴ ② ㄱ, ㄷ
③ ㄴ, ㄹ ④ ㄷ, ㄹ

09 위험관리와 보험에 대한 설명으로 옳은 것은?

① 보험을 통해 불확실한 손실을 확정손실로 전환할 수는 있지만 손실을 개인으로부터 그룹 전체의 손실로 분산할 수는 없다.
② 순수위험은 주식투자, 복권, 도박 등과 같이 경우에 따라 이익 또는 손실이 발생할 수 있는 위험을 말한다.
③ 위험의 발생상황에 따라 순수위험과 투기적 위험으로 분류할 수 있다.
④ 보험은 손실을 보상 또는 회복할 자금을 제공해 줄 수는 있으나 보험 그 자체가 손실발생을 방지해 주는 것은 아니다.

10 〈보기〉에서 설명하는 보험계약의 법적 성질을 올바르게 연결한 것은?

〈보 기〉
ㄱ. 보험계약은 보험자와 보험계약자 사이에 이루어지는 채권계약으로 보험자와 보험계약자 사이의 의무관계로 놓인 계약이다.
ㄴ. 보험계약은 다수인을 상대로 체결되고 보험의 기술성과 단체성으로 인하여 그 정형성이 요구된다.
ㄷ. 보험계약은 보험계약에 대해 특별한 방식을 요구하지 않아 서면으로 체결되지 않아도 효력이 있다.

	ㄱ	ㄴ	ㄷ
①	부합계약성	쌍무계약	불요식계약
②	쌍무계약	부합계약성	불요식계약
③	불요식계약	쌍무계약	부합계약성
④	불요식계약	부합계약성	쌍무계약

11 우체국 보장성 보험상품에 대한 설명으로 옳지 <u>않은</u> 것은?

① 무배당 우체국New100세건강보험 2203은 '국민체력100' 체력 인증 시 보험료 지원혜택을 제공한다.
② 무배당 우체국건강클리닉보험(갱신형) 2109는 10년 만기 생존 시마다 건강관리자금을 지급한다.
③ 무배당 우체국간편건강보험(325)(20년 갱신형) 2409의 주계약은 피보험자가 가입 당시 61세 이상인 경우 주계약 최대 보험가입금액은 4,000만원이다.
④ 무배당 우체국하나로OK건강종신보험 2402의 일부 특약은 갱신, 비갱신 선택형으로 설계 가능하다.

12 무배당 우체국든든한종신보험 2109에 관한 내용으로 옳은 것은?

① 주계약 보험가입금액이 4천만원일 경우 2.0%의 할인율이 적용된다.
② 주계약에서 4대 질병(암, 뇌출혈, 급성심근경색증, 뇌경색증) 진단 시 사망보험금 일부를 선지급하여 치료자금을 지원하는 상품이다.
③ 다양한 특약을 부가하여 사망뿐 아니라 생존(진단, 입원, 수술 등)까지 체계적으로 보장하도록 고객맞춤형 보장설계가 가능한 상품이다.
④ 전체가 갱신형으로 0세부터 65세까지 가입 가능하다.

13 보험계약의 요소에 대한 설명으로 옳지 않은 것은?

① 보험목적물(보험대상)은 보험사고 발생의 객체로 생명보험에서는 피보험자의 생명 또는 신체를 말한다.
② 보험기간은 보험에 의한 보장이 제공되는 기간으로 위험기간 또는 책임기간이라고도 하며 보험자의 책임은 보험을 승낙함으로써 개시된다.
③ 보험료는 보험계약자가 보험사고에 의한 보장을 받기 위하여 보험자에게 지급하여야 할 금액으로 납부하지 않는다면 그 계약은 해제 또는 해지된다.
④ 보험사고는 보험에 담보된 재산 또는 생명이나 신체에 관하여 보험자(보험회사)가 보험금 지급을 약속한 사고(위험)가 발생하는 것이다.

14 〈보기〉에서 영업보험료의 구성에 대한 설명으로 옳은 것을 모두 고른 것은?

─〈보 기〉─
ㄱ. 순보험료는 장래의 보험금 지급의 재원(財源)이 되는 보험료로 위험보험료와 저축보험료로 분리할 수 있다.
ㄴ. 부가보험료는 보험회사가 보험계약을 체결, 유지 및 관리하기 위한 경비에 사용되는 보험료로 예정위험률을 기초로 계산된다.
ㄷ. 보험료 산출 시 사용되는 기초율을 예정률이라 하며 여기에는 예정이율, 예정위험률, 예정사업 비율이 있다.
ㄹ. 어떠한 경우라도 보험회사의 장래 이익배당 또는 잉여금 분배에 대한 추정내용을 기재하지 못한다.

① ㄱ, ㄴ
② ㄱ, ㄷ
③ ㄴ, ㄹ
④ ㄷ, ㄹ

15 언더라이팅의 의미에 대한 설명으로 옳은 것은?

① 언더라이팅을 위해 피보험자의 환경·신체·재정 등(도적적 위험은 제외) 전반에 걸친 위험평가가 이루어진다.
② 보험회사는 언더라이팅 과정 및 결과에 따라 보험계약 청약에 대한 승낙 여부와 보험료를 설정할 수 있다. 다만, 보험금의 한도는 재심사를 거쳐 설정해야 한다.
③ '위험평가'의 과정을 통한 언더라이팅은 우량 피보험자 선택, 보험사기와 같은 역선택 위험 방지 등 보험사업의 핵심적인 업무에 해당한다.
④ 언더라이팅은 가입자 입장에서 보험회사의 위험을 여러 가지 위험으로 분류하여 보험 가입 여부를 결정하는 일련의 과정이다.

16 우체국 연금보험상품에 대한 설명으로 옳은 것은?

① 무배당 우체국연금보험 2109는 55세 이후부터 연금을 받을 수 있다.
② 우체국연금보험 2312는 배당상품으로 향후 운용이익금 발생 시 배당 혜택을 제공하는 유배당 상품이다.
③ 우체국연금저축보험 2109는 계약일 이후 1개월이 지난 후부터 연금개시나이 계약해당일까지 보험료 추가납입이 가능하다.
④ 무배당 우체국개인연금보험(이전형) 2109는 계약이전 받기 전 계약과 계약이전 받은 후 계약의 총보험료 납입기간은 20년 이내이어야 한다.

17 무배당 우체국하나로OK건강종신보험 2402에 대한 설명으로 옳은 것은?

① 주계약 사망보험금을 통한 유족 보장과 특약 가입을 통한 건강, 상해, 중대 질병·수술, 4대 질병을 보장한다.
② 부담 없는 보험료로 각종 질병, 사고 및 고액 치료비를 보장하나, 다수의 특약 중 필요한 보장을 선택하여 가입은 불가능하다.
③ 무배당 재해치료보장특약Ⅲ 2402 2종(비갱신형)의 경우 가입나이 60세는 90세 만기·20년납 및 90세 만기·90세납에 가입할 수 없다.
④ 보험료 납입면제 및 고액계약 할인(주계약)이 적용되어 보험료 부담을 완화할 수 있다.

18 〈보기〉에서 우체국보험 제도성특약에 대한 설명으로 옳은 것을 모두 고른 것은?

─────〈보 기〉─────
ㄱ. 지정대리청구서비스특약 2109의 대상 계약은 피보험자 또는 수익자가 「소득세법」상 장애인인 계약이다.
ㄴ. 장애인전용보험전환특약 2007의 대상 계약은 장애인전용 보험으로 전환된 이후 납입된 보험료부터 장애인전용 보장성 보험료로 처리된다.
ㄷ. 이륜자동차 운전 및 탑승 중 재해부담보특약 2109의 가입 대상은 이륜자동차 운전자로 소유 및 관리하는 경우는 제외한다.
ㄹ. 지정대리청구서비스특약 2109의 지정대리 청구인은 피보험자의 가족관계등록부상의 배우자 또는 3촌 이내의 친족이다.

① ㄱ, ㄴ ② ㄱ, ㄷ
③ ㄴ, ㄹ ④ ㄷ, ㄹ

19 우체국보험 재무 건전성 관리와 자금 운용에 대한 설명으로 옳지 않은 것은?

① 자산건전성 분류 대상 자산에 해당하는 보유 자산에 대해 건전성을 '정상', '요주의', '회수의문', '추정손실'의 4단계로 분류하여야 한다.
② 경영공시는 결산이 확정된 날로부터 1개월 이내에 보험계약자 등 이해관계자가 알기 쉽도록 간단명료하게 작성하여 우체국보험 홈페이지 등에 게시하여야 한다.
③ 결산은 매 회계연도마다 적립금의 결산서를 작성하고 외부 회계법인의 검사를 받아야 한다.
④ 우체국보험은 자본의 적정성 유지를 위하여 지급여력비율을 분기별로 산출·관리하여야 하며, 지급여력비율은 지급여력금액을 지급여력기준금액으로 나누어 산출한다.

20 보험안내자료 기재사항의 내용으로 옳지 않은 것은?

① 장래의 이익의 배당 및 잉여금 분배 예상 사항을 반드시 기재한다.
② 보험 상담 및 분쟁의 해결에 관한 사항을 반드시 기재한다.
③ 최저로 보장되는 보험금이 설정되어 있는 경우 그 내용을 반드시 기재한다.
④ 보험금이 금리에 연동되는 보험상품의 경우 적용금리 및 보험금 변동에 관한 사항을 반드시 기재한다.

04 컴퓨터일반(기초영어 포함)

01 패킷 교환 방식 중 가상 회선 방식에 대한 설명으로 옳은 것은?

① 네트워크 내의 노드나 링크가 파괴되거나 상실되면 다른 경로를 이용한 전송이 가능하므로 유연성을 갖는다.
② 경로 설정에 시간이 소요되지 않으므로 한 스테이션에서 소수의 패킷을 보내는 경우에 유리하다.
③ 매 패킷 단위로 경로를 설정하기 때문에 네트워크의 혼잡이나 교착 상태에 보다 신속하게 대처한다.
④ 패킷들은 경로가 설정된 후 경로에 따라 순서적으로 전송되는 방식이다.

02 토큰링 방식에 사용되는 네트워크 표준안은?

① IEEE 802.2
② IEEE 802.3
③ IEEE 802.5
④ IEEE 802.6

03 프로세서 내에서의 작업 단위로서 시스템의 여러 자원을 할당받아 실행하는 프로그램의 단위를 의미하는 것은?

① Thread
② Working Set
③ Semaphore
④ Monitor

04 전체 페이지가 5이고 현재 페이지 번호가 1일 때 다음 설명 중 옳은 것은?

① 강제로 페이지를 구분하려면 해당 위치에 [페이지 나누기] 컨트롤을 생성하여 놓는다.
② =[Page]/[Pages]& "페이지" 식의 결과는 "1/5 페이지"이다.
③ =Format([Pages], "000") 식의 결과는 001이다.
④ 보고서를 인쇄하면서 모든 페이지의 아랫부분에 페이지 번호를 출력하고자 하면 보고서의 바닥글을 이용해야 한다.

05 캐시 매핑 프로세스에 대한 설명이 옳지 않은 것은?

① 연관 사상은 기억시킬 캐시 블록의 결정 함수는 주기억장치의 블록 번호를 캐시 전체의 블록 수로 나눈 나머지로 결정한다.
② 집합-연관 사상은 캐시 블록을 몇 개의 블록으로 이루어진 세트(Set)단위로 분리한 후 세트를 선택할 때는 직접 사상 방식을 따르고 세트 내에서 해당 블록을 지정할 때는 연관 사상 방식을 따른다.
③ 직접 사상은 캐시 메모리에서 한 개의 페이지만 존재하도록 하는 경우로 1:1 매핑에 해당한다.
④ 연관 사상은 주기억장치의 임의의 블록들이 어떠한 슬롯으로든 사상될 수 있는 방식이다.

06 OSI 7계층 중 2계층(Data Link)이 수행하는 기능으로 옳은 것은?

① 데이터의 압축
② 통신 경로(Path)의 설정
③ 암호화
④ 오류 검출

07 데이터 모델링에 대한 설명으로 맞지 않는 것은?

① 데이터 모델링의 단계는 개념적 모델링, 논리적 모델링, 물리적 모델링이 있다.
② 개념적 데이터 모델은 데이터베이스 스키마를 실제 구축을 위한 설계이면서 사용할 DBMS 실제 선정하는 설계이다.
③ 데이터 모델은 구조(Structure), 연산(Operation), 제약조건(Constraint) 3가지로 구성된다.
④ 데이터 모델링은 데이터베이스 설계 과정에서 데이터의 구조를 표현하기 위해 데이터베이스로 모델화하는 작업이다.

08 기본 키에 속해 있는 애트리뷰트는 항상 널(Null) 값을 가질 수 없는 제약을 무엇이라고 하는가?

① 도메인 무결성(Domain Integrity)
② 참조 무결성(Reference Integrity)
③ 개체 무결성(Entity Integrity)
④ 고유 무결성(Unique Integrity)

09 프로세서의 정의와 거리가 먼 것은?

① 프로세서가 할당되는 실체
② PCB를 가진 프로그램
③ 실행 중인 프로그램 및 프로시저의 활동
④ 동기적 행위를 일으키는 주체

10 정규형에 대한 설명으로 옳지 않은 것은?

① 제2정규형은 반드시 제1정규형을 만족해야 한다.
② 정규화하는 것은 테이블을 결합하여 종속성을 제거하는 것이다.
③ 제1정규형은 릴레이션에 속한 모든 도메인이 원자값만으로 되어 있는 릴레이션이다.
④ BCNF는 강한 제3정규형이라고도 한다.

11 TCP/IP 모델의 인터넷 계층에 대한 설명으로 옳지 않은 것은?

① IP프로토콜을 사용한다.
② 경로선택과 독주제어 기능을 수행한다.
③ 최선형의 비연결형 패킷 전달 서비스를 제공한다.
④ End to End의 통신 서비스를 제공한다.

12 파일 구성 방식 중 ISAM(Indexed Sequential Access Method)의 물리적인 색인 구성은 디스크의 물리적 특성에 따라 색인(Index)을 구성하는데, 다음 중 3단계 색인에 해당되지 않는 것은?

① 볼륨 색인(Volume Index)
② 트랙 색인(Track Index)
③ 마스터 색인(Master Index)
④ 실린더 색인(Cylinder Index)

13 자료 사전(Data Dictionary)에서 자료의 반복을 나타내는 기호는?

① ( )
② { }
③ [ ]
④ * *

14 다음 대화에서 밑줄 친 부분과 바꿔 쓸 수 없는 것은?

> A : Where do they sell stamps?
> B : You can purchase stamps over at that counter.

① buy
② get
③ market
④ snap up

15 다음 밑줄의 단어와 의미가 유사한 것은?

> The automatic teller wouldn't take my cash card.

① bank clerk
② tape-recorder
③ money machine
④ parrot

16 다음 대화의 빈칸에 들어갈 알맞은 것은?

> A : I have to go on a business trip.
> B : Where are you going?
> A : To Hong Kong.
> B : _____?
> A : Ten days.
> B : OK, that will be taken care of right away. Is there anything else I need to arrange?
> A : Could you arrange the factory tour for me? I'll need to change a thousand dollars into traveller's check.
> B : I'll get right on it.

① When are you going to leave
② Where are you going to stay
③ Why are you going to Hong Kong
④ How many days will you be there

17 다음 대화의 빈칸에 들어갈 말로 가장 적절한 것은?

> A : Good morning. May I help you?
> B : Good morning. I want to send this parcel to New York.
> A : OK. Fill this out, first. What's inside of it?
> B : It's a set of books.
> A : It weighs six kilograms. _____?
> B : By express mail. How much is it?
> A : It's 65 dollars. Do you want it insured?
> B : Yes, please.
> A : In that case, it'll cost 5 dollars more.

① Sure, anything else
② How do you want it sent
③ Where do they sell stamps
④ Would you like to insure the parcel

18 다음 글의 (A), (B)에 들어갈 말로 가장 적절한 것은?

Goodwill is hard to define. It is about the potentially good attitude that a customer has about a particular store. A store earns the goodwill of its customers by the way it treats them and by the things it does for them. (A) _____, a store may earn a customer's goodwill because it has always been easy for the customer to return items there. Goodwill might be earned by a store because of past instances of helping customers with excellent service. (B) _____, goodwill might be earned by a store whose efforts to please a customer have gone above and beyond levels that are normally expected. Every shopper will be able to relate stories of stores or salespeople that have earned their praise for exemplary services.

	(A)	(B)
①	For instance	Similarly
②	For instance	In contrast
③	However	Similarly
④	Therefore	Instead

19 다음 글의 빈칸 (A), (B)에 들어갈 말로 가장 적절한 것은? 2021 계리직 20번

In one experiment, participants were asked to read formal emails and rate them based on warmth and competence. Some of the messages contained a smiley face. The results showed users who sent formal emails with smiley faces only saw a small rating (A) _____ in warmth, but a decline in competence. Although smiley faces may help convey a positive tone in written messages, their (B) _____ effects on first impressions of competence may outweigh these benefits. A separate experiment had participants read an email from a new employee to an unfamiliar administrative assistant. One was about a business meeting, while another was related to a social gathering. The study found participants rated the formal messages with smiley faces lower in competence than the emails with just text. In the case of the informal messages, competence ratings were about the same.

	(A)	(B)
①	decrease	positive
②	decrease	adverse
③	increase	positive
④	increase	adverse

20 다음 글의 요지로 가장 적절한 것은?

> Letters used to be the usual way for people to send messages. Today many people use e-mail instead. E-mail saves time. People can keep their e-mail messages on their computers to read again. It helps them remember what they wrote. However, there are still times when a letter is much better. There's something exciting about getting a letter in the mail. It makes you feel special. It means that someone took the time to pick out a card just for you. Besides, it's always fun to see what's inside, and handwriting is more personal than typing. Getting your letter is going to make someone smile.

① 이메일이 편지보다 편리하다.
② 이메일은 편지에 비해 경제적이다.
③ 편지가 이메일보다 나을 때가 있다.
④ 편지를 쓸 때는 격식을 지켜야 한다.

제3회 최종모의고사

정답 및 해설 p.133

01 우편일반

01 〈보기〉에서 우편사업의 보호규정에 대한 설명으로 옳은 것을 모두 고른 것은?

〈보 기〉
ㄱ. 국가기관이나 지방자치단체에서 발송하는 등기취급 서신은 위탁이 불가능하다.
ㄴ. 우편관서는 운송 중이거나 발송 준비를 마친 우편물에 대하여 압류를 거부할 수 없다.
ㄷ. 우편물을 운송 중인 항공기, 차량, 선박 등이 사고를 당하였을 때 운송원 등은 주위에 조력을 청구할 수 있으며, 이 경우 도움을 준 자에게 적절한 보수를 지급할 수도 있다.
ㄹ. 국내에서 회사(공공기관 포함)의 본점과 지점 간 또는 지점 상호 간에 수발하는 우편물로써 발송 후 12시간 이내에 배달이 요구되는 상업용 서류는 서신독점의 예외 대상이다.

① ㄱ, ㄷ
② ㄱ, ㄹ
③ ㄴ, ㄷ
④ ㄴ, ㄹ

02 국내 소포우편물에 대한 설명으로 옳은 것은?

① 기록 취급되는 특수취급우편물을 포함한 20kg을 초과하는 소포우편물은 보편적 우편서비스의 대상이다.
② 가로, 세로, 높이를 합하여 35cm 미만인 소형포장 우편물은 통상우편물로 구분하여 취급한다.
③ 소포우편물의 최대 용적은 가로, 세로, 높이를 합하여 160cm 이내여야 하며, 가로, 세로, 높이의 길이 제한은 없다.
④ 소포우편물에는 원칙적으로 서신을 넣을 수 없으며, 예외적으로 우체국쇼핑 상품설명서와 선물로 보내는 소포와 함께 보내는 감사인사 메모만 허용하고 있다.

03 국내 선택등기 서비스에 대한 설명으로 옳지 않은 것은?

① 취급대상은 6kg까지 통상우편물이며, 특급 취급 시 30kg까지 가능하다.
② 2회 배달(하루에 1회 배달) 시까지는 일반등기처럼 배달을 시도하고, 폐문 부재인 경우 우편함에 투함할 수 있으나 보험취급·내용증명인 경우는 불가하다.
③ 발송 후 배달증명은 수령인의 수령사실 확인 후 배달완료된 경우(무인우편함 제외)에 한해 청구가 가능하고, 우편함에 배달완료된 경우에는 청구가 불가하다.
④ 손실, 분실에 한하여 최대 10만원까지 손해배상을 제공하며, 배달완료(우편함 등) 후에 발생된 손실, 분실은 손해배상 대상에서 제외한다.

04 〈보기〉의 설명에 해당하는 국내우편 서비스의 종류를 옳게 짝지은 것은?

― 〈보 기〉 ―
ㄱ. 우편을 이용해서 현금을 직접 수취인에게 배달하는 제도로서, 만일 취급하는 중에 잃어버린 경우에는 금액 전액을 변상하여 주는 보험 취급제도이다.
ㄴ. 고가의 상품 등 등기소포우편물을 대상으로 하며, 손해가 생기면 해당 보험가액을 배상하여 주는 부가 취급제도이다.
ㄷ. 다른 법령에 따라 「민사소송법」이 정하는 방법으로 송달하여야 하는 서류를 내용으로 하는 등기통상우편물을 송달하고 그 송달의 사실을 우편송달통지서로 발송인에게 알려주는 부가취급서비스이다.

	ㄱ	ㄴ	ㄷ
①	통화등기	안심소포	특별송달
②	통화등기	물품등기	국내특급
③	물품등기	안심소포	특별송달
④	안심소포	물품등기	국내특급

05 등기우편물의 부가취급에 대한 설명으로 옳은 것은?

① 송달통지서가 2통 첨부된 소송서류를 특별송달로 발송할 경우, 우편요금은 '일반통상우편요금+등기취급수수료+2통의 특별송달취급수수료+(회송)2통의 일반통상기본우편요금'에 해당한다.
② 민원우편의 요금은 발송할 때의 취급요금(우편요금+등기취급수수료+익일특급수수료)과 회송할 때의 취급요금(25g 규격우편요금+등기취급수수료+익일특급수수료)을 합하여 접수 시에 선납한다.
③ 민원우편 송달 시 민원발급 수수료와 회송할 때의 민원발급 수수료 잔액을 현금으로 우편물에 봉입하여 발송할 수는 없다.
④ 착불배달 우편물이 반송되는 경우, 발송인에게 우편요금(표준요금+무게구간별 요금)만 징수하며, 접수 담당자는 발송인에게 이러한 사항을 반드시 설명해야 한다.

06 인터넷우체국에 대한 설명으로 옳지 않은 것은?

① 인터넷우체국은 우정사업본부장이 우체국 서비스를 컴퓨터, 스마트폰 등 정보통신설비를 이용하여 거래할 수 있도록 설정한 가상의 영업장에 해당한다.
② PC(www.epost.go.kr) 및 우체국 앱으로 접속하여 회원·비회원으로 이용할 수 있다.
③ 인터넷우체국의 우편 부가서비스에서 현금배달, 주소이전 서비스, 수취인 배달장소 변경, 무인우체국 가입 등이 가능하다.
④ 인터넷우체국의 우체국쇼핑에서 그림엽서, 기념엽서, e-그린엽서, 고객맞춤형엽서, 모바일엽서, 축하카드, 연하카드 등 엽서류·축하카드 서비스를 이용할 수 있다.

07 청구접수 및 방문접수 소포우편물의 요금감액 범위 중 ( )에 들어갈 내용으로 옳은 것은?

구분		3%	5%	10%	15%
창구접수	요금즉납	1~2개	3개 이상	(㉠)개 이상	50개 이상
	요금후납	–	70개 이상	100개 이상	130개 이상
방문접수	접수정보 사전연계	개당 (㉡)원 감액 (접수정보 입력, 사전결제, 픽업장소 지정 시)			
분할접수		중량 (㉢)kg 초과 소포 1개를 2개로 분할하여 접수할 경우 2,000원 감액 ※ 동일 시간대, 동일 발송인, 동일 수취인이고, 분할한 소포 1개의 무게는 10kg을 초과할 것			

	㉠	㉡	㉢
①	10	500	20
②	10	1,000	30
③	20	500	20
④	20	1,000	30

08 우편요금 등의 반환사유, 반환범위 및 반환청구기간에 대한 내용으로 옳은 것은?

① 우편관서의 잘못으로 과다징수한 우편요금 등은 해당 우편요금 등을 납부한 날부터 30일 이내에 해당 우편요금 등을 납부한 우체국에 반환을 청구해야 한다.
② 우편관서에서 우편물의 특수취급의 수수료를 받은 후 우편관서의 과실로 인하여 특수취급을 하지 아니한 경우 그 특수취급수수료는 해당 우편요금 등을 납부한 날부터 30일 이내에 해당 우편요금 등을 납부한 우체국에 반환을 청구해야 한다.
③ 사설우체통의 사용을 폐지하거나 사용을 폐지시킨 경우 그 폐지한 다음날부터의 납부수수료 잔액은 폐지한 날부터 60일 이내에 반환을 청구해야 한다.
④ 납부인이 우편물을 접수한 후 우편관서에서 발송이 완료되지 아니한 우편물의 접수를 취소한 경우는 우편물 접수 당일까지 해당 우편요금 등을 납부한 우체국에 반환을 청구해야 한다.

09 〈보기〉에서 지연배달의 손해배상 범위 및 금액에 대한 설명으로 옳은 것의 총 개수는?

─〈보기〉─
ㄱ. 등기소포의 경우 D+3일 배달분부터 우편요금 및 등기취급수수료를 손해배상한다.
ㄴ. 익일특급의 경우 D+5일 배달분부터 우편요금 및 국내특급수수료를 손해배상한다.
ㄷ. 'D'는 우편물을 접수한 날을 말하며, 공휴일과 우정사업본부장이 배달하지 않기로 정한 날은 배달기한에서 제외한다.
ㄹ. 우편번호 잘못 표시, 수취인 부재 등 발송인이나 수취인의 책임으로 지연배달되는 경우에도 손해배상 대상이 된다.

① 1개 ② 2개
③ 3개 ④ 4개

10 우편물 운송 용어에 대한 설명으로 옳지 않은 것은?

① 수집 : 접수한 우편물을 우편집중국 등으로 모아오는 운송형태
② 배분 : 우편집중국 등에서 배달할 우편물을 배달국으로 보내는 운송형태
③ 감편 : 우편물 감소로 운송편의 톤급을 하향 조정(예 4.5톤 → 2.5톤)
④ 거리연장 : 운송구간에 추가로 수수국을 연장하여 운행함

11 우편물의 발송에 대한 설명으로 옳지 않은 것은?

① 우편물의 발송순서는 일반우편물, 등기우편물, 특급우편물 순으로 발송한다.
② 일반우편물을 담은 운송용기는 운송송달증을 등록한 뒤에 발송한다.
③ 운송용기의 국명표 색상은 일반우편물은 '하얀색', 특급우편물은 '하늘색'이다.
④ 소포우편물을 적재할 때에는 가벼운 소포와 파손에 취약한 소포를 위에 적재한다.

12 〈보기〉에서 등기취급 우편물의 정당 수령인을 모두 고른 개수는?

┌─〈보 기〉─────────────────┐
ㄱ. 같은 건축물 및 같은 구내의 관리사무소
ㄴ. 대리수령인으로 발송인의 확인을 받은 사람
ㄷ. 우편물 표면에 기재된 주소지에서 만난 동거인
ㄹ. 수취인과 같은 집배구에 있고 수취인의 배달동의를 받은 무인우편물보관함
└─────────────────────────┘

① 1개 ② 2개
③ 3개 ④ 4개

13 보관우편물 교부에 대한 설명으로 옳지 <u>않은</u> 것은?

① '우체국보관'의 표시가 있는 우편물은 그 우체국 창구에서 수취인에게 우편물을 내어준다.
② 등기취급한 보관우편물은 배달증의 적요란에 '보관'이라고 적은 후 수취인에게 내어줄 때까지 보관한다.
③ 자국에서 보관 교부할 우편물이 도착하였을 때에는 해당 우편물에 도착날짜도장을 날인하고 따로 보관한다.
④ 교통이 불편하거나 그 밖의 사유로 수취인이 10일 이내에 우편물을 교부받을 수 없다고 인정될 때에는 30일의 범위 안에서 교부기간을 연장할 수 있다.

14 만국우편연합(UPU ; Universal Postal Union)에 대한 설명으로 옳은 것은?

① UPU의 기준화폐는 국제통화기금(IMF)의 국제준비통화인 SDR이다.
② 우편운영이사회(POC ; Postal Operations Council)는 우편에 관한 정부정책 및 감사 등과 관련된 사안을 담당한다.
③ UPU 총회(Congress)는 연합의 최고 의결기관으로서 5년마다 개최되며 전 회원국의 전권대표로 구성되며, 전 세계 우편사업의 기본 발전방향을 설정한다.
④ 우리나라는 1897년 제5차 워싱턴 총회에 참석하여 가입신청서를 제출하였으며 1907년 1월 1일에 '대한제국(Empire of Korea)' 국호로 정식 가입하였다.

15 〈보기〉의 우편물의 무게한계가 무거운 것에서 가벼운 순서로 배열된 것은?

┌─〈보 기〉─────────────────┐
ㄱ. 소형포장물(Small packet)
ㄴ. 인쇄물(Printed papers)
ㄷ. 우편자루 배달인쇄물(M bag)
ㄹ. 시각장애인용 우편물(Items for the blind)
ㅁ. 항공서간(Aerogramme)
└─────────────────────────┘

① ㄱ - ㄴ - ㄷ - ㄹ - ㅁ
② ㄹ - ㅁ - ㄱ - ㄴ - ㄷ
③ ㄷ - ㄹ - ㄴ - ㄱ - ㅁ
④ ㅁ - ㄱ - ㄴ - ㄷ - ㄹ

16 다음 중 국제우편요금에 대한 설명으로 옳지 않은 것은?

① 부피중량 산식은 '가로(cm)×세로(cm)×높이(cm)÷부피계수 3,000'이다.
② 실제중량과 부피중량 중 더 큰 중량의 요금을 적용하여 우편요금을 계산한다.
③ 국제우편요금은 실중량(Actual weight)과 부피중량(Volume weight)을 병행 적용하는 방식이다.
④ 선편우편요금은 접수부터 배달까지 선편으로 송달할 경우에 납부하여야 하는 요금으로 통상우편물의 요금, 소포우편물의 요금과 한중해상특송우편물의 요금으로 구분한다.

17 다음 중 국제우편요금의 별납에 대한 내용으로 옳은 것은?

① 통상우편물은 50통 이상의 경우여야 가능하다.
② 우편취급국을 제외한 모든 우체국에서 취급한다.
③ 국제특급우편물과 소포우편물의 우편요금은 현금 결제만 가능하다.
④ 접수된 우편물은 국제우체국 앞으로 다른 우편물과 함께 단단히 묶어서 다른 우편물과 함께 발송하는 것이 원칙이다.

18 〈보기〉에서 사전통관정보제공에 따른 선택 통관정보 항목의 총 개수는?

〈보 기〉
ㄱ. 발송인 성명   ㄴ. 발송인 전화번호
ㄷ. 발송인 이메일   ㄹ. 수취인 상세주소
ㅁ. 수취인 전화번호   ㅂ. 수취인 이메일
ㅅ. 내용품유형   ㅇ. 내용품명
ㅈ. HS Code   ㅊ. 순중량
ㅋ. 개수   ㅌ. 생산지

① 3개   ② 4개
③ 5개   ④ 6개

19 계약국제특급우편의 이용금액이 1천 500만원일 경우 적용되는 감액률로 옳은 것은?

① 10%   ② 12%
③ 14%   ④ 16%

20 국제우편물의 외부기록사항 변경·정정 또는 반환에 대한 설명으로 옳지 않은 것은?

① 반환청구 접수는 모든 우체국에서 가능하다.
② 국제우편물의 반환은 등기, 소포, 특급우편 및 보통통상 등 모든 국제우편물이 해당되나 청구서 접수 시 청구 수리 가능 여부를 검토하여 접수한다.
③ 외국으로 발송할 준비를 완료하였거나 이미 발송한 경우 반환처리는 의무사항이 아닌 협조사항으로 도착국가가 허용하는 경우에 가능하다.
④ 반환 관련 청구서를 접수한 우체국은 포스트넷 입력뿐만 아니라 국제우체국(국제우편물류센터)에 FAX로 청구내역을 반드시 통지해야 한다.

02 예금일반

01 다음 중 환율에 대한 설명으로 옳지 <u>않은</u> 것은?

① 환율은 우리나라 원화와 다른 통화 간의 교환비율을 말한다.
② 수출이 늘어나거나 외국인 관광객이 증가하는 등 경상수지 흑자가 늘어나면 외화의 공급이 증가하므로 환율은 상승하게 된다.
③ 고정환율제도는 정부나 중앙은행이 외환시장에 개입하여 환율을 일정한 수준으로 유지시키는 제도를 말한다.
④ 변동환율제도에서는 환율이 외환시장에서의 수요와 공급에 따라 결정된다.

02 다음은 주가지수에 대한 설명이다. 빈칸에 들어갈 주가지수를 올바르게 연결한 것은?

> ㄱ. (　　) : 코스닥시장 특성을 잘 반영할 수 있도록 시장대표성, 유동성 및 상품성 등을 종합적으로 고려한 종목으로 구성, 선물 및 ETF 등 금융상품의 기초지수로 활용되고 있다.
> ㄴ. (　　) : 유가증권시장과 코스닥시장의 우량종목을 고루 편입한 통합주가지수로서 최대주주지분, 자기주식, 정부지분 등을 제외한 유동주식만의 시가총액을 합산하여 계산하며, 상장지수펀드(ETF), 인덱스펀드 등 다양한 상품에 이용된다.

	ㄱ	ㄴ
①	코스닥150지수	KRX100지수
②	KRX100지수	코스닥지수
③	코스피지수	코스피200지수
④	코스닥150지수	코스피200지수

03 단기금융상품펀드(MMF)의 특징으로 옳지 <u>않은</u> 것은?

① 소액투자는 물론 단기자금을 운용하는 데 유리한 저축수단이다.
② 운용자산 전체 가중평균 잔존 만기를 75일 이내로 제한하고 있다.
③ 자산운용회사가 운용하며 은행, 증권사 등에서 판매하는 상품이다.
④ 계좌의 이체 및 결제 기능을 보유하고 있지만 예금자보호의 대상은 되지 않는다.

04 다음 중 금융투자에 대한 설명으로 옳지 <u>않은</u> 것은?

① 비금융투자상품은 원본의 손실가능성이 없는 상품으로 은행의 예금이 대표적이다.
② 금융투자상품은 증권과 파생상품으로 분류된다. 증권은 투자금액 원본까지를 한도로 손실이 발생할 가능성이 있고, 파생상품은 원본을 초과한 손실이 발생할 가능성이 있다.
③ 금융투자회사가 일반투자자에게 금융투자상품을 권유할 경우 상품의 내용과 위험을 투자자가 이해할 수 있도록 설명의무제도가 도입되었고, 이를 불이행한 금융투자회사에게는 손해배상책임이 부과된다.
④ 모든 투자자에게 전화, 방문 등 실시간 대화를 통한 투자권유금지 규정을 두어 투자자보호장치를 강화하고 있다.

05 다음 채권투자의 특징에 대한 내용으로 옳지 <u>않은</u> 것은?

① 채권은 주식처럼 증권시장을 통해 비교적 쉽게 현금화할 수 있다.
② 채권의 수익성 중 이자소득은 발행 시에 정해진 이율에 따라 이자를 지급받으며, 이자소득세가 과세된다.
③ 채권은 정부, 지방자치단체, 금융회사 또는 신용도가 높은 주식회사 등이 발행하므로 채무 불이행 위험이 상대적으로 낮다.
④ 채권은 만기일에 약속된 원금과 이자를 받을 수 있으나 차입자가 파산할 경우에는 주주권에 우선하여 변제받지 못한다.

06 우체국금융에 대한 설명으로 옳지 <u>않은</u> 것은?

① 1982년 12월 제정된 「우체국예금·보험에 관한 법률」에 의거 1983년 1월부터 금융사업이 재개되었다.
② 2023년 차세대 금융시스템 도입 등으로 우체국금융 창구뿐만 아니라 우체국금융 온라인을 통해 쉽고 편리한 금융서비스를 제공받을 수 있다.
③ 1995년 전국 우체국의 온라인망이 구축되어 전국을 하나로 연결하는 편리한 우체국 금융서비스를 제공할 수 있었다.
④ 우체국금융은 「우체국예금·보험에 관한 법률」 등에 의해 운영되는 국영금융기관으로 대출, 신탁, 신용카드 등 일부 금융업무에 제한을 받고 있다.

07 〈보기〉에서 예금의 입금과 지급에 대한 설명으로 옳지 <u>않은</u> 것은?

―〈보 기〉―
ㄱ. 기한부예금의 중도해지의 경우, 금융회사의 예금주 본인, 사자, 대리인에 대한 확인의 주의의무가 가중되므로 반드시 본인의 의사를 확인하는 것이 필요하다.
ㄴ. 금융회사가 실제로 받은 금액보다 과다한 금액으로 통장 등을 발행한 경우, 예금주의 계좌에서 초과입금액을 인출하면 족하다.
ㄷ. 직원이 입금조작을 잘못하여 착오계좌에 입금된 경우, 착오계좌 예금주의 동의 없이 취소하여 정당계좌에 입금할 수 있다.
ㄹ. 착오송금한 송금인은 먼저 수취인에게 반환요청해야 하며, 미반환된 경우 착오송금일로부터 2개월 이내 예금보험공사에 반환지원 신청을 해야 한다.

① ㄱ   ② ㄴ
③ ㄷ   ④ ㄹ

08 예금의 입금과 지급 업무의 설명으로 가장 옳지 <u>않은</u> 것은?

① 예금주 본인에게만 지급하겠다는 특약이 있는 예금을 제3자에게 지급할 경우 인감이나 비밀번호가 일치한다 할지라도 금융기관은 면책될 수 없다.
② 금융회사가 예금거래기본약관의 면책의 요건을 구비한 자에게 예금을 지급한 경우에는 그 지급은 유효하고 면책된다.
③ 금융회사가 폰뱅킹신청 등록 시 거래상대방의 본인 여부를 확인하는 때에는 그 상대방이 거래명의인의 주민등록증 소지 여부를 확인하는 것만으로도 충분하다.
④ 현금의 확인을 유보하는 의사 없이 예금통장 등을 발행하여 부족액이 발생한 경우에는 금융회사가 입증책임을 부담한다.

09 〈보기〉에서 상속에 관한 설명으로 옳지 않은 것은 몇 개인가?

─────── 〈보 기〉 ───────
ㄱ. 양자는 법정혈족이므로 친생부모 및 양부모의 예금도 상속하며, 서자와 적모 사이도 마찬가지로 상속된다.
ㄴ. 배우자 상호 간에는 대습상속이 인정되지 않는다.
ㄷ. 공동상속인은 각자의 상속분에 응하여 피상속인의 권리의무를 승계하나, 분할을 할 때까지는 상속재산을 공유로 한다.
ㄹ. 특정유증의 경우에는 수증자가 상속인 또는 유언집행자에 대하여 채권적 청구권만 가지므로 은행(우체국)은 예금을 상속인이나 유언집행자에게 지급함이 원칙이다.
ㅁ. 공동상속인 간의 협의에 의한 분할로 유언에 의한 분할방법의 지정이 없거나, 피상속인이 3년을 넘지 않는 범위 내에서 상속재산의 분할을 금지하지 않는 한 공동상속인들은 언제든지 협의로 상속재산을 분할할 수 있다.

① 2개　　② 3개
③ 4개　　④ 5개

10 금융거래 비밀보장의 대상에서 제외되는 경우는?

① 특정인이 어느 금융회사의 어느 점포와 금융거래를 하고 있다는 사실
② 당해 정보만으로 명의인의 정보 등을 직접 알 수 없으나 다른 정보와 용이하게 결합하여 식별할 수 있는 것
③ 신용카드 발급, 가맹점 가입, 카드를 이용한 매출, 현금서비스, 기타 회원, 가맹점 및 채무관리 등에 관한 정보 및 자료
④ 정보 요구자가 특정인의 성명, 주민등록번호, 계좌번호 등을 삭제하는 조건으로 요구한 당해 특정인의 식별 가능한 금융거래 자료 또는 정보

11 금융거래 정보제공에 대한 설명으로 가장 옳은 것은?

① 금융회사 상호 간에 업무상 필요한 정보를 요구하는 경우에도 반드시 금융위원회가 정하는 표준양식에 따라야 한다.
② 금융회사가 금융거래정보 등을 제공한 경우에는 정보 등을 제공한 날로부터 10일 이내에 명의인에게 서면으로 제공 사실을 통보하여야 한다.
③ 금융거래정보제공 관련 서류의 보관기간은 정보제공일로부터 3년간이다.
④ 금융회사의 직원이 금융거래 비밀보장의무 위반행위를 한 경우에는 3천만원 이하의 과태료를 부과한다.

12 다음 자금세탁방지제도에 대한 설명으로 옳은 것은?

① 우리나라의 자금세탁방지기구는 「특정금융정보법」에 따라 설립된 금융감독원이다.
② 불법재산 또는 자금세탁행위를 하고 있다고 의심되는 합당한 근거의 판단주체는 금융정보분석원장이다.
③ 고액현금거래보고제도는 1거래일 동안 3천만원 이상의 현금을 입·출금한 경우 거래자의 신원과 거래일시, 거래금액 등 객관적 사실을 전산으로 자동 보고하는 것이다.
④ 2016년부터 강화된 FATF 국제기준을 반영하여 금융회사는 고객확인 시 실제 소유자 여부를 확인사항이 추가되었고, 고객확인을 거부하는 고객에 대해 신규거래 거절 및 기존 거래 종료가 의무화되도록 하였다.

13 다음 예금자보호에 대한 설명으로 옳지 <u>않은</u> 것은?

> ㄱ. 예금보험공사는 예금보험 가입 금융회사가 취급하는 모든 금융상품을 보호대상으로 한다.
> ㄴ. 예금자 보호대상 금융회사는 농협은행, 수협은행, 상호저축은행, 신용협동조합, 새마을금고 등이 있다.
> ㄷ. 2025년 1월 기준 보호금액 5천만원은 예금의 종류별 또는 지점별 보호금액이 아니라 동일한 금융회사 내에서 예금자 1인이 보호받을 수 있는 총금액이다.
> ㄹ. 예금의 지급이 정지되거나 파산한 금융회사의 예금자가 해당 금융회사에 대출이 있는 경우에는 예금에서 대출금을 먼저 상환(상계)시키고 남은 예금을 기준으로 보호한다.

① ㄱ, ㄴ
② ㄴ, ㄷ
③ ㄱ, ㄷ
④ ㄷ, ㄹ

14 A씨의 2024년 금융소득 현황이 다음과 같을 때 종합소득 산출세액으로 옳은 것은?

> • 정기예금 이자 : 50,000,000원
> • 채권 이자 : 40,000,000원
> • 세금우대종합저축의 이자 : 20,000,000원
> 단, 누진 공제액은 5,760,000원이며, 종합소득 공제는 5,100,000원으로 가정한다.

① 11,200,000원
② 12,600,000원
③ 12,616,000원
④ 13,720,000원

15 다음 중 우체국 체크카드 상품에 대한 설명으로 옳지 <u>않은</u> 것은?

① 후불하이패스 체크카드는 평일 출퇴근 시간대 통행료 20~50% 자동 할인 혜택이 있다.
② 법인용 체크카드의 현금 입출금 기능은 개인사업자에 한하여 선택 가능하다.
③ 국민행복 체크카드는 복지카드 기능이 있다.
④ 다드림 체크카드는 전 가맹점 이용액 0.3%, 우체국 알뜰폰 통신료 10% 등이 우체국 포인트로 적립된다.

16 다음 중 공익형 예금상품에 해당하지 <u>않는</u> 것은?

① 소상공인정기예금
② 장병내일준비적금
③ 선거비관리통장
④ 국민연금안심통장

17 우체국 적립식 예금에 대한 설명으로 옳지 <u>않은</u> 것은?

① 2040+α 자유적금은 20~40대 직장인과 카드가맹점, 법인 등의 자유로운 목돈 마련을 위해 조건에 해당하는 경우 우대금리를 제공하는 적립식 예금이다.
② 우체국 아이LOVE적금은 가입 고객 대상에게 우체국 주니어보험 무료가입 등 부가서비스를 제공한다.
③ 우체국 다드림적금은 기초생활수급자, 장애인 등의 사회 소외계층과 장기기증자, 헌혈자 등 사랑 나눔 실천자 및 농어촌 고객의 생활 안정과 국민행복 실현을 위해 우대금리 등의 금융혜택을 적극 지원하는 공익형 적립식 예금이다.
④ 장병내일준비적금의 취급기관은 우체국과 은행 포함 총 14개이다.

18 〈보기〉에서 우체국 체크카드의 기능으로 옳은 것은?

――― 〈보 기〉 ―――
ㄱ. 국민행복 전용카드의 결제계좌는 우체국 요구불예금으로 지정하도록 되어 있다.
ㄴ. 학생증카드는 중·고등학교의 학생신분 확인 등 학적사항이 플레이트에 반영된 카드이다.
ㄷ. 복지카드는 복지포인트가 부여된 사회적 약자를 대상으로 복지포인트 사용처에서 배정된 포인트를 사용할 수 있다.
ㄹ. 선불 교통 카드는 ㈜티머니(T-Money) 제휴의 선불 교통 기능을 가진다.

① ㄱ
② ㄴ
③ ㄷ
④ ㄹ

19 SWIFT 해외송금에 대한 내용으로 옳지 않은 것은?

① 우체국은 신한은행 SWIFT 망을 통해 전 세계 금융기관을 대상으로 해외송금 서비스를 운영하고 있다.
② 매월 약정한 날짜에 송금인 명의의 우체국계좌에서 자금을 인출하여 해외의 수취인에게 자동으로 송금해주는 SWIFT 자동송금서비스도 제공하고 있다.
③ 은행 간 자금결제 및 메시지교환을 표준화된 양식에 의거 송수신함으로써 신속, 저렴, 안전한 송금서비스를 제공한다.
④ 송금한도는 건당 5천불 이하는 제한이 없으나, 건당 5천불 초과는 송금이 불가하다.

20 다음에서 요구불 예금의 상품과 내용이 알맞게 짝지어진 것은?

ㄱ. 우체국 행복지킴이통장
ㄴ. 우체국 하도급지킴이통장
ㄷ. 우체국 생활든든통장
ㄹ. 우체국 페이든든+ 통장

ⓐ 저소득층 생활안정 및 경제활동 지원 도모를 목적으로 기초생활보장, 기초(노령)연금, 장애인연금, 장애(아동)수당 등의 기초생활수급권 보호를 위한 '압류방지 전용 통장'으로 관련 법령에 따라 압류방지 수급금에 한해 입금이 가능한 예금
ⓑ 예금 출금은 '정부계약 하도급관리시스템'의 이체요청을 통해서만 가능하며 우체국창구, 전자금융, 자동화기기 등을 통한 출금은 불가
ⓒ 가입대상은 50세 이상 실명의 개인으로 고객의 기초연금, 급여, 용돈 수령 및 체크카드 이용 시 금융 수수료 면제, 우체국 보험료 자동이체 또는 공과금 자동이체 시 캐시백, 창구소포 할인쿠폰 등 다양한 서비스를 제공하는 시니어 특화 입출금이 자유로운 예금
ⓓ 우체국예금 모바일 어플리케이션인 '우체국페이' 이용 실적 등에 따라 우대혜택을 제공하는 통장

	ㄱ	ㄴ	ㄷ	ㄹ
①	ⓐ	ⓑ	ⓒ	ⓓ
②	ⓐ	ⓒ	ⓑ	ⓓ
③	ⓑ	ⓐ	ⓒ	ⓓ
④	ⓒ	ⓑ	ⓐ	ⓓ

03 보험일반

01 생명보험의 계약에 대한 설명으로 옳지 않은 것은?

① 보험계약자는 유지된 계약에 대하여 보험금 지급사유가 발생하였을 경우 보험금을 지급할 의무가 있다.
② 생명보험에서 보험목적물은 피보험자의 생명 또는 신체이다.
③ 전기납 보험이란 보험기간의 전 기간에 걸쳐서 보험료를 납부하는 보험을 말한다.
④ 보험사고 발생 시 보험금지급을 청구·수령할 수 있는 권리를 가진 사람을 보험수익자라 한다.

02 무배당 우체국실속정기보험 2109에 대한 설명으로 옳지 않은 것은?

① 고객 형편 및 목적에 맞게 순수형 또는 환급형 선택이 가능하다.
② 주계약 보험가입금액은 400만원 단위로 가입 가능하다.
③ 특약 선택 시 일상생활 재해 및 암, 뇌출혈, 급성심근경색증을 추가 보장한다.
④ 특약의 보험료 납입기간은 주계약과 동일하다.

03 생명보험 용어에 대한 설명으로 옳지 않은 것은?

① 위험보험료는 나이가 들수록 사망률이 높아짐에 따라 보험금지급이 증가하므로 보험료가 매년 높아지게 된다.
② 신계약비는 보상금 및 수당, 보험증서 발행 등 신계약과 관련한 비용에 사용되는 보험료를 말한다.
③ 부가보험료는 신계약비, 유지비, 수금비로 구분된다.
④ 보험료 산출 시 사용되는 기초율을 예정률이라 하며 여기에는 예정이율, 예정위험률, 예정사업비율이 있다.

04 「상법」상 고지의무에 대한 내용으로 옳지 않은 것은?

① 보험계약 당시에 보험계약자 또는 피보험자가 고의 또는 중대한 과실로 인하여 중요한 사항을 고지하지 아니하거나 부실의 고지를 한 때에는 보험자는 그 사실을 안 날로부터 1월 내에, 계약을 체결한 날로부터 3년 내에 한하여 계약을 해지할 수 있다.
② 보험기간 중에 보험계약자 또는 피보험자가 사고 발생의 위험이 현저하게 변경 또는 증가된 사실을 안 때에는 그 사실을 안 날로부터 1월 내에 보험자에게 통지하여야 한다.
③ 보험자가 ②의 위험변경증가의 통지를 받은 때에는 1월 내에 보험료의 증액을 청구하거나 계약을 해지할 수 있다.
④ 보험기간 중에 보험계약자, 피보험자 또는 보험수익자의 고의 또는 중대한 과실로 인하여 사고발생의 위험이 현저하게 변경 또는 증가된 때에는 보험자는 그 사실을 안 날부터 1월 내에 보험료의 증액을 청구하거나 계약을 해지할 수 있다.

05 무배당 우체국더든든한자녀지킴이보험 2203에 대한 설명으로 옳지 않은 것은?

① 자녀 출생 시부터 최대 90세까지 보장하는 어린이 종합보험이다.
② 태아부터 최대 20세까지 가입 가능하다.
③ 보험금 면책 및 감액기간 없이 가입 즉시 100% 보장한다.
④ 가입 목적 및 보험료 수준에 따라 1종(30세 만기) 또는 2종(80/100세 만기) (순수형/환급형) 중 선택하여 가입 가능하다.

06 〈보기〉에서 보험계약의 요소에 대한 설명으로 옳지 않은 것을 모두 고른 것은?

― 〈보기〉 ―
ㄱ. 보험금은 보험자(보험회사)가 배상하여야 할 범위와 한계를 정해준다.
ㄴ. 「상법」에서는 보험자의 책임을 최초의 보험료를 지급 받은 다음 날로부터 개시한다고 규정하고 있다.
ㄷ. 보험금은 보험계약 체결 시 보험자와 보험계약자 간 합의에 의해 설정할 수 있다.
ㄹ. 보험료 납입을 보험기간(보장기간)의 전 기간에 걸쳐서 납부하는 보험을 전기납(全期納)보험이라 하며, 보험료의 납입기간이 보험기간보다 짧은 기간에 종료되는 보험을 단기납(短期納)보험이라 한다.
ㅁ. 생명보험에서 보험목적물은 피보험자의 생명에 한한다.

① ㄴ, ㄷ, ㄹ
② ㄱ, ㄴ, ㄹ
③ ㄱ, ㄷ, ㅁ
④ ㄱ, ㄴ, ㅁ

07 보험계약의 법적 성질에 대한 내용으로 옳지 않은 것은?

① 보험계약은 본질적으로 요물계약이다.
② 보험자의 책임은 당사자 간에 다른 약정이 없으면 최초의 보험료의 지급을 받은 때로부터 개시한다.
③ 보험계약은 보험자와 보험계약자 사이에 이루어지는 채권계약으로서, 계약이 성립하면 보험계약자는 보험료 납부의무를 가지게 되며 보험자는 보험사고의 발생을 조건으로 보험금 지급의무를 부담한다.
④ 보험계약은 일반적으로 보험회사가 미리 작성한 보통보험약관을 매개로 체결되는데 보험계약자는 약관을 승인하거나 거절하는 형식을 취하므로 약관 해석 시 작성자 불이익의 원칙을 두고 있다.

08 보험료의 할인에 대한 내용으로 옳지 않은 것은?

① 선납할인은 향후의 보험료를 6개월분(2021.9.12. 이전 계약은 1개월분) 이상 미리 납입하는 경우의 할인이며, 할인율은 해당상품 약관에서 정한 예정이율(2017.5.19. 이후 상품)로 계산한다.
② 우정사업본부장은 보험계약자가 보험료(최초의 보험료 제외)를 자동이체(우체국 또는 은행)로 납입하는 계약에 대해 보험료의 2%에 해당하는 금액의 범위에서 할인할 수 있다.
③ 보험계약자는 5명 이상의 단체를 구성하여 보험료의 단체 납입을 청구할 수 있으며, 우정사업본부장은 보험계약자가 보험료를 단체 납입하는 경우에는 보험료의 2%에 해당하는 금액의 범위에서 보험료를 할인할 수 있다.
④ 다자녀가구 할인은 두 자녀 이상을 둔 가구에 한하여, 보험료의 자동이체 납입 시 할인하는 제도로 할인율은 자녀수에 따라 0.5~1.0%까지 차등 적용되며, 자동이체 할인과 중복 할인이 가능하다.

09 〈보기〉에서 월적립식 저축성보험의 보험차익 비과세 요건에 대한 설명으로 옳은 것을 모두 고른 것은?

― 〈보기〉 ―
ㄱ. 최초 납입일로부터 납입기간이 3년 이상인 월적립식 보험계약
ㄴ. 최초로 보험료를 납입한 날부터 만기일 또는 중도해지일까지의 기간이 10년 이상
ㄷ. 2017년 4월 1일 이후 가입한 보험계약에 한하여 보험계약자 1명당 매월 납입하는 보험료 합계액이 250만원 이하
ㄹ. 계약자와 피보험자 및 수익자가 동일하고 최초 연금 지급개시 이후 사망일 전에 중도해지 할 수 없을 것
ㅁ. 최초 납입일로부터 매월 납입하는 기본보험료가 균등(최초 계약 기본보험료의 1배 이내로 기본보험료를 증액하는 경우 포함)하고 기본보험료의 선납기간이 6개월 이내

① ㄱ, ㄴ
② ㄴ, ㄹ
③ ㄴ, ㅁ
④ ㄷ, ㅁ

10 〈보기〉에서 생명보험계약 관계자에 대한 설명으로 옳은 것의 총 개수는?

―――――〈보 기〉―――――
ㄱ. 보험계약자와 피보험자는 1인 또는 다수 모두 가능하다.
ㄴ. 보험계약자와 피보험자가 다른 '타인의 생명보험'일 경우 보험수익자 지정 또는 변경 시 보험계약자의 동의가 필요하다.
ㄷ. 보험설계사는 독립적으로 보험계약 체결을 중개하는 자로 계약체결권, 고지수령권, 보험료 수령권에 대한 권한이 없다.
ㄹ. 보험계약자가 보험계약 시 보험수익자를 지정하지 않은 경우 생존보험금 발생 시 보험수익자는 피보험자이다.

① 1개 ② 2개
③ 3개 ④ 4개

11 우체국 보험상품별 보장개시일에 대한 설명으로 옳은 것은?

① 무배당 우체국든든한종신보험 2109의 암보장개시일은 계약일(부활일)부터 그날을 포함하여 180일이 지난 날의 다음 날이다.
② 무배당 우체국건강클리닉보험(갱신형) 2109의 피보험자 나이가 15세 미만인 경우, 암보장개시일은 계약일(부활일)부터 그날을 포함하여 90일이 지난 날의 다음 날이다.
③ 무배당 우체국온라인치매간병보험 2201의 치매보장개시일은 질병으로 인하여 치매상태가 발생한 경우, 계약일(부활일)부터 그날을 포함하여 1년이 지난 날의 다음 날이다.
④ 무배당 우체국당뇨안심보험 2109의 당뇨보장개시일은 계약일(부활일)부터 그날을 포함하여 180일이 지난 날의 다음 날이다.

12 우체국 연금보험상품에 대한 설명으로 옳은 것은?

① 우체국연금저축보험 2109는 계약일 이후 3개월이 지난 후부터 연금개시나이 계약해당일까지 보험료 추가납입이 가능하다.
② 어깨동무연금보험 2109는 장애인전용연금보험으로 55세부터 연금 수령이 가능하다.
③ 무배당 우체국온라인연금저축보험 2109는 '확정기간연금형'의 연금 형태로 수령이 가능하다.
④ 무배당 우체국연금저축보험(이전형) 2109는 기본보험료가 일시납일 경우에는 납입한도액이 없다.

13 무배당 우체국급여실손의료비보험(갱신형) 2109에 대한 설명으로 옳지 않은 것은?

① 보장내용 변경주기는 5년이며, 종신까지 재가입이 가능하다.
② 최초계약 가입나이는 0세부터 60세까지이며, 임신 23주 이내의 태아도 가입이 가능하다.
③ 갱신 직전 '무사고 할인판정기간' 동안 보험금 지급 실적이 없는 경우, 갱신일부터 차기 보험기간 1년 동안 보험료의 5%를 할인해 준다.
④ 비급여실손의료비특약의 갱신보험료는 갱신 직전 '요율상대도 판정기간' 동안의 비급여특약에 따른 보험금 지급 실적을 고려하여 보험료 갱신 시 순보험료(비급여특약의 순보험료 총액을 대상)에 요율 상대도(할인·할증요율)를 적용한다.

14 〈보기〉에서 우체국보험 청약서비스에 대한 설명으로 옳은 것을 모두 고른 것은?

― 〈보 기〉 ―
ㄱ. 체류자격을 얻어 국내에 거주 허가를 받은 외국인이라 하더라도 우체국보험에 가입할 수 없다.
ㄴ. 타인계약 또는 미성년자(만 19세 미만자) 계약은 전자청약이 불가능하다.
ㄷ. 전자청약과 태블릿청약을 이용하는 고객에게는 제2회 이후 보험료 자동이체 시 0.5%의 할인이 적용된다.
ㄹ. 전자청약은 가입설계서를 발행하고 전자청약 전환을 신청한 계약에 한하며 가입설계일로부터 5일(비영업일 제외) 이내에 한하여 할 수 있다.

① ㄱ, ㄷ
② ㄱ, ㄹ
③ ㄴ, ㄹ
④ ㄴ, ㄷ

15 〈보기〉에서 우체국보험 환급금 대출에 대한 설명으로 옳은 것을 모두 고른 것은?

― 〈보 기〉 ―
ㄱ. 보험계약자는 계약상태의 유효 또는 실효 여부에 관계없이 대출받을 수 있다.
ㄴ. 무배당 우체국하나로OK보험 2109는 해약환급금의 최대 85% 이내에서 1만원 단위로 대출이 가능하다.
ㄷ. 즉시연금보험 및 우체국연금보험 1종은 해약환급금의 최대 95% 이내에서 1천원 단위로 대출이 가능하다.
ㄹ. 무배당 우체국온라인저축보험 2109의 환급금 대출의 대출금액은 해약환급금의 최대 95% 이내에서 1만원 단위로 한다.

① ㄱ, ㄴ
② ㄱ, ㄷ
③ ㄴ, ㄹ
④ ㄷ, ㄹ

16 우체국보험 보험료 납입에 대한 설명으로 옳은 것은?

① 보험료의 보험기간에 따라 전기납, 단기납으로 분류된다.
② 계속보험료 실시간이체는 자동이체 약정 여부에 관계없이 처리가 가능하며, 계약상태가 정상인 계약만 가능하다.
③ 보험료 자동이체 약정은 유지 중인 계약에 한해서 처리가 가능하며, 보험계약자 본인에게만 신청·변경 권한이 있다.
④ 보험계약자가 질병에 의하여 50% 이상 장해 상태가 되었을 때 보험료 납입은 면제되며, 납입면제 사유가 발생한 날이 해당 월의 계약응당일 이후일 경우 당월분 보험료는 납입면제된다.

17 보험계약에 대한 설명으로 옳지 않은 것은?

① 보험기간 중에 계약자가 사고발생 위험이 증가된 것을 보험자에게 통지하지 않으면 보험자는 그 사실을 인지한 때부터 1월 내에 한해 계약을 해지할 수 있다.
② 보험료 미납으로 해지될 상태에 있는 보험계약에 대해 해약환급금 내에서 환급금대출하여 보험료를 납입할 수 있다.
③ 보험계약자에 대한 보험자의 책임은 다른 약정이 없는 한 보험계약일부터 개시한다.
④ 보험계약이 성립하고 보험계약자가 보험료의 전부 또는 최초의 보험료를 지급한 때에는 보험자는 지체 없이 보험가입증서를 작성하여 보험계약자에게 교부하여야 한다.

18 <보기>에서 우체국보험의 계약유지에 대한 설명으로 옳은 것을 모두 고른 것은?

<보 기>
ㄱ. 보험료 미납으로 실효될 상태에 있는 보험계약에 대하여 계약자의 신청이 있는 경우에는 해약환급금(당해 보험료가 납입된 것으로 계산한 금액을 의미)을 초과하는 경우 1회에 한하여 보험료의 자동대출납입을 할 수 있다.
ㄴ. 무배당 win-win단체플랜보험 2109는 가입 시 단체별 피보험자 수에 따라 주계약 보험료(특약보험료 포함)에 대해서 1~2%의 할인율을 적용하고 있다.
ㄷ. 해약환급금을 받지 않은 경우 계약자는 해지된 날부터 3년 이내에 체신관서가 정한 절차에 따라 계약의 부활을 청약할 수 있다.
ㄹ. 보험계약자는 체신관서의 승낙을 얻어 보험수익자를 변경할 수 있다.

① ㄱ, ㄴ
② ㄴ, ㄷ
③ ㄷ, ㄹ
④ ㄱ, ㄹ

19 우체국보험 언더라이팅(청약심사)에 대한 설명으로 옳지 않은 것은?

① 보험판매 과정에서 계약선택의 기준이 되는 위험 중 피보험자의 체격, 과거 병력, 현재 건강상태 등은 신체적 위험이다.
② 특별조건부 계약은 피보험자의 신체적 위험을 측정하여 표준체로 인수하기 어려운 경우에 피보험자를 직접 면담하여 확인하는 제도이다.
③ 역선택으로 인한 보험금의 지급증가에 따른 보험료 인상 등을 막을 수 있다.
④ 언더라이팅의 목적은 피보험자의 환경 및 건강 등에 따라 비슷한 수준의 위험집단을 분류하고자 함이다.

20 우체국 보험상품 중 보장성보험 상품만으로 바르게 짝지어진 것은?

① 무배당 우체국New100세건강보험 2203, 무배당 청소년꿈보험 2109, 무배당 우체국하나로OK건강종신보험 2402
② 무배당 파워적립보험 2109, 무배당 우체국온라인치매간병보험 2201, 무배당 우체국나르미안전보험 2109
③ 무배당 win-win단체플랜보험 2109, 어깨동무연금보험 2109, 무배당 우체국실속정기보험 2109
④ 무배당 우체국실속정기보험 2109, 무배당 우체국더든든한자녀지킴이보험 2203, 무배당 우체국안전벨트보험 2109

04 컴퓨터일반(기초영어 포함)

01 라우팅 프로토콜인 OSPF(Open Shortest Path First)에 대한 설명으로 옳지 않은 것은?

① OSPF 라우터는 자신의 경로 테이블에 대한 정보를 LSA라는 자료구조를 통하여 주기적으로 혹은 라우터의 상태가 변화되었을 때 전송한다.
② 라우터 간에 변경된 최소한의 부분만을 교환하므로 망의 효율을 저하시키지 않는다.
③ 도메인내의 라우팅 프로토콜로서 RIP가 가지고 있는 여러 단점을 해결하고 있다.
④ 경로수(Hop)가 16으로 제한되어 있어 대규모 네트워킹에 부적합하다.

02 로더(Loader)의 종류 중 다음 설명에 해당하는 것은?

> CPU가 현재 사용 중인 부분만 로드하고 미사용중인 프로그램은 보조 기억장치에 저장해 두는 방식으로 load-on-call 이라고도 한다.

① 절대 로더(Absolute Loader)
② 재배치 로더(Relocating Loader)
③ 동적 적재 로더(Dynamic Loading Loader)
④ 오버레이 로더(Overlay Loader)

03 다중 처리기 운영체제 형태 중 주/종(Master/Slave) 처리기에 대한 설명으로 옳지 않은 것은?

① 주프로세서가 운영체제를 수행한다.
② 주프로세서와 종 프로세서가 모두 입·출력을 수행하기 때문에 대칭 구조를 갖는다.
③ 주프로세서가 고장이 나면 시스템 전체가 다운된다.
④ 하나의 프로세서를 주 프로세서로 지정하고, 다른 처리기들은 종프로세서로 지정하는 구조이다.

04 [도서] 테이블은 도서번호, 도서명, 출판사코드, 대여료 필드로 구성되어 있다. 테이블의 필드를 설정하는 방법에 대한 설명 중 가장 옳지 않은 것은?(단, '도서명'은 항상 입력되지만 '도서번호'는 입력되지 않는 경우도 있으며, '출판사코드'는 [출판사] 테이블의 '출판사' 필드의 외래 키임)

① '도서번호' 필드의 데이터 형식을 문자형으로 하고 기본 키(PK)로 설정하였다.
② '도서명' 필드는 반드시 값을 입력하도록 '필수'로 지정하였다.
③ '출판사코드' 필드는 [출판사] 테이블의 '출판사' 필드와 데이터 형식을 일치시켰다.
④ '대여료' 필드는 숫자나 통화 형식으로 지정하였다.

05 뷰(View)에 대한 설명으로 옳지 않은 것은?

① 뷰는 데이터 접근 제어로 보안을 제공한다.
② 뷰는 삽입, 삭제, 갱신 연산에 제약사항이 없다.
③ 뷰는 독자적인 인덱스를 가질 수 없다.
④ 뷰는 데이터의 논리적 독립성을 제공한다.

06 객체지향 기법 중 다음 설명이 의미하는 것은?

> 객체의 성질을 분해하여 공통된 성질을 추출하여 슈퍼 클래스를 선정하는 것이다. 즉, 불필요한 부분을 생략하고 객체의 속성 중 가장 중요한 것에만 중점을 두어 개략화, 모델화 하는 것이다. 예를 들면, 자동차와 말이란 클래스에서 "타는 것"이란 클래스를 만드는 것이다.

① Inheritance
② Abstraction
③ Polymorphism
④ Encapsulation

07 다음의 내용이 설명하고 있는 것은?

- 소프트웨어 설계에 있어 공통된 문제들에 대한 표준적인 해법
- 반복적으로 나타나는 문제들을 해결해 온 전문가들의 경험을 모아서 정리한 일관된 솔루션
- 프로그램 개발에서 자주 나타나는 과제를 해결하기 위한 방법
- 특정한 상황에서 구조적인 문제를 해결하는 방안

① 소프트웨어 설계서
② 아키텍처
③ 가이드
④ 디자인 패턴

08 형상관리(Software Configuration Management)는 소프트웨어 생명주기의 산출물을 체계적으로 관리하여 소프트웨어의 가시성, 추적성, 무결성을 부여하여 품질보증을 하고자 하는 관리 방법이다. 다음 형상관리 주요 활동에 대한 설명으로 옳은 것은?

① 형상통제는 기준선(Baseline)의 무결성을 평가하고 기준선 변경 시 요구사항과 일치 여부를 검토한다.
② 형상식별은 형상관리 대상을 식별하고 관리 목록에 대한 관리번호를 부여한다.
③ 형상감사는 변경 요구관리, 변경 제어, 형상관리 조직의 운영 및 개발업체, 외주업체에 대한 형상 통제를 지원한다.
④ 형상기록은 식별된 형상관리 변경사항을 통제하고 데이터베이스에 의해서 관리된다.

09 다음 중 RISC(Reduced Instruction Set Computer)에 대한 설명으로 옳은 것은?

① 메모리에 대한 액세스는 LOAD와 STORE만으로 한정되어 있다.
② 명령어마다 다른 수행 사이클을 가지므로 파이프라이닝이 효율적이다.
③ 마이크로 코드에 의해 해석 후 명령어를 수행한다.
④ 주소지정방식이 다양하게 존재한다.

10 다음 중 컴퓨터를 이용한 인터넷 통신과 관련하여 FTP 서비스의 설명으로 옳지 않은 것은?

① Anonymous FTP란 계정이 없는 사용자도 접근하여 사용할 수 있는 FTP 서비스이다.
② 그림 파일을 전송할 때는 Binary Mode를 사용한다.
③ 문서 파일을 전송할 때는 Text Mode를 사용한다.
④ 파일의 업로드나 다운로드뿐만 아니라 서버에 있는 프로그램도 실행시킬 수 있다.

11 현재 헤드 위치가 53에 있고 트랙 0번 방향으로 이동 중이다. 요청 대기 큐에는 다음과 같은 순서의 액세스 요청이 대기 중일 때 SSTF 스케줄링 알고리즘을 사용한다면 헤드의 총 이동 거리는 얼마인가?

요청 대기 큐 : 98, 203, 37, 122, 14, 124, 65, 67

① 201
② 236
③ 256
④ 320

12 다음 중 Access에서 데이터를 찾거나 바꿀 때 사용하는 만능문자를 사용한 결과에 대한 설명이 옳지 <u>않은</u> 것은?

① 1#3 → 103, 113, 123 등 검색
② 소?자 → 소비자, 소유자, 소개자 등 검색
③ 소[!비유]자 → 소비자와 소개자 등 검색
④ b[a-c]d → bad와 bbd 등 검색

13 소프트웨어의 개발 영역을 결정하는 주요 요소 중 다음 사항과 관계되는 것은?

- 소프트웨어가 간접적으로 제어하는 소프트웨어 장치를 실행시키는 하드웨어
- 기존의 소프트웨어와 새로운 소프트웨어를 연결하는 소프트웨어
- 일련의 절차적 운영상 소프트웨어를 앞서거나 뒤서게 하는 절차들

① 기능
② 성능
③ 인터페이스
④ 제약조건

14 다음 우편물에 대한 설명으로 적절하지 <u>않은</u> 것은?

① Junk Mail—Unwanted mail. Often it is advertising.
② Interoffice Mail—Delivered to different offices outside the company.
③ Incoming Mail—Delivered to your company.
④ Enclosure—Something extra included with a letter or memo.

15 밑줄 친 부분에 들어갈 말로 가장 적절한 것은?

The issue with plastic bottles is that they're not _____, so when the temperatures begin to rise, your water will also heat up.

① sanitary
② insulated
③ recyclable
④ waterproof

16 다음 대화의 밑줄 친 부분에 들어갈 말로 가장 적절한 것은?

A : Good afternoon. I'd like to buy a roll of stamps, please.
B : OK. That'll be $15. Anything else?
A : I want to send this parcel to Korea, please.
B : Let me check the package. _____?
A : The contents are fragile, so can you mark it 'fragile'?
B : Would you like to insure the parcel?
A : Yes, please.
B : Alright. Please fill out this form.

① What's in it
② How long will it take
③ How do you want it sent
④ How much are envelopes

17 다음 두 사람의 대화에서 A가 B의 수표를 바로 현금으로 교환하여 주지 못하는 이유로 적절한 것은?

2016 계리직 19번

A : How can I help you?
B : I received a bank draft from Malaysia. And I want to exchange it in Korean currency.
A : Which currency is the draft?
B : It is 20 US dollars.
A : Sorry, sir. We can't exchange it right now.
B : Why is that?
A : We have to mail it to the issuing bank and once they pay, we will credit the amount in your account.
B : How long does it take for me to get the money?
A : It will take a week or so.
B : All right. I'll check my account then. Thanks.

① 수표에 표시된 화폐의 잔고가 부족하기 때문이다.
② 발행은행에 수표를 보내서 결제 받은 돈을 입금해 주기 때문이다.
③ B의 개인 신용등급이 낮아서 거래의 승인이 불가하기 때문이다.
④ 수표 금액이 적어서 우편료와 수수료의 발생으로 거래가 어렵기 때문이다.

18 다음 대화의 빈칸에 들어갈 말로 가장 적절한 것은?

A : I am totally drained.
B : What do you mean? You drank too much water?
A : No, I mean I am exhausted.
B : You are quite tired today.
A : Much more than that. I am totally worn out.
B : Okay. Then you should _____.

① keep your promise
② find the door and leave
③ take a rest and get some sleep
④ work out at a gym and go hiking

19 글의 내용과 일치하는 것은?

Even if schools which are detached from parental control are not tyrannical, it may be argued that they are educationally ineffective. Schools can educate successfully, it is often argued, only when they act in partnership with parents, especially by encouraging parent involvement in the school. The detached-school ideal seems to neglect this important pedagogical point. I contend, however, that while parent involvement is very important in boosting students' achievement, this does not mean that parents must be given greater control over or input into the aims and content of the school. The available research demonstrates that parent involvement programs generally work equally well when there is a gap between the values espoused by the school and by the parents as when both school and parents embrace the same educational values.

① The schools under parental control are educationally ineffective.
② The detached-school ideal appears to neglect the importance of boosting students' achievement.
③ It is argued that the school can educate successfully through the partnership with the parents.
④ Parent involvement programs work well only when both school and parents have the same educational values.

20 다음 글의 내용과 일치하지 <u>않는</u> 것은?

2018 계리직 20번

> To learn to read, children need to be helped to read. This issue is as simple and difficult as that. Dyslexia is a name, not an explanation. Dyslexia means, quite literally, being unable to read. Children who experience difficulty learning to read are frequently called dyslexic, but their difficulty does not arise because they are dyslexic or because they have dyslexia; they are dyslexic because they cannot read. To say that dyslexia is a cause of not being able to read is analogous to saying that lameness is a cause of not being able to walk. We were all dyslexic at one stage of our lives and become dyslexic again whenever we are confronted by something that we cannot read. The cure for dyslexia is to read.

① 어린이들이 글을 읽기 위해서는 도움이 필요하다.
② 난독증은 글을 읽을 수 없게 만드는 원인으로 작용한다.
③ 우리 모두는 삶의 어떤 시기에 난독 상태를 겪은 바 있다.
④ 독서는 난독증을 치유하는 길이다.

제4회 최종모의고사

정답 및 해설 p.149

01 우편일반

01 〈보기〉에서 우편사업이 제공하는 선택적 우편서비스에 해당하는 것을 모두 고른 것은?

― 〈보 기〉 ―
ㄱ. 중량이 10g인 서신을 내용증명으로 송달하는 경우
ㄴ. 중량이 25kg인 쌀자루를 송달하는 경우
ㄷ. 중량이 20kg인 의류를 배달증명으로 송달하는 경우
ㄹ. 전자우편, 모사전송(FAX)우편, 우편물 방문접수 등을 이용하는 경우

① ㄱ, ㄷ ② ㄴ, ㄹ
③ ㄱ, ㄴ, ㄷ ④ ㄴ, ㄷ, ㄹ

02 방문접수소포(우체국소포)에 대한 설명으로 옳지 않은 것은?

① 방문소포 중 발송인과 우편관서 간 우편물 발송(수취)에 관한 별도의 계약에 따라 접수하는 등기소포 우편물은 계약소포에 해당한다.
② 인터넷우체국(www.epost.go.kr)을 통하여 방문접수 신청이 가능하고, 요금수취인부담(요금 착불)도 가능하다.
③ 편의점 택배 등 우편관서와 발송인이 사전 계약에 따라 계약소포 물품을 일정한 장소에 모아 일괄하여 계약소포로 발송하는 것은 집하발송에 해당한다.
④ 수취거절, 수취인불명, 주소불명 등으로 수취인에게 배달하지 못한 우편물을 발송인에게 다시 되돌려 보내는 우편물은 반품우편물에 해당한다.

03 국내 계약등기 서비스의 요금체계에 대한 설명으로 옳지 않은 것은?

① 일반형 계약등기 요금은 '통상요금+등기취급수수료+부가취급수수료'이다.
② 맞춤형 계약등기 요금은 '표준요금+중량 구간별 요금+부가취급수수료'이다.
③ 중량 구간별 요금의 경우 100g까지는 종별 표준요금을 적용하며, 100g부터 초과 100g마다 250원씩 추가한다.
④ 부가취급서비스 중 반송수수료 사전납부의 수수료는 반송수수료×반송률로 계산한다.

04 〈보기〉에서 내용증명에 대한 설명으로 옳은 것을 모두 고른 것은?

― 〈보 기〉 ―
ㄱ. 내용증명의 대상은 문서뿐만 아니라 문서 이외의 물건(예 우표류, 유가증권, 사진, 설계도 등)도 그 자체 단독으로 내용증명의 취급대상이 될 수 있다.
ㄴ. 우편관서는 내용과 발송 사실만을 증명할 뿐, 그 사실만으로 법적 효력이 발생하는 것은 아니다.
ㄷ. 내용문서의 원본과 등본의 작성은 양면을 사용하여 작성할 수 있으며, 양면에 내용을 기록한 경우에는 2매로 계산한다.
ㄹ. 다수인이 연명으로 발송하는 내용문서의 경우 다수 발송인 각각의 이름, 주소를 우편물의 봉투에 기록한다.

① ㄱ, ㄴ ② ㄱ, ㄹ
③ ㄴ, ㄷ ④ ㄷ, ㄹ

05 〈보기〉의 설명에 해당하는 국내우편 서비스의 종류를 옳게 짝지은 것은?

〈보 기〉
ㄱ. 우편엽서에 고객이 원하는 그림·통신문과 함께 발송인과 수취인의 주소·성명, 통신문 등을 인쇄하여 발송까지 대행해 주는 서비스
ㄴ. 개인의 사진, 기업의 로고·광고 등 고객이 원하는 내용을 신청받아 우표를 인쇄할 때 비워놓은 여백에 컬러복사를 하거나 인쇄하여 신청고객에게 판매하는 IT기술을 활용한 신개념의 우표 서비스
ㄷ. 고객이 인터넷우체국을 이용하여 발송 우편물에 해당하는 우편요금을 지불하고 본인의 프린터에서 직접 우표를 출력하여 사용하는 서비스

	ㄱ	ㄴ	ㄷ
①	고객맞춤형 엽서	나만의 우표	인터넷 우표
②	인터넷 우체국	인터넷 우표	나만의 우표
③	고객맞춤형 엽서	인터넷 우표	나만의 우표
④	인터넷 우체국	나만의 우표	모사전송 우편 서비스

06 국내 요금별납 우편물에 대한 설명으로 옳은 것은?
① 우편물의 종별, 중량, 우편요금 등이 같으면 되며, 동일인이 동시에 발송해야 하는 것은 아니다.
② 10통 이상의 통상우편물 발송 시만 이용이 가능하다.
③ 요금별납 고무인은 책임자(5급 이상 관서 : 과장, 6급 이하 관서 : 국장)가 수량을 정확히 파악해서 보관해야 하며, 담당자는 책임자에게 필요할 때마다 받아서 사용한다.
④ 요금별납 우편물에는 반드시 우편날짜도장을 찍어야 한다.

07 소포우편물의 감액에 대한 설명으로 옳지 않은 것은?
① 감액대상은 창구접수(등기소포)와 방문접수 우편요금(부가취급수수료 제외)이며, 창구접수 감액은 접수정보를 고객이 사전에 제공 시에만 적용한다.
② 감액접수는 우편취급국을 포함한 전국 모든 우편관서이다.
③ 요금즉납의 방법으로 우체국 창구에 50개 접수한 경우, 5% 금액을 할인받을 수 있다.
④ 방문접수의 경우, 접수정보 사전연계 시 개당 500원을 할인받을 수 있다.

08 〈보기〉에서 국내우편물 손해배상 청구절차에 대한 설명으로 옳은 것을 모두 고른 것은?

〈보 기〉
ㄱ. 손해배상청구를 심사한 결과, 손해를 배상할 것으로 결정하였을 때에는 사고조사결과 등 손해배상지급 결정 내용을 청구인에게 안내한다.
ㄴ. 검사결과 손해가 없는 것으로 드러나는 경우, 손해검사조사서 1통은 발송인에게 보내고 1통은 우편물과 함께 수취 거부자에게 보낸다.
ㄷ. 사고우편물 접수등록부터 우편물 배상금액이 결정되어야 하며, 등록된 배상액과 지급요구서상의 정보가 일치할 경우에만 금융시스템에서 지급 가능하다.
ㄹ. 손해배상에 이의가 있을 때는 결정통지를 받은 날부터 1년 안에 민사소송을 제기할 수 있다.

① ㄱ, ㄷ   ② ㄱ, ㄹ
③ ㄱ, ㄷ, ㄹ   ④ ㄴ, ㄷ, ㄹ

09 <보기>에서 수취인의 주소·성명 변경청구 및 우편물의 반환청구에 대한 내용으로 옳은 것을 모두 고른 것은?

─── <보 기> ───
ㄱ. 발송인 청구에 의한 성명·주소변경의 경우 우편집중국으로 발송 전에는 취급수수료가 무료이다.
ㄴ. 발송인 청구에 의한 우편물반환의 경우 우편집중국으로 발송 후에는 일반우편물의 경우 기본통상우편요금의 수수료가 발생한다.
ㄷ. 수취인 청구에 의한 주소변경 시 우편집중국으로 발송 전과 발송 후에 따라 취급수수료에 차이가 발생한다.
ㄹ. 수취인 청구에 의한 주소변경 시 동일 총괄우체국 내 변경 청구일 경우 취급수수료는 무료이다.

① ㄱ, ㄴ
② ㄷ, ㄹ
③ ㄱ, ㄴ, ㄹ
④ ㄴ, ㄷ, ㄹ

10 수집우편물의 처리에 대한 설명 중 옳지 않은 것은?

① 수집하여온 우편물은 소인 작업에 편리하도록 종류와 형태별로 분류하여 우표나 요금인면을 바르게 간추려 우표면에 날짜도장을 찍는다.
② 국제우편물은 국제날짜도장을 찍으며, 항공우편물은 부산국제우체국으로, 선편우편물은 국제우편물류센터로 발송한다.
③ 수집우편물 중 우편물 표면에 붙은 우표의 액면가격이 해당 일반우편요금보다 부족한 것이 발견되면 반환사유를 적고 우편날짜도장을 날인한 부전지를 그 우편물에 붙여 발송인에게 반환한다.
④ 우편물 표면에 '등기' 표시를 하였더라도 등기취급수수료에 미달되는 금액의 우표를 붙인 우편물은 일반우편물로 취급한다.

11 운송용기의 종류와 용도에 대한 설명으로 옳지 않은 것은?

① 롤팔레트는 통상·소포우편물, 우편상자, 우편자루의 담기와 운반에 사용된다.
② 트롤리는 우편상자(소형, 중형, 대형) 담기와 운반에 사용된다.
③ 평팔레트는 소포 등 규격화된 우편물 담기와 운반에 사용된다.
④ 두꺼운 대형통상우편물은 중형상자에 담는다.

12 우편물 발착업무에 대한 설명으로 옳지 않은 것은?

① 발착업무는 분류·정리, 구분, 발송, 도착 작업으로 이루어진다.
② 전산용지로 만든 우편물은 양쪽 끝 천공 부분을 제거하고 정리한다.
③ 부가취급우편물은 규격과 관계없이 기계구분우편물로 분류한다.
④ 구분칸은 우편물량이 많은 지역은 구분선반의 중앙 부위에 위치하도록 배열한다.

13 〈보기〉에서 1편의 운송편에 발송 또는 운송할 우편물량이 많아서 일시에 발송 또는 운송할 수 없을 경우 2순위로 처리해야 할 우편물의 총 개수는?

〈보 기〉
ㄱ. 익일특급우편물
ㄴ. 일반소포우편물
ㄷ. 등기소포우편물
ㄹ. 국제항공우편물
ㅁ. 국제선편우편물
ㅂ. EMS
ㅅ. 일반통상우편물
ㅇ. 일반등기 · 선택등기우편물

① 3개 ② 4개
③ 5개 ④ 6개

14 다음 중 국제특급우편으로 보낼 수 있는 물품이 아닌 것은?

① 컴퓨터 데이터(Computer data)
② 유가증권류(Negotiable articles)
③ 상업용 서류(Commercial papers)
④ 업무용 서류(Business documents)

15 발송 가능한 우편자루배달인쇄물(M-bag)의 내용물에 대한 설명으로 옳지 않은 것은?

① 인쇄물과 함께 발송되는 인쇄물 관련 물품을 말한다.
② 물품을 담고 있는 각 우편물의 무게는 5kg을 초과할 수 없다.
③ 인쇄물에 동봉하거나 첨부하여 발송하는 물품으로, 디스크, 테이프, 카세트 등을 말한다.
④ 제조업자나 판매자가 선적하는 상품 견본, 또는 관세가 부과되지 않은 그 밖의 상업용 물품이나 재판매 목적이 아닌 정보자료를 말한다.

16 〈보기〉에서 보험취급하여 발송할 수 있는 물건의 총 개수는?

〈보 기〉
ㄱ. 수표   ㄴ. 지참인불 유가증권
ㄷ. 도자기   ㄹ. 고급시계
ㅁ. 전자제품 ㅂ. 우표

① 2개 ② 3개
③ 4개 ④ 5개

17 해외 전자상거래용 반품서비스(IBRS EMS)에 대한 내용으로 옳지 않은 것은?

① 발송 가능한 국가는 미국과 일본이다.
② 우편물의 규격은 국가별 EMS 발송 조건의 규격과 같다.
③ 취급대상 우편물의 종류는 최대 무게 2kg인 EMS에 한정한다.
④ 수취인으로부터 징수할 IBRS EMS 우편물의 요금은 통당 10,000원이다.

18 〈보기〉의 조건을 모두 충족하는 EMS 서비스는?

〈보 기〉
ㄱ. 서비스 최초 시행일은 2005년 7월 25일이다.
ㄴ. 아시아지역은 '접수+2일' 이내 배달을 보장한다.
ㄷ. 대상 지역은 카할라 우정연합 회원국인 10개국이다.
ㄹ. 책임소재 확인 후 발송국가 우정당국 변상 또는 사후 우정당국 간 정산한다.

① 보험 서비스
② 배달보장 서비스
③ 고중량화물 서비스
④ 수출신고서 발급 및 통관대행 서비스

19 EMS 프리미엄 서비스(민간 국제특송사 제휴서비스)에 대한 설명으로 옳지 않은 것은?

① 해당 서비스 지정 우체국만 접수가 가능하다.
② 서류와 비서류로 구분하며, 70kg까지로 중량을 제한한다.
③ 실중량과 체적중량 중 무거운 중량을 적용하여 무게를 산정한다.
④ 우편물의 길이와 둘레의 합이 400cm를 초과하는 물품은 취급할 수 없다.

20 〈보기〉의 국제우편물이 일부 훼손된 경우, 손해배상 금액 계산으로 옳은 것은?

─〈보 기〉─
- 보통소포우편물(항공)
- 중량 : 9kg
- 우편요금 : 77,500원
- 물품가 : 300,000원

① 52,500원+70,830원 금액 범위 내(123,200원)의 실손해액+우편요금(77,500원)
② 52,500원+70,830원 금액 범위 내(123,330원)의 실손해액
③ 70,000원+70,830원 금액 범위 내(140,700원)의 실손해액+우편요금(77,550원)
④ 70,000원+70,830원 금액 범위 내(140,830원)의 실손해액

02 예금일반

01 기준금리와 시장금리에 대한 설명으로 옳은 것은?

① 통상적으로 한국은행은 경기가 침체양상을 보이면 기준금리를 인상한다.
② 기준금리를 올리면 은행은 차입비용이 내려가 소비와 투자가 활성화된다.
③ 현재 100만원짜리 채권을 10만원 할인된 90만원에 사고 1년 후 100만원을 받는 경우에 수익률은 10%이다.
④ 연 1.5%인 1년 만기 정기예금이 연 1.5%이고 물가상승률이 연 2%라면 실질이자소득은 손해이다.

02 다음 중 환율에 관한 내용으로 옳지 않은 것은?

① 환율이 상승하면 원화 가치가 하락하고 환율이 하락하면 원화가치가 올라간다.
② 환율 하락은 우리 돈의 가치가 외화에 비해 상대적으로 높아진다는 것을 뜻하며, 원화 강세나 원화 평가절상과 같은 의미이다.
③ 고정환율제도는 정부나 중앙은행이 외환시장에 개입하여 환율을 일정한 수준으로 유지시키는 제도이다.
④ 환율 하락은 수출 증대를 통해 경제성장이나 경기 회복에 도움을 줄 수 있다.

03 ⟨보기⟩는 저축상품에 관한 설명이다. ㄱ~ㄷ에 들어갈 내용으로 옳은 것은?

─── ⟨보 기⟩ ───
- (ㄱ)은 거래대상, 예치금액, 예치기간, 입·출금 횟수 등에 아무런 제한 없이 누구나 자유롭게 입·출금할 수 있는 반면 이자율이 매우 낮은 예금이다.
- (ㄴ)은 계약금액과 계약기간을 정하고 예금주가 일정 금액을 정기적으로 납입하면 만기에 계약금액을 지급하는 적립식 예금이다.
- (ㄷ)은 예금자가 이자수취를 목적으로 예치기간을 사전에 약정하여 일정금액을 예입하는 장기 저축성 기한부 예금이다.

	ㄱ	ㄴ	ㄷ
①	보통예금	정기적금	정기예금
②	정기예금	보통예금	정기적금
③	정기예금	정기적금	보통예금
④	보통예금	정기예금	정기적금

04 다음 중 ETF와 인덱스펀드에 대한 내용으로 옳지 않은 것은?

① ETF는 일반 주식처럼 장중 거래가 가능하며 환금성이 뛰어나다.
② 인덱스펀드의 투자비용은 액티브펀드보다는 낮은 수준이다.
③ ETF는 환매요청 시 포트폴리오 매각과정에서 추적오차가 발생할 수 있다.
④ 인덱스펀드는 일반펀드와 마찬가지로 순자산에 의해 수익률이 하루에 한 번 결정되며 일반펀드와 같은 가입·환매체계를 거친다.

05 ⟨보기⟩에서 우선주와 채권의 유사점이 아닌 것의 총 개수는?

─── ⟨보 기⟩ ───
ㄱ. 정해진 현금흐름의 정기적 지급(채권의 이자, 우선주의 배당금)
ㄴ. 회사경영에 대한 의결권이 부여되지 않음
ㄷ. 회사 순이익을 공유하지 않음
ㄹ. 조기상환이나 상환이 가능
ㅁ. 감채기금 적립이 가능
ㅂ. 발행주체의 파산 시 보통주보다 우선

① 없다. ② 1개
③ 2개 ④ 3개

06 다음 장내 파생상품에 대한 설명으로 옳은 것은?

① 선도계약은 계약 내용이 표준화되어 있고 공식적인 거래소를 통해 매매된다.
② 주가지수선물은 매수자는 권리만 가지고 매도자는 계약이행의 의무를 지니는 반면, 주가지수옵션은 매수, 매도자 모두 계약이행의 권리와 의무를 지닌다.
③ 옵션 계약에서는 계약이행의 선택권을 갖는 계약자가 의무만을 지는 상대방에게 자신이 유리한 조건을 갖는 데 대한 대가를 지불하고 계약을 체결하게 된다.
④ 콜옵션의 매도자는 장래의 일정시점 또는 일정기간 내에 특정 기초자산을 정해진 가격으로 매도할 수 있는 선택권을 가진다.

07 주식투자 및 채권투자의 주요 내용으로 옳지 않은 것은?

① 물가연동채권은 물가상승률이 높아질수록 투자수익률도 높아져 인플레이션 헤지 기능이 있으나, 디플레이션 상황에서는 원금손실의 위험과 유동성이 떨어지는 단점이 있다.
② 채권가격은 시장금리 및 발행기관의 신용 변화에 영향을 받아 변동하게 되며, 다른 요인들이 모두 동일하다면 채권은 잔존기간이 짧아질수록 가격의 변동성이 증가한다.
③ 유상증자의 신주인수권 배정방법에는 주주배정방식, 주주우선공모방식, 제3자 배정방식, 일반공모방식 등이 있다.
④ 주식배당 시 신주발행가격은 액면가로 정해지며 주식배당은 배당가능이익의 50% 이내로 제한된다.

08 현행 상속제도에 대한 설명으로 옳은 것은?

① 상속은 사망한 사실이 가족관계등록부에 기재된 시점에서 개시된다.
② 피상속인에게 배우자, 아들 1명, 딸 3명, 8명의 손자녀가 있을 경우 아들의 상속분은 1/2이다.
③ 대습상속의 배우자가 타인과 재혼한 경우에도 상속인이 될 수 있다.
④ 협의분할에 따른 예금지급을 위해서는 상속인의 범위를 확정하고 상속재산분할협의서·공동상속인의 인감증명서·손해담보각서 등을 징구한 후 지급하면 된다.

09 예금거래약관에 대한 내용으로 옳지 않은 것은?

① 금융회사의 예금계약은 대부분 부합계약의 형식을 가지며, 금융회사와 거래처 사이에 법률분쟁 발생 시에 해결은 예금거래약관의 해석에서 비롯된다.
② 약관의 해석원칙에는 객관적·통일적 해석의 원칙, 작성자불이익의 원칙, 개별약정우선의 원칙 등이 있다.
③ 예금계약에 대해서는 당해 예금상품의 약관이 우선적으로 적용되고 그 약관에 규정이 없는 경우에는 예금별 약관, 예금거래기본약관의 내용이 차례로 적용된다.
④ 약관의 계약편입 요건상 계약의 해지·기업의 면책사항·고객의 계약위반 시의 책임가중 등 계약체결 여부에 영향을 미치는 사항 등의 중요한 내용은 반드시 고객에게 구두로 설명하여야 한다.

10 다음은 자금세탁방지제도의 체계이다. 빈칸에 적절한 내용은?

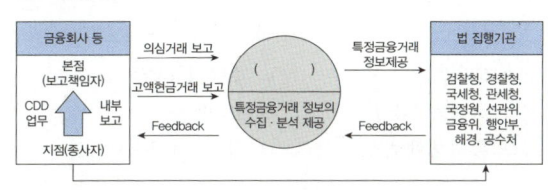

① 금융위원회
② 예금보험공사
③ 금융정보분석원
④ 전국은행연합회

11 다음 실명확인 생략이 가능한 거래가 아닌 것은?

① 각종 공과금 등의 수납
② 100만원 이하의 무통장 입금
③ 보험공제거래 및 여신거래
④ 계좌가 새로 신설된 재예치 거래

12 다음 중 우체국금융 소비자보호에 대한 내용으로 옳은 것은?

① 2025년 1월 기준 우체국예금은 금융상품의 원금과 이자를 합한 금액 5,000만원까지를 예금자보호 한도로 제한하고 있다.
② 우체국 판매 상품 중 펀드, 하이브리드 체크카드는 「우체국예금·보험법」을 준용한다.
③ 우체국금융의 모든 예금성 상품·대출성 상품·투자성 상품·보장성 상품은 「우체국예금·보험법」의 적용을 받아 소비자를 보호한다.
④ 우체국금융은 「우체국예금·보험법」에 따라 운영되는 정부기관으로 금융소비자를 보호하기 위한 자체 법체계와 제도를 가지고 있다.

13 〈보기〉에서 예금보험공사의 보호대상 금융상품을 모두 고른 것은?

〈보 기〉
ㄱ. 외화예금   ㄴ. 주택청약저축
ㄷ. 주택청약부금 ㄹ. 표지어음
ㅁ. 은행 발행채권 ㅂ. 양도성예금증서(CD)

① ㄱ, ㄴ, ㅁ   ② ㄱ, ㄷ, ㄹ
③ ㄴ, ㄷ, ㅂ   ④ ㄷ, ㅁ, ㅂ

14 다음 중 종합과세 제외 금융소득으로 옳은 것은?

① 재형저축에 대한 이자·배당은 분리과세 금융소득에 포함된다.
② 비과세 금융소득은 과세대상이 아니지만 분리과세되는 금융소득은 금융소득종합과세 대상에 포함된다.
③ 금융소득이 개인별로 연간 2천만원 이하인 경우는 분리과세 금융소득에 포함된다.
④ '17.12.31. 이후에 가입한 10년 이상 장기채권으로 5년 이상 계속 보유하고 분리과세를 신청한 이자와 할인액은 분리과세 금융소득에 포함된다.

15 우체국예금 상품에 대한 설명으로 옳지 않은 것은?

① 우체국 기업든든MMDA통장은 예치금액별로 차등 금리를 적용하는 기업 MMDA 상품이다.
② 우체국 행복지킴이통장으로의 입금은 압류방지 수급금에 한하며, 그 이외는 입금할 수 없다.
③ 우체국 하도급지킴이통장의 예금 출금은 우체국창구, 전자금융, 자동화기기 등을 통해서도 가능하다.
④ 시니어 싱글벙글 정기예금은 만 50세 이상 중년층 고객에게 우대금리 및 세무, 보험 등 부가서비스를 제공한다.

16 다음 중 모임적금 알림서비스를 제공하고, 고객이 통장명칭을 자유로이 선정할 수 있는 상품으로 옳은 것은?

① 우체국 가치모아적금
② 우체국 마미든든적금
③ 우체국 다드림적금
④ 우체국 새출발자유적금

17 다음 중 우리동네PLUS 체크카드와 관련된 내용으로 옳은 것은?

① 병·의원, 약국, 학원, 마트, 문화 10% 캐시백, 우편서비스 12% 캐시백 등 의료 혜택이 특화된 카드이다.
② 지역별 특성을 고려한 특화가맹점에 대한 캐시백을 제공하며, 세 가지 타입 중 소비성향에 따라 할인혜택 서비스를 선택할 수 있다.
③ 중증장애인 근로자를 대상으로 교통비를 지원하는 전용상품이다.
④ 쇼핑부터 음식점, 통신료, 주유까지 다양한 혜택을 하나의 카드로 받을 수 있는 체크카드이다.

18 폰뱅킹에 대한 설명으로 옳지 않은 것은?

① 고객의 신청에 따라 다양한 우체국예금 및 보험서비스를 전화통화로 간편하게 처리할 수 있는 서비스를 말한다.
② 지정전화번화 등록 시 고객이 지정한 전화번호로만 자금이체 또는 보험금 지급이 가능하다.
③ 고객이 직접 단축코드를 등록하여 편리하게 이용할 수 있는 서비스도 제공하고 있다.
④ 예금 및 보험서비스에 초점을 맞추고 있으므로 경조금배달, 온라인환 송금/조회 같은 서비스는 제공하지 않는다.

19 다음 우체국 외국환 업무에 대한 설명으로 옳은 것은?

① 우체국에서 환전가능 통화는 미국달러(USD), 유럽유로(EUR), 일본엔(JPY), 중국위안(CNY) 등 총 4종이다.
② 우체국은 머니그램사와 제휴하여 계좌번호 없이 8자리 송금번호 및 수취인 영문명으로 송금하면 약 10분 뒤 수취 가능한 특급송금서비스를 제공한다.
③ 우체국 외화환전 예약서비스에서 환전한 외화는 고객이 지정한 일부 환전업무 취급 우체국 및 우정사업본부에서만 수령해야 한다.
④ 우체국은 하나은행과 업무 제휴하여 하나은행 SWIFT 망을 통해 전 세계 금융기관을 대상으로 해외송금 서비스를 운영하고 있다.

20 다음 중 CD/ATM 서비스에 대한 설명으로 옳지 않은 것은?

① 대출금 이자납부, 대출원금 상환, 각종 금융상품 조회, 거래내역 출력, 카드·통장 비밀번호 변경 및 분실신고, 수표 사고신고 등을 할 수 있다.
② 보험사의 대출원금 및 이자상환, 분할보험금·배당금·중도보험금 등의 입·출금서비스도 가능하다.
③ 단기카드대출을 원하는 고객은 개인의 신용도에 따라 거래은행의 CD/ATM에서만 현금서비스 이용한도 내에서 현금을 인출할 수 있다.
④ 보이스피싱 사건의 피해를 최소화하기 위하여 최근 1년간 CD/ATM을 통한 계좌이체 실적이 없는 고객에 한하여 1일 및 1회 이체한도를 각각 70만원으로 축소하였다.

03 보험일반

01 생명보험 관련 내용으로 옳지 <u>않은</u> 것은?

① 계약자가 보험계약 시 보험수익자를 지정하지 않은 경우 생존보험금 수익자는 피보험자의 상속인이 된다.
② 생명보험의 경우 피보험자의 사망·생존, 장해, 입원, 진단 및 수술, 만기 등이 보험금 지급사유로 규정된다.
③ 우체국보험생명표란 우체국보험 가입자의 실제 사망 현황을 감안하여 작성한 생명표를 말한다.
④ 예정이율이 낮아지면 보험료는 올라가고 예정이율이 높아지면 보험료는 내려간다.

02 〈보기〉에서 일반 보장성보험료의 세액공제에 대한 설명으로 옳은 것을 모두 고른 것은?

―〈보 기〉―
ㄱ. 납입한 보험료(100만원 한도)의 12%에 해당되는 금액을 종합소득산출세액에서 공제받을 수 있다.
ㄴ. 세액공제 대상을 근로소득자로 제한하고 있으나 별도의 요건을 충족하면 개인사업자도 보장성 보험 가입 시 세액공제를 받을 수 있다.
ㄷ. 피보험자에 해당하는 기본공제대상자는 본인을 포함한 부양가족으로 근로소득자 본인과 부양가족에 대해 별도의 요건을 충족하여야 한다.
ㄹ. 보장성보험을 해지할 경우 해지 시점까지 납입한 보험료에 대해 세액공제가 가능하며 이미 세액공제 받은 보험료에 대한 추징 또한 없다.

① ㄱ, ㄴ   ② ㄴ, ㄷ
③ ㄱ, ㄹ   ④ ㄷ, ㄹ

03 다음은 생명보험, 손해보험, 제3보험의 주요 특징이다. (ㄱ), (ㄴ), (ㄷ)에 들어갈 내용으로 옳은 것은?

구분	생명보험	손해보험	제3보험
보험사고 대상 (조건)	사람의 생존 또는 사망	피보험자 재산상의 손해	신체의 상해, 질병, 간병
보험기간	장기	(ㄴ)	단기, 장기 모두 존재
피보험 이익	원칙적으로 불인정	인정	(ㄷ)
피보험자 (보험 대상자)	보험사고 대상	손해에 대한 보상받을 권리를 가진 자	보험사고 대상
보상방법	(ㄱ)	실손보상	정액보상, 실손보상

	(ㄱ)	(ㄴ)	(ㄷ)
①	정액보상	단기	원칙적으로 인정
②	실손보상	장기	원칙적으로 인정
③	실손보상	장기	원칙적으로 불인정
④	정액보상	단기	원칙적으로 불인정

04 제3보험 상품 중 상해보험의 일반적인 보장내용으로 옳지 <u>않은</u> 것은?

① 상해입원급부금 : 보험기간 중 상해로 인해 직접치료를 목적으로 입원하였을 경우
② 상해수술급부금 : 보험기간 중 상해로 인해 직접치료를 목적으로 수술을 받았을 경우
③ 상해사망보험금 : 보험기간 중에 상해의 직·간접적인 원인으로 사망하였을 경우
④ 만기환급금 : 보험기간이 끝날 때까지 피보험자가 살아있는 경우

05 〈보기〉에서 보험계약에 대한 설명으로 옳은 것의 총 개수는?

― 〈보 기〉 ―
ㄱ. 보험사고란 보험에 담보된 재산 또는 생명이나 신체에 관하여 불확정한 사고, 즉 위험이 발생하는 것을 말하며 보험금지급사유라고도 한다.
ㄴ. 보험계약에서 보험자가 계약을 거절한 때에는 보험료를 받은 기간에 대하여 일정 이자를 보험료에 더하여 돌려줘야 한다.
ㄷ. 보험계약자는 보험가입증서(보험증권)을 받은 날부터 30일 이내에 청약을 철회할 수 있다.
ㄹ. 보험가입증서(보험증권)의 교부 여부는 보험계약의 효력 발생에 아무런 영향을 미치지 못한다.

① 1개 ② 2개
③ 3개 ④ 4개

06 보험계약 무효와 취소에 대한 설명으로 옳은 것은?

① 중복보험 시 보험계약은 취소된다.
② 보험자의 법률 위반이 존재할 때 보험계약은 취소된다.
③ 고객 자필 서명을 받지 않았을 경우 보험계약은 무효가 된다.
④ 청약서 부본 전달이 이루어지지 않았을 경우 보험계약은 무효가 된다.

07 우체국보험적립금에 대한 설명으로 옳지 않은 것은?

① 보험금·환급금 등 보험급여를 지급하기 위한 책임준비금에 충당하기 위하여 세입·세출 외에 따로 우체국보험적립금을 둔다.
② 우체국보험적립금은 순보험료, 운용수익 및 우체국보험특별회계 세입·세출의 결산상 잉여금으로 조성한다.
③ 우체국보험적립금은 주로 보험금 지급에 충당하고, 여유자금은 유가증권 매입 또는 금융기관에 예치하여 수익성을 제고한다.
④ 우체국보험적립금을 보험계약자를 위한 대출제도 운영에 사용하는 것은 원칙적으로 금지되어 있다.

08 〈보기〉에서 민영보험과 비교한 우체국보험의 특징으로 옳은 것을 모두 고른 것은?

― 〈보 기〉 ―
ㄱ. 민영보험의 가입한도액에 제한이 없는 것과 달리 우체국보험은 가입한도액에 제한이 있다(사망 5,000만원, 연금 연 1,000만원).
ㄴ. 민영보험은 동일 금융기관 내에서 1인당 최고 5천만원까지 지급보장하고 우체국보험은 국가가 1억원까지 보장한다.
ㄷ. 민영보험은 취급제한이 없으나 우체국보험은 변액보험, 퇴직연금, 손해보험의 취급이 불가하다.
ㄹ. 민영보험에는 「보험업법」과 「상법」(보험 분야)이 적용되고, 우체국보험에는 「보험업법」(일부), 「상법」(보험 분야) 외에 「우체국예금·보험에 관한 법률」, 「우체국보험특별회계법」도 적용된다.

① ㄱ, ㄴ ② ㄴ, ㄷ
③ ㄴ, ㄹ ④ ㄷ, ㄹ

09 우체국보험 재무건전성 관리에 대한 설명으로 옳지 않은 것은?

① 지급여력비율은 지급여력금액을 지급여력기준금액으로 나누어 산출한다.
② 지급여력기준금액은 보험사업에 내재된 다양한 리스크를 보험·금리·시장·신용·운영 리스크로 세분화하여 측정한다.
③ 지급여력금액은 기본자본과 보완자본을 합산한 후, 차감항목을 차감하여 산출한다.
④ 지급여력비율은 90% 이상을 유지하도록 노력하여야 한다.

10 보험 계약체결 시 보험모집자의 의무에 대한 설명으로 옳은 것은?

① 보험모집자는 계약체결 시 계약자에게 약관의 주요 내용을 설명해야 하나 여건이 되지 않을 때는 생략 가능하다.
② 보험모집자가 청약 시 약관 및 청약서 부본 전달을 하지 않았다고 하여 계약자가 취소권을 행사할 수 있는 것은 아니다.
③ 계약자가 취소권을 행사할 때 계약이 성립한 날부터 2개월 이내에 계약을 취소할 수 있다.
④ 계약자가 취소권을 행사할 때 체신관서는 이미 납입한 보험료에 보험료를 받은 기간에 대하여 환급금대출이율을 연단위 복리로 계산한 금액을 더하여 지급한다.

11 보험계약의 성립과 효력에 대한 설명으로 옳지 않은 것은?

① 보험계약은 보험계약자의 청약과 체신관서의 승낙으로 이루어진다.
② 체신관서는 계약의 청약을 받고, 제1회 보험료를 받은 경우에 청약일부터 30일 이내에 승낙 또는 거절하여야 한다.
③ 전문보험계약자는 보험가입증서(보험증권)를 받은 날부터 15일 이내에 그 청약을 철회할 수 있다.
④ 보험계약자가 청약을 철회한 때에는 체신관서는 청약의 철회를 접수한 날부터 3일 이내에 납입한 보험료를 반환한다.

12 〈보기〉에서 보험계약 무효사유에 대한 설명으로 옳지 않은 것의 총 개수는?

〈보 기〉
ㄱ. 타인의 사망을 보험금 지급사유로 하는 계약에서 계약을 체결할 때까지 피보험자의 서면에 의한 동의를 얻지 않은 경우
ㄴ. 만 15세 미만자, 심신상실자를 피보험자로하여 사망을 보험금 지급사유로 한 계약의 경우
ㄷ. 심신박약자를 피보험자로하여 사망을 보험금 지급사유로 한 계약의 경우(의사능력 유무와 관계없음)
ㄹ. 계약을 체결할 때 계약에서 정한 피보험자의 나이에 미달되었거나 초과되었을 경우

① 1개　　② 2개
③ 3개　　④ 4개

13 중대사유로 인한 계약 해지에 대한 설명으로 옳은 것은?

① 체신관서는 중대사유 사실을 안 날부터 15일 이내에 계약을 해지할 수 있다.
② 체신관서는 중대사유로 인한 계약 해지 시 해당 상품의 약관에 따른 해약환급금을 지급하지 않는다.
③ 보험계약자, 피보험자 또는 보험수익자가 보험금 청구에 관한 서류에 실수로 사실과 다른 것을 기재한 경우 중대사유에 해당한다.
④ 보험계약자, 피보험자 또는 보험수익자가 고의로 보험금 지급사유를 발생시킨 경우 중대사유에 해당한다.

15 보험금 지급에 대한 설명으로 옳지 않은 것은?

① 체신관서가 보험금 청구서류를 접수한 때에는 그 서류를 접수한 날부터 3영업일 이내에 보험금을 지급하거나 보험료 납입을 면제한다.
② 보험금 지급사유 또는 보험료 납입면제 사유의 조사나 확인이 필요한 때에는 접수 후 10영업일 이내에 보험금을 지급하거나 보험료 납입을 면제한다.
③ 사망보험금 선지급제도란 피보험자의 남은 생존기간이 3개월 이내라고 판단한 경우에 사망보험금액의 70%를 선지급사망보험금으로 피보험자에게 지급하는 제도이다.
④ 보험금청구권, 보험료 반환청구권, 해약환급금청구권 및 책임준비금 반환청구권은 3년간 행사하지 않으면 소멸시효가 완성된다.

14 〈보기〉에서 보험계약의 부활에 대한 설명으로 옳은 것을 모두 고른 것은?

― 〈보 기〉 ―
ㄱ. 환급금대출이 있는 계약은 대출이자(최종상환일로부터 부활신청일까지) 납부 후 부활청약이 가능하다.
ㄴ. 계약해지(효력상실) 후 3년 이내에는 만기일이 경과하더라도 부활이 가능하다.
ㄷ. 미성년자 계약의 부활 시 보험계약자 또는 피보험자가 미성년자(만19세 미만)이고, 보험계약자가 친권자일 경우에는 부모 공동으로 친권을 행사하며, 친권자 각각의 서명 또는 날인을 득하여야 한다.
ㄹ. 미성년자 계약의 부활 시 부모 이혼 시에는 법적으로 단독 친권자 또는 공동 친권자 지정 여부를 확인하여야 하며, 부모가 없을 시는 후견인 선정 여부 확인 후 미성년자의 기본증명서를 첨부한다.

① ㄱ, ㄴ   ② ㄴ, ㄷ
③ ㄷ, ㄹ   ④ ㄱ, ㄹ

16 〈보기〉에서 무배당 그린보너스저축보험플러스 2203에 대한 설명으로 옳은 것의 총 개수는?

― 〈보 기〉 ―
ㄱ. 적립부분 순보험료를 신공시이율Ⅳ로 부리・적립하며, 시중금리가 떨어지더라도 최저 1.0% 금리를 보증한다.
ㄴ. 만기 유지 시 계약일부터 최초 1년간 보너스금리를 추가 제공한다(3년 만기 1.0%, 5년 만기 1.5%, 10년 만기 3.0%).
ㄷ. 관련 세법에서 정하는 요건에 부합하는 경우 일반형은 이자소득은 비과세되지만, 금융소득종합과세에서는 제외되지 않는다.
ㄹ. 예치형, 적립형 및 보험기간(3년, 5년, 10년)에 따라 단기목돈 마련, 교육자금, 노후설계자금 등 다양한 목적의 재테크 수단으로 활용 가능하다.

① 1개   ② 2개
③ 3개   ④ 4개

17 〈보기〉에서 무배당 우체국와이드건강보험 2112에 대한 설명으로 옳지 않은 것을 모두 고른 것은?

― 〈보 기〉 ―
ㄱ. 주계약 사망보험금을 통한 유족보장과 특약 가입을 통한 건강, 상해, 중대질병·수술, 3대질병을 보장한다.
ㄴ. 4대질병(암·뇌출혈·뇌경색증·급성심근경색증)으로 진단 시 사망보험금의 일부를 선지급하여 치료비를 지원(주계약 1종 가입 시)한다.
ㄷ. 암으로 재진단 시 계속 보장하고, 선진 항암치료기법인 표적항암약물허가치료를 보장하여 암 환자의 삶의 질 개선 및 치료비 부담을 완화(해당 특약 가입 시)한다.
ㄹ. 근로소득자는 납입보험료(연간 100만원 한도)에 대하여 10% 세액공제한다.

① ㄱ, ㄴ
② ㄱ, ㄹ
③ ㄴ, ㄷ
④ ㄴ, ㄹ

18 우체국 보험상품에 대한 설명으로 옳은 것은?

① 무배당 우체국온라인정기보험 2109의 경우, 생존기간 6개월 이내 판단 시 사망보험금의 50%를 선지급한다.
② 무배당 우체국든든한종신보험 2109의 경우, 주계약에서 3대질병 진단 시 사망보험금 일부를 선지급하여 치료자금을 지원한다.
③ 무배당 우체국간편건강보험(325)(20년 갱신형) 2409의 경우, 20년 갱신형으로 운영하여 최대 90세까지 안정적인 보장을 제공한다.
④ 무배당 우체국암케어보험 2406의 경우, 우체국보험 암진단보험금 최고액 보장으로 암진단 시 최대 3,000만원까지 보장한다.

19 무배당 우체국건강클리닉보험(갱신형) 2109에 대한 설명으로 옳은 것은?

① 0세부터 70세까지 가입 가능한 건강보험으로 각종 질병, 사고 및 주요성인질환을 종합 보장한다.
② 근로소득자는 "국민체력100" 체력 인증 시 12% 공제 외 추가 세제혜택이 있다.
③ 보험기간 만료일 30일 전까지 계약자의 별도 의사표시가 없으면 자동갱신된다.
④ 특약에는 무배당 요양병원암입원특약(갱신형) 2109와 무배당 정기특약(갱신형) 2109 등이 있다.

20 비과세종합저축(보험)에 대한 조세특례에 대한 설명으로 옳지 않은 것은?

① 비과세종합저축 가입 대상자는 1인당 저축원금 5,000만원 이내에서 비과세가 적용된다.
② 직전 3개 과세기간 중 소득의 합계액이 1회 이상 연 3천만원을 초과한 자는 제외된다.
③ 해당 저축에서 발생하는 이자소득 또는 배당소득에 대해서는 소득세를 부과하지 아니한다.
④ 우체국보험 중 이에 해당하는 상품은 (무)그린보너스저축보험플러스(비과세종합저축)이다.

04 컴퓨터일반(기초영어 포함)

01 다음과 같은 사용자 정의 숫자 형식에 대한 설명으로 옳지 <u>않은</u> 것은?

> #,##0[파랑];#,##0[빨강];"0";"NULL"

① 양수 1050을 입력하면, 파란색으로 '1,050'이 표시된다.
② 음수 −50을 입력하면, 빨간색으로 '−50'이 표시된다.
③ 0을 입력하면, 문자 '0'이 표시된다.
④ 널 값은 문자열 'NULL'이 표시된다.

02 다음 설명에 해당하는 결합도는?

> 두 모듈이 동일한 자료 구조를 조회하는 경우의 결합도이며 자료 구조의 어떠한 변화, 즉 포맷이나 구조의 변화는 그것을 조회하는 모든 모듈 및 변화되는 필드를 실제로 조회하지 않는 모듈까지도 영향을 미치게 된다.

① Control Coupling
② Content Coupling
③ Stamp Coupling
④ Common Coupling

03 트랜잭션이 정상적으로 완료(Commit)되거나, 중단(Abort)되었을 때 롤백(Rollback)되어야 하는 트랜잭션의 성질은?

① 원자성(Atomicity)
② 일관성(Consistency)
③ 격리성(Isolation)
④ 영속성(Durability)

04 다음 중 DRAM에 대한 설명으로 옳지 <u>않은</u> 것은?

① 동적램이라 불리며 주기억 장치에 적합하다.
② 주기적인 재충전이 필요하고 집적도가 높다.
③ 가격이 저렴하고 콘덴서에서 사용한다.
④ 구성 회로가 간단하지만 소비 전력이 높다.

05 다음 중 컴퓨터 통신 기술을 이용한 멀티미디어 자료 전송 방법에서 스트리밍(Streaming) 기술에 관한 설명으로 옳지 <u>않은</u> 것은?

① 파일을 완전히 다운로드하지 않고도 오디오 및 비디오 파일을 재생할 수 있다.
② 스트리밍 기술을 적용한 것으로는 인터넷 방송이나 원격 교육 등이 있다.
③ 스트리밍 기술로 재생 가능한 데이터 형식에는 *.ram, *.asf, *.wmv 등이 있다.
④ 스트리밍 기술을 이용하면 쌍방향 의사소통을 원활하게 할 수 있다.

06 FTP는 OSI 7계층 중 어느 계층에 속하는가?

① 데이터 링크 계층
② 네트워크 계층
③ 세션 계층
④ 응용 계층

07 다른 모든 플립플롭의 기능을 대용할 수 있으며 응용범위가 넓고 집적회로화되어, 가장 널리 사용되는 플립플롭은?

① RS 플립플롭
② JK 플립플롭
③ D 플립플롭
④ T 플립플롭

08 다음 중 소프트웨어 프로젝트 관리에 대한 설명으로 가장 옳지 않은 것은?

① 주어진 기간 내에 최소의 비용으로 사용자를 만족시키는 시스템을 개발한다.
② 개발 계획의 수립, 분석, 설계, 구현 등의 작업과 생산 제품에 대한 관리를 수행한다.
③ 주어진 목적을 달성하기 위해 해당 기간 내에 프로그램의 계획을 세우고, 최소의 대가로 사용자를 만족시킬 수 있는 시스템을 개발하는 작업 과정이다.
④ 소요 인력은 최소한으로 하되 정책 결정은 신속하게 처리한다.

09 다음 설명에 해당하는 것은?

> 몸값과 소프트웨어의 합성어로, 데이터를 암호화한 후에 복호화에 필요한 키에 대하여 금전을 요구하는 악성 프로그램을 말한다.

① 애드웨어(Adware)
② 스푸핑(Spoofing)
③ 랜섬웨어(Ransomware)
④ 트로이목마(Trojan Horse)

10 다음 설명에 해당하는 언어는?

> - 요구 분석, 시스템 설계 및 구현 등의 시스템 개발과정에서 개발자 간 의사소통을 원활하게 하기 위하여 표준화한 통합 모델링 언어이다.
> - 시스템 개발자가 구축하고자 하는 소프트웨어를 코딩하기에 앞서 표준화되고, 이해하기 쉬운 방법으로 소프트웨어를 설계한다.
> - 가시화 언어로 개념 모델 작성 시 오류가 적고, 의사소통을 쉽게 하는 그래픽 언어이다.
> - 문서화 언어로 시스템에 대한 평가, 통제, 의사소통의 문서화(요구사항, 아키텍처 설계, 소스코드, 프로젝트 계획, Test 등)가 가능하다.

① HTML
② XML
③ JSP
④ UML

11 COURSE 테이블의 CNO 필드에는 다음과 같은 값들이 입력되어 있다. 다음 〈보기〉의 SQL문에 의해서 조회되는 CNO 목록으로 가장 적절한 것은?

> K5, KBO, KO, KOREA, K82, OK, SKC

〈보 기〉
SELECT CNO
FROM COURSE
WHERE CNO LIKE 'K?'

① K5, KBO, KO, KOREA, K82
② K5, KBO, KO, KOREA, K82, OK, SKC
③ K5, KO
④ K5, KO, K82, OK, SKC

12 화이트 박스 시험(White Box Testing)의 설명으로 옳지 <u>않은</u> 것은?

① 프로그램의 제어구조에 따라 선택, 반복 등의 부분들을 수행함으로써 논리적 경로를 점검한다.
② 모듈 안의 작동을 직접 관찰할 수 있다.
③ 소프트웨어 산물의 각 기능별로 적절한 정보영역을 정하여, 적합한 입력에 대한 출력의 정확성을 점검한다.
④ 원시 코드의 모든 문장을 한 번 이상 수행함으로써 진행된다.

13 여러 번의 개발 과정을 거쳐 완벽한 최종 소프트웨어를 개발하는 점진적 모형으로 보헴이 제안한 소프트웨어 생명주기 모델은?

① 4GT Model
② Spiral Model
③ Waterfall Model
④ Prototype Model

14 밑줄 친 단어와 바꿔쓸 수 있는 것은?

A : Can you show me how to send an e-mail?
B : Sure. First, open the e-mail program. Then, click the "New Mail" button on the upper side. Are you <u>following</u> me?

① helping   ② with
③ calling   ④ against

15 밑줄 친 부분과 의미가 가장 가까운 것은?

Why do we call the people who deliver letters <u>mail carriers</u>?

① postman   ② postage
③ parcel   ④ stamp

16 다음 대화의 빈칸에 들어갈 표현으로 알맞은 것은?

A : Excuse me. Is there a post office near here?
B : It's across the street from the church.
A : Thank you. _____?
B : It closes at six o'clock.

① Where's the post office
② How can I get to the post office
③ What time does the post office close
④ What time does the post office open

17 다음 대화에서 빈칸에 들어갈 가장 적절한 것은?

2008 계리직 20번

A : What do you charge for photocopying?
B : Fifteen cents per page.
A : Even for bulk?
B : Approximately how many pages do you have?
A : About a hundred pages. It is my dissertation.
B : In that case, I will do it for ten cents per page.
A : Good enough! But I am not _____ typing yet. It will get ready within four or five days.
B : See you in a week then.

① through   ② favorite
③ finish   ④ against

18 대화의 흐름으로 보아 빈칸에 들어갈 가장 적절한 것은?

A : Do you think we can get a loan?
B : Well, it depends. Do you own any other property? Any stocks or bonds?
A : No.
B : I see. Then you don't have any _____. Perhaps you could get a guarantor—someone to sign for the loan for you.

① investigation
② animals
③ collateral
④ inspiration

19 다음 글에서 제시된 문장이 들어갈 위치로 가장 알맞은 것은?

2019 계리직 20번

This all amounts to heightened activity and noise levels, which have the potential to be particularly serious for children experiencing auditory function deficit.

Hearing impairment or auditory function deficit in young children can have a major impact on their development of speech and communication, resulting in a detrimental effect on their ability to learn at school. This is likely to have major consequences for the individual and the population as a whole. (㉠) The New Zealand Ministry of Health has found from research carried out over two decades that 6–10% of children in that country are affected by hearing loss. (㉡) A preliminary study in New Zealand has shown that classroom noise presents a major concern for teachers and pupils. (㉢) Modern teaching practices, the organization of desks in the classroom, poor classroom acoustics, and mechanical means of ventilation such as air-conditioning units all contribute to the number of children unable to comprehend the teacher's voice. Education researchers Nelson and Soli have also suggested that recent trends in learning often involve collaborative interaction of multiple minds and tools as much as individual possession of information. (㉣)

① ㉠
② ㉡
③ ㉢
④ ㉣

20 다음 글에서 밑줄 친 부분이 어법상 옳지 않은 것은?

2016 계리직 20번

The connectedness of words to real people and things, and not just to information about those people and things, ① has a practical application that is very much in the news. The fastestgrowing crime in the beginning of this century is identity theft. An identity thief uses information ② connected with your name, such as your social security number or the number and password of your credit card or bank account, to commit fraud or steal your assets. Victims of identity theft may lose out on jobs, loans, and college admissions, can ③ turn away at airport security checkpoints, and can even get arrested for a crime committed by the thief. They can spend many years and much money ④ reclaiming their identity.

제5회 최종모의고사

정답 및 해설 p.167

01 우편일반

01 우편서비스의 배달기한에 대한 설명으로 옳지 <u>않은</u> 것은?

① 우편서비스의 배달기한은 우정사업본부가 약속한 우편물 배달에 걸리는 시간을 의미한다.
② 교통 여건 등으로 우편물 운송이 특별히 어려운 곳은 접수한 다음날부터 3일 내에 배달한다.
③ 'D'는 우편물을 접수한 날을 말하며, 공휴일과 우정사업본부장이 배달하지 않기로 정한 날은 배달기한에서 제외한다.
④ 주 5회 이상 발행되는 일간신문은 배달기한 적용의 예외에 해당한다.

02 〈보기〉에서 계약소포의 요금에 대한 설명으로 옳은 것을 모두 고른 것은?

〈보 기〉
ㄱ. 개인 또는 업체가 월 평균 100통 이상 계약소포를 발송을 위해 우편관서와 계약을 체결하고자 하는 경우 계약기간이 12개월인 연간계약 중 일반 계약을 체결할 수 있다.
ㄴ. 평균요금은 발송물량이 월 평균 5,000통 이상의 연간 계약자에 한하여 적용이 가능하다.
ㄷ. 초소형 특정 요금은 월 평균 1,000통 이상 발송업체 중 초소형 물량이 90% 이상인 경우에 적용이 가능하다.
ㄹ. 계약소포에는 지방우정청장이 특별히 감액하여 주는 지방우정청장 특별감액 제도가 적용될 수 있다.

① ㄱ, ㄷ
② ㄱ, ㄹ
③ ㄴ, ㄷ
④ ㄷ, ㄹ

03 다음은 계약등기 우편물의 부가취급서비스에 대한 설명이다. 수수료로 옳은 것은?

등기취급을 전제로 이사 등 거주지 이전으로 우편주소가 바뀐 경우 우편물을 바뀐 우편주소로 배달하고, 수취인의 동의를 받아 발송인에게 바뀐 우편주소정보를 제공하는 부가취급제도

① 500원
② 1,000원
③ 1,500원
④ 2,000원

04 국내우편의 부가서비스 중 배달증명에 대한 내용으로 옳지 <u>않은</u> 것은?

① 등기우편물을 발송할 때에 청구하는 발송 때의 배달증명과 등기우편물을 발송한 후에 필요에 따라 사후에 청구하는 발송 후의 배달증명으로 구분할 수 있다.
② 통상우편물 배달증명을 접수할 때의 수납금액은 [일반통상 우편요금]+[등기취급수수료]+[배달증명 취급수수료]+[배달증명서 송달요금(5g 일반통상우편요금)]이다.
③ 발송 후의 배달증명 청구는 전국 우체국과 인터넷우체국에서 신청할 수 있으며, 청구 접수국은 정당한 발송인이나 수취인임을 확인한 후 처리한다.
④ 발송 후의 배달증명 청구기간은 발송한 날부터 1년이며 단, 내용증명우편물에 대한 배달증명 청구기간은 발송한 날부터 3년이다.

05 〈보기〉에서 국내우편 서비스에 대한 설명으로 옳은 것의 총 개수는?

―〈보 기〉―
ㄱ. 모사전송(팩스) 우편 서비스는 우정사업본부장이 지정·고시하는 우체국에서만 취급할 수 있다.
ㄴ. 모사전송 우편 서비스의 이용 수수료는 내용문 최초 1매 500원, 추가 1매당 200원이며, 복사비는 무료이다.
ㄷ. 나만의 우표의 종류에는 기본형, 홍보형, 시트형이 있다.
ㄹ. 나만의 우표에서 기본이미지 외 이미지 추가 요청 시 1종 추가마다 600원씩 추가되며, 전지 신청량이 51장~100장일 경우 추가 이미지(최대 10종)를 무료 제공한다.

① 1개 ② 2개
③ 3개 ④ 4개

06 국내 요금후납 우편물에 대한 설명으로 옳은 것은?

① 한 사람이 매월 50통 이상 발송하는 통상우편물, 소포우편물은 요금후납 우편물의 대상이다.
② 발송 및 배달 우체국과 우편취급국은 총괄우체국장의 사전 승인을 받은 후 이용이 가능하다.
③ 납부한 담보금액이 실제 1개월 발송 우편요금의 2배액에 미달되거나 초과되는 경우에는 담보금액을 증감 조치할 수 있다.
④ 1개월간 납부하는 요금이 200만원 이하인 사람은 담보금 전액 면제 대상이다.

07 국내 다량우편물의 감액요건에 대한 내용으로 옳지 않은 것은?

① 감액대상우편물은 우편물의 종류, 무게 및 규격이 같고, 우편요금 감액요건을 갖춰 접수하는 요금별납 또는 요금후납 일반우편물이다.
② 다량우편물 중 구분 감액 대상우편물은 1회에 2천통 이상 발송하는 요금별납 일반우편물 또는 1회에 1천통 이상 발송하는 요금후납 일반우편물을 말한다.
③ 다량우편물 중 물량(기본) 감액의 적용요건은 1회 발송 최소 1만통 이상인 경우이다.
④ 다량우편물 중 1만 통 이상 타지역으로 배달하는 경우 1%의 물량(기본) 감액률이 적용된다.

08 우편물 손해배상청구를 받았을 때 심사 사항에 대한 내용으로 옳지 않은 것은?

① 우편물을 발송한 날로부터 6개월 내에 청구한 것인지 심사한다.
② 우편물을 수취한 후에 이의를 제기한 것은 아닌지 심사한다.
③ 청구자가 수취인이라면 발송인의 승인을 얻은 것인지 심사한다.
④ 우편물의 성질·결함 또는 불가항력적인 이유로 손해가 생긴 경우인지 심사한다.

09 우편사서함의 사용계약에 대한 설명으로 옳은 것은?

① 우편사서함은 우편물을 다량으로 받는 고객이 우편물을 주 1회 찾아갈 수 있으며, 수취인 주거지나 주소변경에 관계없이 이용할 수 있는 장점이 있다.
② 우편사서함의 사용계약을 하려는 사람은 주소·성명 등을 기록한 계약신청서와 등기우편물 수령을 위하여 본인과 대리수령인의 서명표를 사서함 시설이 갖춰진 우체국에 제출한다.
③ 법인, 공공기관 등 단체의 우편물 수령인은 3명까지 등록 가능하며, 신규 개설할 때나 대리수령인이 바뀐 때에는 미리 신고할 경우에만 가능하다.
④ 사서함 신청을 받은 우체국장은 국가기관, 지방자치단체, 일일 배달예정물량이 50통 이상인 다량이용자, 우편물 배달 주소지가 사서함 설치 우체국의 관할구역인 신청자 순서로 우선적으로 계약할 수 있다.

10 우편물의 구분에 대한 설명으로 옳지 <u>않은</u> 것은?

① 우편물 구분 수단은 기계구분과 수구분으로 이루어진다.
② 집중국·물류센터 약호는 수도권과 강원청 소속 집중국은 한글, 지방권은 알파벳으로 표기한다.
③ 잘못 도착한 우편물은 발견 즉시 최선편에 연결될 수 있도록 '우선취급' 표시를 한다.
④ 우편집중국 및 배달국에서는 우편물을 익일특급, 일반등기·선택등기, 준등기, 일반우편물 순으로 구분한다.

11 미국행 식품 우편물의 FDA 신고에 대한 설명으로 옳은 것은?

① 미국행 선편 우편물은 사전신고 대상에서 제외된다.
② 가정에서 만든 식품을 우편으로 발송하는 경우 사전신고해야 한다.
③ 부패성 식품을 우체국을 통해 발송한 후 운송도중 부패한 경우는 우체국 책임이다.
④ EMS프리미엄은 입으로 들어가는 모든 식품에 대해 접수가 금지된다.

12 집배코드에 대한 설명으로 옳지 <u>않은</u> 것은?

① 집배코드는 우편물의 구분·운송·배달에 필요한 구분정보를 단순한 문자와 숫자로 표기한 것이다.
② 집배코드는 도착집중국 2자리, 배달국 3자리, 집배팀 2자리, 집배구 2자리로 구성된다.
③ 도착집중국 2자리, 배달국 3자리는 기본값으로 확정되어 있다.
④ 집배코드의 집배구 부여는 집배원당 하나의 집배구를 부여하는 것이 원칙이다.

13 우편물 배달의 원칙에 대한 설명으로 옳지 <u>않은</u> 것은?

① 수취인이 2명 이상인 경우에는 그중 1인에게 배달한다.
② 시한성 우편물, 익일특급우편물, 등기소포는 도착 당일 구분하여 당일 배달한다.
③ 기록취급우편물, 국제항공우편물은 제2순위 배달물이다.
④ 순로구분기 설치국에 오후 시간대에 도착한 우편물은 도착한 다음날 순로 구분을 하여, 순로 구분한 다음날에 배달한다.

14 〈보기〉에서 우편자루배달 인쇄물(M-bag)에 대한 설명으로 옳은 것을 모두 고르면?

― 〈보 기〉 ―
ㄱ. 우편자루 내 각 우편물의 중량은 1kg 이하이어야 한다.
ㄴ. 우편요금과 별도로 통관절차대행수수료 2,500원을 징수한다.
ㄷ. 우편자루에 담긴 인쇄물의 각 묶음에도 수취인의 주소를 표시한다.
ㄹ. 일반으로는 어느 나라든지 보낼 수 있지만, 등기는 취급하는 나라가 제한되어 있다.

① ㄱ, ㄴ
② ㄴ, ㄷ
③ ㄴ, ㄹ
④ ㄷ, ㄹ

15 다음 중 항공서간에 대한 내용으로 옳지 <u>않은</u> 것은?

① 세계 어느 지역이나 단일 요금이 적용된다.
② 원형을 변경하여 사용할 수 없고 등기로 발송이 가능하다.
③ 정부에서 발행하는 항공서간은 우편요금을 표시하는 증표를 인쇄할 수 없다.
④ 종이 한 장으로 되어 있고 편지지와 봉투를 겸한 직사각형의 봉함엽서 형태로 되어 있다.

16 국제특급우편물(EMS ; Express Mail Service)에 대한 설명으로 옳지 <u>않은</u> 것은?

① 서류만 세관검사 대상이며 비서류는 세관검사 대상에서 제외한다.
② 서류와 비서류로 구분하여 취급하고, 통신문, 서류, 물품을 매우 짧은 시간 내에 접수 · 발송 · 배달한다.
③ 「만국우편협약」 제36조에 근거하여 국가 간 표준 다자간 협정이나 양자 협정으로 합의한 내용에 따라 취급한다.
④ 서류와 상품의 우편으로써 실물 수단에 따른 국제우편물 중 다른 우편물보다 최우선으로 취급하는 가장 신속한 우편업무이다.

17 국제통상우편물의 내용물을 근거로 한 우리나라의 구분방식에 대한 내용이 옳은 것은?

① 인쇄물(Printed papers) : 무게한계 5kg
② 우편자루배달 인쇄물(M-bag) : 무게한계 15kg~30kg
③ 서장(Letters), 소형포장물(Small packet) : 무게한계 3kg
④ 시각장애인용 우편물(Items for the blind) : 무게한계 5kg

18 〈보기〉에서 국제회신우표권(IRC)에 대한 설명으로 옳은 것의 총 개수는?

―――――〈보 기〉―――――
ㄱ. 수취인의 회신요금 부담 없이 외국으로부터 회답을 받는 제도이다.
ㄴ. UPU 총회가 개최되는 5년마다 총회 개최지명으로 발행한다.
ㄷ. 국제회신우표권은 '우표류'에 속하므로 할인판매가 가능하다.
ㄹ. 우리나라에서는 1매당 1,450원에 판매하고, 교환은 850원에 해당하는 우표류와 교환한다.
ㅁ. 15장 이하는 자유판매, 15장 초과판매를 요구할 시 구체적인 사용목적을 확인한 후 판매한다.
ㅂ. 국제회신우표권 1장은 그 나라에서 외국으로 발송되는 항공보통서장 최저요금의 우표와 교환한다.

① 2개 ② 3개
③ 4개 ④ 5개

19 국제특급우편(EMS) 보험취급에 대한 설명으로 옳지 않은 것은?

① 보험취급수수료는 우편요금에 포함하지 않고 별도로 기재한다.
② 보험가액이 최초 65.34SDR인 경우 수수료로 2,800원이 부여된다.
③ 보험가액 114,300원 추가될 때마다 수수료가 550원씩 추가된다.
④ 중국행 EMS를 제외하고 우리나라와 EMS를 교환하는 모든 나라로 발송하는 EMS에 대하여 보험취급이 가능하다.

20 국제우편스마트접수에 대한 설명으로 옳은 것은?

① 접수대상 우편물은 EMS, 국제항공소포, 등기소형포장물이다.
② 국제소포는 요금할인이 없고, 고객이 우체국에 직접 방문해야 하며, 방문접수가 불가하다.
③ 우편스마트접수 우편물은 우편물 종별에 관계없이 스마트접수 요금할인이 5% 적용된다.
④ EMS, EMS 프리미엄 모두 요금할인이 5%이며, 고객 선택에 따라 우체국 창구접수 및 방문접수가 가능하다.

02 예금일반

01 금리의 결정에 대한 설명으로 옳지 <u>않은</u> 것은?

① 금리는 금융시장에서 자금의 수요와 공급에 의해 결정된다.
② 금리는 자금에 대한 수요가 증가하면 하락하고 자금의 공급이 증가하면 상승한다.
③ 금리는 경기 전망이 좋아지면 이익 증가를 예상한 기업의 투자가 늘어나 돈에 대한 수요가 증가하여 상승하게 된다.
④ 금리는 물가가 오를 것으로 예상되면 돈을 빌려주는 사람은 같은 금액의 이자를 받는다 하더라도 그 실질 가치가 떨어지므로 더 높은 금리를 요구하여 상승하게 된다.

02 금융시장에 대한 설명으로 옳은 것은?

① 직접금융은 금융중개기관이 대출자와 차입자 간에 자금융통을 매개하는 방식을 말한다.
② 간접금융은 기업이 자금을 장기로 조달할 수 있는 장점이 있어 장기설비 투자를 위한 자금조달에 용이하다.
③ 직접금융은 기업 부문이 주식·사채 등을 발행하여 가계 부문에 매각함으로써 자금을 직접 조달하는 경우가 이에 해당한다.
④ 간접금융은 최종적 차입자가 자금의 최종적인 대출자에게 주식이나 사채 등을 직접적으로 발행함으로써 자금을 조달하는 방식을 말한다.

03 〈보기〉에서 은행의 업무 범위 중 고유업무에 해당하는 것을 모두 고른 것은?

─〈보 기〉─
ㄱ. 자금의 대출 또는 어음의 할인
ㄴ. 수납 및 지급 대행, 전자상거래와 관련한 지급 대행
ㄷ. 파생상품의 매매·중개업무, 파생결합증권의 매매업무
ㄹ. 예금·적금의 수입 또는 유가증권, 그 밖의 채무증서의 발행

① ㄱ, ㄴ   ② ㄱ, ㄹ
③ ㄴ, ㄷ   ④ ㄷ, ㄹ

04 〈보기〉에서 한국은행에 대한 설명 옳은 것은 모두 몇 개인가?

─〈보 기〉─
ㄱ. 물가안정을 위해 통화신용정책을 수립하고 집행한다.
ㄴ. 정부가 필요로 할 때 자금을 내어주는 정부의 은행 역할을 수행한다.
ㄷ. 우리나라 중앙은행인 한국은행은 화폐를 독점적으로 발행하는 발권은행이다.
ㄹ. 금융통화위원회(금통위)는 기준금리(정책금리)를 정하고 여타 통화신용정책에 관해 결정을 내린다.
ㅁ. 금융회사에 대한 감독업무, 이들 회사의 업무 및 재산상황에 대한 검사와 검사결과에 따른 제재업무, 금융분쟁의 조정 등 금융소비자 보호업무 등의 기능을 수행한다.

① 2개   ② 3개
③ 4개   ④ 5개

05 주식투자의 특성에 대한 설명으로 옳지 <u>않은</u> 것은?

① 주식투자를 통해 얻을 수 있는 수익에는 자본이득과 배당금이 있다.
② 부동산과 달리 주식은 증권시장을 통하여 자유롭게 사고팔아 현금화할 수 있다.
③ 주식은 발생 시에 발행자가 지급하여야 할 약정이자와 만기 시 상환해야 할 금액이 사전에 확정된다.
④ 부동산 및 실물자산을 보유한 기업에 대한 소유권을 나타내므로 물가가 오르면 그만큼 소유자산 가치가 올라 주식의 가격도 오르는 경향이 있다.

06 채권투자에 대한 설명으로 옳은 것은?

① 채권의 이자소득에 대한 이자소득세와 매매에 따른 자본이득은 주식과 마찬가지로 과세의 대상이다.
② 채권의 발행자격을 갖춘 기관은 법으로 정해져 있는데 발행자격을 갖추면 정부로부터 별도의 승인은 필요하지 않다.
③ 채권은 만기일에 약속된 원금과 이자를 받을 수 있고 차입자가 파산할 경우에도 주주권에 우선하여 변제받을 수 있으며, 원금의 손실가능성이 매우 낮다.
④ 채권은 불특정 다수의 투자자를 대상으로 주식에 비해 비교적 단기적으로 발행하여 자기자본의 증가를 가져오기 위한 목적으로 발행하는 일종의 차용증서인 유가증권이다.

07 〈보기〉는 재무비율을 분석하는 지표에 관한 설명이다. 빈칸에 들어갈 말로 가장 적절한 것은?

〈보 기〉
- (ㄱ)는 기업이 부담하고 있는 단기부채를 충분하게 상환할 수 있는 능력을 살펴보는 지표이다.
- (ㄴ)는 기업이 보유자산을 얼마나 잘 활용하고 있는가를 보여주는 지표이다.
- (ㄷ)는 매출액과 투자자본 대비 수익률로 측정되며 기업의 경영성과를 나타내는 지표이다.

	ㄱ	ㄴ	ㄷ
①	유동성지표	활동성지표	수익성지표
②	유동성지표	수익성지표	활동성지표
③	활동성지표	유동성지표	수익성지표
④	활동성지표	수익성지표	유동성지표

08 우체국예금·보험에 대한 설명으로 옳지 <u>않은</u> 것은?

① 우체국예금에는 우편대체 계좌대월 등 일부 특수한 경우를 제외하고는 여신이 없다.
② 우체국예금에는 주식발행이 없으므로 자기자본에 자본금 및 주식발행 초과금이 없다.
③ 우체국예금은 「예금자보호법」에 따라 1인당 최고 세전 5천만원까지 지급하여 예금자를 보호한다.
④ 우체국예금은 타인자본에는 예금을 통한 예수부채만 있고, 은행채의 발행 등을 통한 차입 혹은 금융기관 등으로 부터의 차입을 통한 차입부채는 없다.

09 A씨의 2024년 종합소득 현황이 다음과 같을 때 종합소득 산출세액으로 옳은 것은?

- 회사채 이자 : 30,000,000원
- 정기예금 이자 : 45,000,000원
- 사업소득 금액 : 20,000,000원
단, 종합소득 공제는 5,100,000원으로 가정한다.

① 13,246,000원
② 13,816,000원
③ 15,542,000원
④ 16,200,000원

10 예금거래의 상대방에 대한 설명으로 옳지 <u>않은</u> 것은?

① 당좌예금 거래는 제한능력자의 단독거래를 허용하지 않는다.
② 국내 거주 외국인은 외국환은행과 일부 예금거래만 할 수 있다.
③ 국가·지방자치단체 등과 예금거래를 할 때 예금주 명의는 공공단체로 한다.
④ 19세 미만의 자는 법정대리인의 동의를 얻어 직접 법률행위를 할 수 있다.

11 〈보기〉에서 예금의 입금과 지급에 대한 설명으로 옳은 것은 모두 몇 개인가?

─〈보 기〉─
ㄱ. 예금주가 오류입금인 사실을 알면서 예금을 인출하였다면 부당이득으로 반환하여야 한다.
ㄴ. 금융회사 직원이 입금조작을 잘못하여 착오계좌에 입금한 경우 착오계좌 예금주의 동의를 받아 취소하여 정당계좌에 입금할 수 있다.
ㄷ. 지급제시기간 내에 수표가 제시되지 않을 경우에 입금인은 상환청구권을 상실한다.
ㄹ. 보통예금 예금주는 금융회사 영업시간 내에는 언제라도 예금을 청구할 수 있다.
ㅁ. 송금인의 착오로 인해 수취인 계좌번호가 잘못 입력돼 이체된 거래에서 수취인이 입금된 돈을 임의로 인출하여 사용하는 경우 형사상 횡령죄에 해당될 수 있다.

① 2개   ② 3개
③ 4개   ④ 5개

12 〈보기〉에서 고객확인의무 대상에 해당하는 거래를 모두 고른 것은?

─〈보 기〉─
ㄱ. 고객이 금융기관에서 예금계좌, 위탁매매계좌 등을 개설하는 경우
ㄴ. 1천만원(미화 1만불 상당액) 이상의 자기앞수표 발행 및 지급
ㄷ. 「금융실명법」상 실명확인 생략 가능한 각종 공과금 등의 수납
ㄹ. 법원공탁금, 정부·법원 보관금, 송달료를 지출한 금액
ㅁ. 1백만원을 초과하는 전신송금

① ㄱ, ㄴ   ② ㄴ, ㄹ
③ ㄱ, ㄴ, ㅁ   ④ ㄴ, ㄷ, ㄹ

13 〈보기〉에서 금융거래에 대한 비밀보장의 대상이 되는 금융거래정보 또는 자료는 모두 몇 개인가?

―〈보 기〉―
ㄱ. 특정인의 금융거래사실
ㄴ. 금융거래에 관한 단순통계자료
ㄷ. 순수한 대출거래 등에 관한 정보 및 자료
ㄹ. 특정 명의인의 근무처가 포함된 금융거래 자료
ㅁ. 대여금고 이용에 관한 정보
ㅂ. 금융회사가 보유하고 있는 금융거래 내용을 기록·관리하는 장표의 원본

① 3개　　② 4개
③ 5개　　④ 6개

14 예금자보호에 대한 설명으로 옳은 것은?
① 은행의 확정급여형 퇴직연금제도의 적립금은 예금보험공사의 보호대상 금융상품이다.
② 농협은행, 수협은행 및 외국은행 국내지점은 현재 예금보험공사의 보호대상 금융회사가 아니다.
③ 우체국의 경우 우체국예금과 우체국보험 계약에 따른 보험금 등 전액에 대하여 예금보험공사가 지급을 책임진다.
④ 금융회사가 예금을 지급할 수 없게 되면 예금보험공사가 금융회사를 대신하여 예금을 지급하게 된다.

15 우체국 예금상품에 대한 설명으로 옳지 않은 것은?
① 공익형 예금상품은 수시입출식 예금 6종, 적립식 예금 2종, 거치식 예금 2종으로 구성되어 있다.
② 우체국 장병내일준비적금의 가입대상은 병역의무 수행자이며 저축한도는 매월 20만원 범위 내에서 적립 가능하다.
③ 우체국 정부보관금통장은 정부보관금의 자금관리를 위한 전용통장으로 출납공무원이 배치된 국가기관만 가입할 수 있다.
④ 우체국 수시입출식 예금에서 우체국 마미든든 적금으로 월 30만원 이상 자동이체약정을 하면 우체국 쇼핑 할인쿠폰을 받을 수 있다.

16 우체국 체크카드 발급대상에 대한 설명 중 빈칸 안에 들어갈 내용으로 옳은 것은?

우체국 체크카드 발급대상은 개인과 법인으로 구분된다. 개인형 일반 상품의 가입연령은 (ㄱ) 이상이며, 소액신용 및 후불교통 기능이 부여되는 하이브리드 체크카드의 가입연령은 (ㄴ) 이상이다. 법인카드의 경우 일반법인, 개인사업자, (ㄷ) 또는 납세번호가 있는 단체가 발급대상이다.

	ㄱ	ㄴ	ㄷ
①	12세	18세	고유번호
②	12세	20세	통관번호
③	13세	18세	통관번호
④	13세	20세	고유번호

17 우체국 체크카드의 이용정지 및 일시 제한이 가능한 사유로 옳지 않은 것은?
① 예금에서 결제계좌의 지급정지 사유에 해당하는 경우
② 미성년자의 경우 법정대리인이 거래 중단을 요청하는 경우
③ 해킹으로 인하여 회원에게 피해가 갈 것이 우려되는 경우
④ 법인 회원이 폐업에 따라 우체국에 신고 등록한 경우

18 전자금융 보안등급별 자금이체 한도에 대한 설명으로 옳은 것은?
① 인터넷·모바일뱅킹의 1일 자금이체 한도는 합산하여 처리된다.
② 법인이 안전등급 거래이용수단으로 폰뱅킹 이용 시 1회 자금이체 한도는 5억원이다.
③ 개인이 일반등급 거래이용수단으로 모바일뱅킹 이용 시 1일 자금이체 한도는 1천만원이다.
④ 개인이 공동인증서만으로 인터넷뱅킹 이용 시 1회 자금이체 한도는 1천만원이다.

19 〈보기〉에서 고객이 직접 날짜와 장소를 지정하면 우편서비스를 이용하여 접수된 외화 실물을 배달해 주는 외화 배달서비스 신청이 가능한 통화의 개수는?

〈보 기〉
ㄱ. 미국달러(USD)   ㄴ. 영국파운드(GBP)
ㄷ. 유럽유로(EUR)   ㄹ. 홍콩달러(HKD)
ㅁ. 일본엔(JPY)   ㅂ. 중국위안(CNY)
ㅅ. 캐나다달러(CAD) ㅇ. 호주달러(AUD)
ㅈ. 태국바트(THB)   ㅊ. 싱가폴달러(SGD)

① 4개 ② 5개
③ 6개 ④ 7개

20 우체국 통합멤버십 '잇다머니'에 대한 설명으로 옳지 않은 것은?

① 통합멤버십 포인트는 적립·충전·선물·전환포인트로 구분되며, 1포인트는 1원의 가치가 있다.
② 통합멤버십 포인트는 우체국예금 계좌이체나 신용카드 결제로 선불 충전이 가능하다.
③ 통합멤버십 포인트로 우체국 우편서비스와 제휴 가맹점에서 결제가 가능하다.
④ 통합멤버십 충전한도는 건당 30만원, 1일 50만원이며 총 200만원까지 보유할 수 있다.

03 보험일반

01 보험 실무상 손해보험의 분류에 대한 설명으로 옳지 않은 것은?

① 화재보험 : 화재나 번개로 인하여 재산상의 손해가 발생할 경우 보험증권에 의해 사전에 약정된 보험금을 지급하는 형태
② 해상보험 : 항해에 따르는 사고로 인해 발생할 수 있는 많은 종류의 위험을 종합적으로 담보하고, 보험사고 발생 시 보험증권에 의해 약정된 보험금을 지급하는 형태
③ 자동차보험 : 계약자가 자동차를 소유, 운행, 관리하는 동안 발생하는 각종 사고로 인해 생기는 피해에 대한 보험금을 지급하는 형태
④ 보증보험 : 피보험자가 보험기간 중의 사고로 인하여 제3자에게 배상할 책임을 질 경우에 보험자가 이로 인한 손해를 보상할 것을 목적으로 하는 보험 형태

02 〈보기〉에서 생명보험계약 관계자에 대한 설명으로 옳은 것을 모두 고른 것은?

〈보 기〉
ㄱ. 보험계약자와 피보험자는 1인 또는 다수 모두 가능하다.
ㄴ. 피보험자와 보험계약자가 각각 다른 사람일 경우 '타인을 위한 보험'이라고 한다.
ㄷ. 보험계약자가 보험계약 시 보험수익자를 지정하지 않은 경우 사망보험금 발생 시 보험수익자는 피보험자이다.
ㄹ. 보험대리점은 보험자를 위해 보험계약 체결을 대리하는 자로 계약체결권, 고지수령권, 보험료 수령권에 대한 권한이 있다.

① ㄱ, ㄴ   ② ㄱ, ㄹ
③ ㄴ, ㄷ   ④ ㄷ, ㄹ

03 다음 중 보장성보험료 세액공제 가능 여부에 해당하지 않는 것은?

① 근로소득자 본인이 보험료를 납입하는 보장성보험의 피보험자가 연간 소득 80만원인 배우자인 경우
② 근로소득자 본인이 보험료를 납입하는 보장성보험의 피보험자가 연간 소득 100만원 이하인 만 61세 부모인 경우
③ 근로소득자 본인이 보험료를 납입하는 보장성보험의 피보험자가 연간 소득 80만원 미만인 만 20세인 형제의 경우
④ 근로소득자 본인이 보험료를 납입하는 보장성보험의 피보험자가 연간 소득 100만원 미만인 만 21세인 자녀의 경우

04 보장성보험료의 세액공제에 대한 설명으로 옳지 않은 것은?

① 근로소득이 없는 연금소득 거주자도 세액공제 대상이다.
② 과세기간 중 보장성보험을 해지할 경우 해지 시점까지 납입한 보험료에 대해 세액공제가 가능하며 이미 세액공제 받은 보험료에 대한 추징 또한 없다.
③ 보험료를 미리 납부했을 경우, 그 보험료는 실제 납부일이 속하는 과세기간에 세액공제가 가능하다.
④ 장애인전용 보장성보험의 경우, 납입한 보험료(100만원 한도)의 15%에 해당하는 금액을 해당 과세기간의 종합소득산출 세액에서 공제한다.

05 보험계약에 대한 설명으로 옳지 않은 것은?

① 보험계약은 본질적으로 낙성계약이다.
② 보험계약자는 보험 가입 증서를 받은 날부터 30일 이내에 청약을 철회할 수 있다.
③ 보험계약은 보험계약에 대해 특별한 방식을 요구하지 않는 불요식계약이다.
④ 보험계약은 다수인을 상대로 체결되고 보험의 기술성과 단체성으로 인하여 그 정형성이 요구되므로 부합계약에 속한다.

06 〈보기〉에서 보험계약의 요소에 대한 설명으로 옳은 것은?

〈보 기〉
ㄱ. 보험계약에서의 보험목적물은 보험사고 발생 후 보험자가 배상하여야 할 범위와 한계를 정해준다.
ㄴ. 보험계약자가 보험사고에 의한 보장을 받기 위하여 보험자(보험회사)에게 지급하여야 할 금액을 보험금이라고 한다.
ㄷ. 보험사고가 발생할 경우 보험자가 지급하는 금액을 보험료라고 한다.
ㄹ. 보험사고(보험금지급 사유)란 보험에 담보된 재산 또는 생명이나 신체에 관하여 불확정한 사고(위험)가 발생하는 것을 말하며 보험계약에서 보험금이 지급되는 구체적인 조건이다.

① ㄱ, ㄷ ② ㄱ, ㄴ
③ ㄴ, ㄹ ④ ㄱ, ㄹ

07 〈보기〉에서 보험계약의 철회, 무효, 취소, 실효에 관한 내용으로 옳지 않은 것을 모두 고른 것은?

〈보 기〉
ㄱ. 사망보험의 경우 피보험자의 자격 미달은 보험계약 취소요건에 해당한다.
ㄴ. 2월 1일 10시에 보험 가입 증서를 받은 경우 2월 15일까지 청약 철회가 가능하다.
ㄷ. 보험계약의 취소란 계약이 처음에는 유효하게 성립되었으나 계약 이후에 취소사유의 발생으로 계약의 법률상 효력이 계약 시점으로 소급되어 없어지는 것을 말한다.
ㄹ. 보험계약의 무효란 무효 사유에 의하여 계약의 법률상 효력이 처음부터 발생하지 않은 것을 말한다.
ㅁ. 보험계약의 실효란 특정 원인이 발행하여 계약의 효력이 장래 소멸하는 것을 말한다.

① ㄱ, ㄴ
② ㄴ, ㄹ
③ ㄱ, ㄹ
④ ㄹ, ㅁ

08 우체국보험에 대한 설명으로 옳지 않은 것은?

① 우체국보험은 1929년 5월에 제정된 '조선간이생명보험령'에 따라 1929년 10월에 조선총독부 체신국에서 종신보험과 양로보험을 판매하기 시작한 것을 시초로 하고 있다.
② 2007년 11월에 보험사업단을 신설하였고 2013년에는 '국가가 보장하는 착한 보험 우체국보험'이라는 슬로건을 선포하였다.
③ 우체국예금 사업과 우체국보험 사업은 국가가 경영하고 과학기술정보통신부 장관이 관장(「우체국예금·보험에 관한 법률」 제3조)하며, 감사원의 감사와 국회의 국정감사를 받고 있다.
④ 우체국보험의 적립금은 우정사업본부장이 운용·관리한다.

09 우체국보험 재무 건전성 관리에 대한 설명으로 옳지 않은 것은?

① 우체국보험은 자본의 적정성 유지를 위하여 지급여력비율을 분기별로 산출·관리하여야 한다.
② 지급여력비율은 지급여력금액을 지급여력기준금액으로 나누어 산출한다.
③ 우정사업본부장은 지급여력비율이 100% 미만인 경우로서 보험계약자에게 보험금을 지급하지 못할 우려가 있다고 판단되는 경우에는 경영개선계획을 수립·시행하여야 한다.
④ 우정사업본부장은 자산건전성 분류 대상 자산에 해당하는 보유 자산에 대해 건전성을 5단계로 분류하여야 하며 '고정', '회수의문' 또는 '추정손실'로 분류된 자산을 조기에 상각하여야 한다.

10 〈보기〉에서 우체국보험 언더라이팅(청약심사)에 대한 설명으로 옳은 것의 총개수는?

〈보 기〉
ㄱ. 언더라이팅은 일반적으로 보험사의 '위험의 선택' 업무로써 위험평가의 체계화된 기법을 말한다.
ㄴ. 언더라이팅의 목적은 첫 번째 피보험자의 환경, 건강 등에 따른 위험도를 통계에 근거하여 비슷한 수준의 위험도로 분류하고 두 번째 보험계약을 통하여 이익을 얻기 위한 목적으로 자신의 건강상 결함을 은닉하고 계약을 체결하는 역선택을 방지하며 세 번째 궁극적으로 양질의 위험을 최대한 확보하여 회사의 이윤을 창출하여 지불 능력을 유지하는 것이다.
ㄷ. 계약선택의 기준이 되는 세 가지 위험에는 신체적·환경적·도덕적 위험이 있다.
ㄹ. 계약적부 조사는 적부 조사자가 계약자를 직접 면담하여 계약적부 조사서상의 주요 확인 사항을 중심으로 확인하는 제도이다.

① 1개
② 2개
③ 3개
④ 4개

11 보험계약의 취소사유에 대한 설명으로 옳은 것은?

① 타인의 사망을 보험금 지급 사유로 하는 계약에서 계약을 체결할 때까지 피보험자의 서면에 의한 동의를 얻지 않은 경우
② 만 15세 미만자, 심신상실자 또는 심신박약자를 피보험자로 하여 사망을 보험금 지급사유로 한 계약의 경우
③ 피보험자가 청약일 이전에 암 또는 인간면역결핍바이러스(HIV) 감염의 진단 확정을 받은 후 계약자 또는 피보험자가 이를 숨기고 가입하는 등의 뚜렷한 사기 의사에 의하여 계약이 성립되었음을 체신관서가 증명하는 경우
④ 계약을 체결할 때 계약에서 정한 피보험자의 나이에 미달하였거나 초과하였을 경우

12 우체국보험계약의 효력상실 및 부활에 대한 설명으로 옳은 것은?

① 보험료의 납입 연체로 인한 해지 계약이 해약환급금을 받지 않은 경우, 계약자는 해지된 날부터 5년 이내에 계약의 부활을 청약할 수 있다.
② 보험료 납입이 연체 중인 경우, 납입최고는 유예기간이 끝나기 10일 이전까지 서면(등기우편 등) 등으로 이루어진다.
③ 체신관서가 부활을 승낙한 경우, 계약자는 부활을 청약한 날까지의 연체된 보험료에 약관에서 정한 이자를 더하여 납입하여야 한다.
④ 보험료 납입 유예기간은 해당 월분 보험료의 납입기일부터 납입기일이 속하는 달의 다음 달의 말일까지이다.

13 보험금 지급에 관한 내용으로 옳지 않은 것은?

① 즉시 지급 대상 보험금에는 생존보험금, 해약환급금, 연금, 학자금, 계약자배당금 등이 있다.
② 체신관서가 보험금 청구 서류를 접수한 때에는 접수증을 교부하고 휴대전화 문자메시지 또는 전자우편 등으로도 송부하며, 그 서류를 접수한 날부터 5영업일 이내에 보험금을 지급하거나 보험료 납입을 면제한다.
③ 계약에 관하여 분쟁이 있는 경우 분쟁 당사자 또는 기타 이해관계인과 체신관서는 과학기술정보통신부장관이 정하는 바에 따라 우체국보험 분쟁조정위원회의 심의조정을 받을 수 있다.
④ 보험금청구권, 보험료 반환청구권, 해약환급금 청구권 및 책임준비금 반환청구권은 3년간 행사하지 않으면 소멸시효가 완성된다.

14 우체국보험의 보험금 지급청구에 대한 설명으로 옳지 않은 것은?

① 보험금청구권은 지급 사유 발생일로부터 2년간 행사하지 않으면 소멸한다.
② 체신관서는 보험금 청구 서류를 접수한 날부터 3영업일 이내에 보험금을 지급하거나 보험료 납입을 면제한다.
③ 소송제기, 분쟁 조정신청, 수사기관의 조사, 해외에서 발생한 보험사고에 대한 조사 등은 보험금 지급예정일 30일 초과 사유에 해당한다.
④ 사망보험금 선지급제도는 해당 약관 〈선지급 서비스 특칙〉에 의거 보험기간 중에 종합병원의 전문의 자격을 가진 자가 실시한 진단 결과 피보험자의 남은 생존 기간이 6개월 이내라고 판단한 경우에 체신관서가 정한 방법에 따라 사망 보험금액의 60%를 선지급 사망보험금으로 피보험자에게 지급하는 제도이다.

15 우체국 보험상품에 대한 설명으로 옳지 <u>않은</u> 것은?

① 무배당 알찬전환특약 2109의 일시납 보험료는 전환 전 계약의 만기보험금과 배당금의 합계액이다.
② 무배당 알찬전환특약 2109의 가입신청일은 전환 전 계약의 만기일 1개월 전부터 만기일 전일까지이다.
③ 무배당 파워적립보험 2109는 적립 부분 순보험료를 신공시이율Ⅳ로 부리·적립하며, 시중금리가 떨어지더라도 최저 1.5% 금리를 보증하는 상품이다.
④ 무배당 우체국온라인저축보험 2109의 보험기간 중 납입할 수 있는 1회 납입 가능한 추가납입보험료의 납입한도는 시중금리 등 금융환경에 따라 '기본보험료×200%×해당연도 가입경과월수−해당연도 이미 납입한 추가납입보험료' 이내에서 체신관서가 정한 한도로 한다.

16 〈보기〉의 우체국 보험상품 중 저축성보험에 해당하는 것으로 옳은 것은?

〈보 기〉
ㄱ. 무배당 그린보너스저축보험플러스 2203
ㄴ. 무배당 우체국연금보험 2109
ㄷ. 무배당 청소년꿈보험 2109
ㄹ. 무배당 에버리치상해보험 2109

① ㄱ, ㄴ
② ㄱ, ㄷ
③ ㄴ, ㄷ
④ ㄷ, ㄹ

17 우체국 보험상품에 대한 설명으로 옳은 것은?

① 무배당 우체국더간편건강보험(갱신형) 2407은 1가지 건강 관련 간편 고지로 가입이 가능한 상품이다.
② 무배당 우체국와이드건강보험 2112에 보험가입금액 2,500만원을 가입하는 경우, 주계약 보험료에 대해서 2.0% 할인을 받을 수 있다.
③ 무배당 우체국치매간병보험 2109의 해약환급금 50% 지급형에 가입한 경우, 보험기간 중 계약이 해지될 경우에는 표준형 해약환급금의 50%를 해약환급금으로 지급받는다.
④ 무배당 우체국실속정기보험 2109 2종(간편가입)에 가입 후 계약일부터 6개월 이내에 1종(일반가입)으로 가입을 희망하는 경우, 일반계약 심사를 통하여 1종(일반가입)에 청약할 수 있다.

18 39세인 박연우씨의 우체국연금저축보험 2109 가입 현황이 다음과 같을 때 연금 수령 1차연도 산출 세액(지방소득세 포함)으로 옳은 것은?

- 연금 지급 구분 : 종신연금형
- 연금 수령 개시 나이 : 만 55세
- 연금 수령 한도 이내 연간연금액 : 12,000,000원
- 연금 수령 한도 초과 연간연금액 : 10,000,000원
  단, 납입보험료 전액을 세액공제 받았으며, 의료목적 또는 부득이한 사유로 인한 연금 수령액 및 다른 연금 소득은 없는 것으로 한다.

[적용 세율]

연금 소득세율(지방소득세 포함)		기타 소득세율 (지방소득세 포함)
연금수령 나이 (만 70세 미만)	종신연금형	
5.5%	4.4%	16.5%

① 960,800원
② 1,121,000원
③ 2,178,000원
④ 2,301,000원

19 우체국 보험상품에 대한 설명으로 옳지 않은 것은?

① 무배당 청소년꿈보험 2109는 공익보험으로 특정 피보험자 범위에 해당하는 청소년에게 무료로 보험 가입 혜택을 주어 학자금을 지급하는 교육보험이다.
② 무배당 우체국예금제휴보험 2109는 3종(청년 우대형)의 경우 우체국 예금 신규 가입 고객 중 가입 기준을 충족할 경우 무료로 가입할 수 있는 상품이다.
③ 무배당 우체국나르미안전보험 2109는 체신관서가 공익재원으로 보험료를 50% 지원하는 상품이다.
④ 무배당 만원의행복보험 2109는 성별·나이에 상관없이 체신관서가 공익자금으로 1회 납입 2만원(1년 만기 기준) 초과 보험료를 지원하는 상품이다.

20 〈보기〉에서 우체국보험 특약에 대한 설명으로 옳은 것은?

〈보 기〉
ㄱ. 무배당 항암방사선약물치료 특약(갱신형) 2109의 암 보장개시일은 계약일(부활일)부터 그날을 포함하여 90일이 지난 날의 다음 날로 한다.
ㄴ. 지정대리 청구 서비스 특약 2109에서 지정대리 청구인은 피보험자의 가족관계등록부상의 배우자 또는 4촌 이내의 친족이다.
ㄷ. 장애인전용보험전환 특약 2007은 장애인전용 보험으로 전환된 이후 납입된 보험료부터 장애인전용 보장성 보험료로 처리한다.
ㄹ. 무배당 급성 심근경색증 진단 특약(갱신형) 2109는 보험기간(15년)이 끝날 때까지 살아 있을 때 건강관리 자금이 지급된다.

① ㄱ, ㄴ　　② ㄱ, ㄷ
③ ㄴ, ㄹ　　④ ㄷ, ㄹ

04　컴퓨터일반(기초영어 포함)

01 다음과 같은 가용 공간을 갖는 주기억장치에 크기가 각각 18KB, 32KB, 14KB, 22KB인 프로세스가 순차적으로 적재 요청된다. 최적 적합(Best-Fit) 배치전략을 사용할 경우 할당되는 가용 공간 시작주소를 순서대로 나열한 것은?

가용공간리스트	
시작주소	크기
w	30KB
x	20KB
y	15KB
z	35KB

① w → x → y → z
② z → w → x → y
③ y → z → w → x
④ x → z → y → w

02 다음 중 인터넷 전자우편과 관련하여 MIME (Multipurpose Internet Mail Extensions)에 관한 설명으로 옳은 것은?

① HTML 문서를 송수신하기 위한 프로토콜이다.
② 전자우편을 받을 때 사용하는 프로토콜이다.
③ 전자우편을 보낼 때 사용하는 프로토콜이다.
④ 멀티미디어 전자우편을 주고받기 위한 인터넷 메일의 표준이다.

03 DBMS(DataBase Management System)에 대한 설명으로 옳지 않은 것은?

① 데이터의 종속성과 중복성의 문제를 해결하기 위해서 제안된 시스템이다.
② 데이터베이스를 생성·관리하며, 데이터로부터 사용자의 물음에 대한 대답을 추출하는 프로그램이다.
③ 데이터 모델링을 수행하고 데이터베이스를 정의하는 데이터 언어이다.
④ 응용 프로그램과 데이터의 중재자로서 모든 응용 프로그램들이 데이터베이스를 공유할 수 있도록 관리하는 소프트웨어 시스템이다.

04 다음 〈보기〉의 설명에 해당하는 것은?

〈보 기〉
- 관계형 데이터베이스의 한계를 벗어나, Web 2.0의 비정형 초고용량 데이터 처리를 다수 서버들의 데이터 복제 및 분산 저장이 가능한 데이터베이스 관리시스템이다.
- 기존 RDBMS(원자성, 일관성, 독립성, 지속성) 특성을 보장할 수 없다.
- 구현기술의 난이도가 높다.
- Google, Yahoo, Twitter, Facebook 등 대형 인터넷 포털 업체들이 주로 채택하고 있다.

① NoSQL
② RDBMS
③ SQL
④ MSSQL

05 LOC 기법에 의하여 예측된 총 라인 수가 50,000 라인일 경우 개발에 투입될 프로그래머의 수가 10명이고, 프로그래머들의 평균 생산성이 월 당 500 라인일 때 개발에 소요되는 시간은?

① 8개월
② 9개월
③ 10개월
④ 11개월

06 인터넷 응용서비스 중 가상 터미널(Virtual Terminal) 기능을 갖는 것은?

① FTP
② Telnet
③ Gopher
④ Archie

07 럼바우의 객체 지향 분석 기법에서 상태 다이어그램을 사용하여 시스템의 행위를 기술하는 모델링은?

① Dynamic Modeling
② Object Modeling
③ Functional Modeling
④ Static Modeling

08 HTML 문서의 기본 구조에 대한 설명으로 옳지 않은 것은?

```
〈HTML〉
   〈head〉
   〈/head〉
   〈body〉
   〈/body〉
〈/HTML〉
```

① 〈HTML〉은 HTML 문서의 시작을 알린다.
② html은 반드시 대소문자를 구별한다.
③ 〈body〉는 본문이 들어가고 각종 태그를 포함할 수 있다.
④ 〈head〉〈/head〉 안에 〈TITLE〉: 문서 제목이 들어갈 수 있다.

09 다음 중 전송 오류 검출 방식이 아닌 것은?

① CRC 방식
② 패리티 검사 방식
③ 정마크 부호 방식
④ CSMA/CD 방식

10 다음 중 호스트나 라우터의 오류상태 통지 및 예상치 못한 상황에 대한 정보를 제공할 수 있게 하는 인터넷 프로토콜로 옳은 것은?

① ICMP
② ARP
③ RARP
④ IP

11 다음은 여러 가지 교환방식의 특징 중 "연결 설정"에 대해 나타내었다. 다음 ㉠, ㉡ 중 ( ) 안에 들어갈 알맞은 내용을 차례대로 나열한 것은?(단, ㉠은 필요, ㉡은 불필요로 한다)

구분	회선교환	메시지교환	데이터그램 패킷교환
연결 설정	( )	( )	( )

① ㉠, ㉡, ㉠
② ㉡, ㉠, ㉡
③ ㉠, ㉠, ㉡
④ ㉠, ㉡, ㉡

12 UNIX 파일 시스템 구조에서 디렉토리별 디렉토리 엔트리와 실제 파일에 대한 데이터가 저장된 블록은?

① I-node 블록
② 슈퍼 블록
③ 데이터 블록
④ 부트 블록

13 다음 중 선택한 필드에서 중복되는 결과값은 한 번만 표시할 수 있도록 하는 SELECT 문의 조건부로 옳은 것은?

① DISTINCT   ② UNIQUE
③ ONLY   ④ *

14 밑줄 친 부분과 의미가 가장 가까운 것은?

> It is not economically feasible to take gold out of sea water.

① flexible
② important
③ impossible
④ practicable

15 다음 빈칸에 들어갈 표현으로 가장 적절한 것은?

> A : Jim's still making very basic mistakes on the job.
> B : I know. The time has come to let him go.
> A : You don't want to give him one last chance?
> B : _____

① Better not to hire someone so inexperienced.
② No, I'd rather leave it up to Jim.
③ He'd have to make a huge mistake for that to happen.
④ There's no use in dragging things out.

16 다음 빈칸에 들어갈 표현으로 가장 적절한 것은?

> A : Hey, my poor buddy! What's the problem?
> B : You know I took over this presentation all of a sudden. And tomorrow is the due date for the presentation. I couldn't even start it yet.
> A : Look! I'm here for you. _____

① Everything's up in the air.
② What does it have to do with me?
③ You'd better call a spade a spade.
④ What are friends for?

17 다음 빈칸에 들어갈 말로 가장 적절한 것은?

> A : Pardon me, but could you give me a hand, please?
> B : _____
> A : I'm trying to find the post office. I'd like to send this package.
> B : It's on the third floor.
> A : How can I get up there?
> B : Take the elevator around the corner.

① Sure. Can I help you with anything?
② We have no idea how to handle this situation.
③ Would you mind telling us who is in charge?
④ Yes. I could use some help around here.

18 다음 글의 내용과 일치하지 않는 것은?

2014 계리직 20번

The modern post office uses a self-service kiosk that gives postal patrons a do-it-yourself option for a variety of postal services. The kiosk can be used to purchase stamps and print postage for express, priority, first-class mail and parcel postage. It is also a good fit, especially for soldiers in training who may only have the chance to use the post office after business hours. The post office is hoping the kiosk will help shorten the postal service lines, especially at lunchtime. This new tool supplements post office employees to help patrons get in and out more quickly.

① The kiosk is expected to shorten the postal service lines.
② The kiosk gives a self-service for postal patrons.
③ The kiosk is useful for soldiers especially at lunchtime.
④ The kiosk can be used to print postage for priority.

19 문맥을 고려할 때, 빈칸 ⓐ에 들어갈 알맞은 단어는?

2014 계리직 19번

Multi-national companies have tried to put processes in place that are scalable; that is, they have to work for large groups across a big organization. But when things have to get done quickly, companies need to break free of the bureaucracy. In fact, many other companies decide to set up innovative projects to do just this: they pull a team out of the normal workflow, giving them permission to manage the rules flexibly, to free them to think and work differently. In short, such scalable processes sometimes are not necessarily (ⓐ).

① commendable
② deniable
③ incredulous
④ unjustifiable

20 다음 글에서 주장하는 영어 학습에서 가장 중요한 것은?

One of the most common errors in language learning is the failure to practice hearing. If you want to be a good speaker, try to listen. A poor listener can never make a good speaker. Watch the process by which a baby learns to speak his mother tongue. He starts to learn it solely by hearing. Also, remember that you can sing a song with ease after you have heard it over and over again.

① 읽기 연습
② 듣기 연습
③ 말하기 연습
④ 발음 연습

인생이란 결코 공평하지 않다. 이 사실에 익숙해져라.

- 빌 게이츠 -

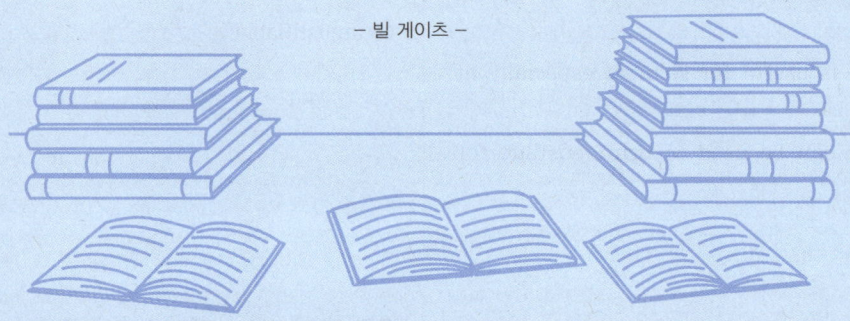

우정 9급 계리직 공무원 전과목 최종모의고사

정답 및 해설

제1회	정답 및 해설
제2회	정답 및 해설
제3회	정답 및 해설
제4회	정답 및 해설
제5회	정답 및 해설

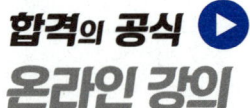 

보다 깊이 있는 학습을 원하는 수험생들을 위한
시대에듀의 동영상 강의가 준비되어 있습니다.
www.sdedu.co.kr ➜ 회원가입(로그인) ➜ 강의 살펴보기

제1회 정답 및 해설

문제편 p.003

01 우편일반

01	02	03	04	05	06	07	08	09	10
④	④	③	②	③	③	②	③	③	①
11	12	13	14	15	16	17	18	19	20
④	①	④	②	①	④	③	③	②	③

01   정답 ④
출제 영역 | 국내우편 총론
[정답해설]
④ 방문 접수와 집배원이 접수한 경우에는 영수증을 교부한 때가 계약 성립시기가 된다.

02   정답 ④
출제 영역 | 우편서비스 종류와 이용조건
[정답해설]
④ 표면 및 내용물은 특정부분 튀어나옴·눌러찍기·돋아내기·구멍뚫기 등이 없이 균일해야 함이 원칙이지만, 종이·수입인지 등을 완전히 밀착하여 붙인 경우나 점자 기록은 허용한다.
[오답해설]
① 봉투의 가로 크기가 최소 140mm, 최대 235mm(허용 오차 ±5mm)인 경우에 규격으로 취급한다.
② 무게가 최소 3g에서 최대 50g, 두께가 누르지 않은 자연 상태에서 최소 0.16mm에서 최대 5mm인 경우에는 규격으로 취급한다.
③ 봉투의 모양이 직사각형 형태로 재질이 종이인 경우 규격으로 취급하며, 색깔은 규격요건 사항에 포함되지 않는다.

03   정답 ③
출제 영역 | 우편서비스 종류와 이용조건
[정답해설]
옳은 것은 ㄱ, ㄴ, ㄷ, ㅁ으로 총 4개이다.
ㄱ. 익일특급 : 접수한 다음 날 배달
ㄴ. 등기소포 : 접수한 다음 날 배달
ㄷ. 등기소포의 제주선편 : D+2일(D : 우편물 접수한 날)
ㅁ. 민원우편 : 익일특급의 배달방법에 따라 신속히 송달

[오답해설]
ㄹ. 통상우편물(등기포함), 일반소포 : 접수한 다음 날부터 3일 이내

04   정답 ②
출제 영역 | 국내우편물의 부가서비스
[정답해설]
ㄱ. 선납통상라벨은 시간이 경과하면 인쇄상태가 흐려질 수 있으므로 유효기간* 내 사용을 권장하며, 다만 유효기간이 경과하더라도 고객 요청 시 재출력이 가능하다.
 * 유효기간(권장사용기간) : 구입 후 1년 이내 사용
ㄹ. 선납라벨 구매 취소 및 환불은 구매 당일에 한해 구매자가 영수증을 소지하여 판매한 우체국에 방문 시 환불이 가능하다(부분 환불 불가).
[오답해설]
ㄴ. 선납등기(선택등기, 준등기) 라벨의 경우 유효기간 경과에 따른 고객의 라벨 재출력 요청 시 판매일자 기준으로 1년, 2년, 3년 중 유효기간을 연장 선택하여 처리한다.
ㄷ. 선납라벨 훼손 정도가 심각하여 판매정보(발행번호, 바코드 등)의 식별이 불가능한 경우에는 재출력(교환)이 불가하다.

05   정답 ③
출제 영역 | 국내우편물의 부가서비스
[정답해설]
③ 외화등기의 취급 금액은 최소 10만원 이상 150만원 이하이다(원화 환산 시 기준, 지폐만 가능).

06   정답 ③
출제 영역 | 그 밖의 우편서비스
[정답해설]
③ 준등기우편의 배달기한은 접수한 다음 날부터 3일 이내이며, 전송 시 준등기 우편물로 처리한다. 반송 및 반환 시에는 일반 우편물로 처리한다.

07   정답 ②
출제 영역 | 우편에 관한 요금
[정답해설]
② 담보금 제공을 전액 면제받은 후 2년 안에 요금납부를 2회 체납한 경우 담보금 제공의 50%만 면제이다.

> **더 알아보기** 요금후납 담보금 제공 면제의 취소
>
> - 담보금 제공을 면제받은 후 2년 안에 요금납부를 2회 체납한 경우
>   - 담보금 1/2 면제 대상인 경우 담보금 제공 면제 취소
>   - 담보금 전액 면제 대상인 경우 담보금 제공 1/2 면제
> - 담보금 제공을 면제받은 후 2년 안에 요금납부를 3회 이상 체납한 경우 : 담보금 제공 면제 취소
> - 우체국소포 및 국제특급(EMS) 계약자인 경우
>   - 신용보증 및 신용조사 전문기관의 평가 결과가 B등급 미만으로 떨어진 경우
>   - 면제 받은 후 납부기준일부터 요금을 1개월 이상 체납한 경우
>   - 면제 받은 후 연속 2회 이상 체납하거나, 최근 1년 안에 3회 이상 체납한 경우
> - 계약우체국장은 체납을 이유로 면제 취소를 받은 사람에 대해서 담보금 면제 혜택을 2년간 금지할 수 있다.

08 정답 ③

출제 영역 | 우편에 관한 요금

정답해설

ㄱ. 집배코드를 사용하여 배달국 번호 또는 배달국-집배팀 번호별로 구분하여 제출해야 한다.
ㄷ. 우편물 제출 시(최초) 비영리민간단체는 주무장관이나 시·도지사에게 등록된 비영리민간단체 등록증 사본을 제출해야 한다.
ㄹ. 접수국별 접수신청서는 서면으로, 접수목록표는 파일(엑셀)로 제출한다.

오답해설

ㄴ. 1묶음은 100통 이내로 하여야 하며, 그 두께는 20cm를 초과할 수 없다.

09 정답 ③

출제 영역 | 손해배상 및 손실보상

정답해설

③ 「우편법」 제4조 제1항에 의한 조력자의 경우에는 일반노무비, 교통비, 도움에 소요된 실비를 보상한다.

> **운송원 등의 조력 청구권(「우편법」 제4조 제1항)**
> 우편업무를 집행 중인 우편운송원, 우편집배원과 우편물을 운송 중인 항공기·차량·선박 등이 사고를 당하였을 때에 우편운송원, 우편집배원 또는 우편관서의 공무원으로부터 도와줄 것을 요구 받은 자는 정당한 사유 없이 그 요구를 거부할 수 없다. 이 경우 우편관서는 도움을 준 자의 청구에 따라 적절한 보수를 지급하여야 한다.

오답해설

① 손실보상 청구는 그 사실이 있었던 날부터 1년 이내에 청구하여야 한다.
② 보수와 손실보상금액은 현금으로 일시불로 지급해야 한다.
④ 보수 또는 손실보상의 결정에 대하여 불복하는 사람은 그 통지를 받은 날부터 3개월 이내에 소송을 제기할 수 있다.

10 정답 ①

출제 영역 | 우편업무 규정

정답해설

우편물 발송의 우선순위(「우편업무 규정」 제265조)
1편의 운송편에 발송 또는 운송할 우편물량이 많아서 일시에 발송 또는 운송할 수 없을 경우에는 다음의 규정 순위에 의하여 처리하여야 한다.
- 1순위 : EMS우편물
- 2순위 : 익일특급우편물, 등기소포우편물, 일반등기·선택등기우편물 및 준등기우편물, 국제항공우편물
- 3순위 : 일반소포우편물, 일반통상우편물, 국제선편우편물

11 정답 ④

출제 영역 | 발착 및 운송작업

정답해설

④ 주소와 우편번호가 적정한 위치에 선명하게 인쇄된 우편물은 규격에 적합하므로 기계구분 우편물로 분류가 가능하다.

기계구분 불가능 우편물
- 주소와 우편번호를 기재하지 않은 우편물
- 주소와 우편번호를 기록한 위치가 적정하지 않은 우편물
- 주소와 우편번호를 손 글씨로 흘려 쓴 우편물
- 주소와 우편번호 문자 선명도가 낮은 우편물
- 우편물 표면이 균일하지 아니한 우편물(도장, 동전, 병 덮개 등을 넣은 우편물)
- 봉투 색상이 짙은 우편물
- 봉투의 끝부분이 접혀있거나 봉함되지 아니한 우편물
- 스테이플러, 핀 등으로 봉투를 봉함한 우편물
- 내용물의 글씨가 봉투에 비치는 우편물
- 둥근 소포, 쌀자루 및 취약소포 등

12 정답 ①

출제 영역 | 우편물 수집 및 배달

정답해설

① 등기취급우편물 배달 시 수령인이 본인이 아닌 경우에는 수취인과의 관계를 정확히 기록하여야 하고, 실제 우편물을 수령한 수령인을 반드시 입력한다. 대리인이 수령할 때 수취인 이름으로 서명은 금지한다.

13 정답 ④

출제 영역 | 우편물 수집 및 배달

오답해설

ㄱ. 통상구 집배원은 관할 배달구역 내에 설치된 우체통에 투함된 우편물을 1일 1회 수집한다.
ㄷ. 지갑은 재산물건과 비재산물건이 포함된 습득물이므로 경찰관서로 보낸다. 만일 1개의 지갑 안에 신분증 등 여러 종류의 물건이 있을 경우에는 그 내용을 모두 적어야 한다.

14 정답 ②

출제 영역 | 국제우편 총설

오답해설

ㄴ. 국제우편물류센터와 부산국제우체국은 통관국과 통상국의 업무를 겸하고 있으나, 인천해상교환우체국은 통상국 업무를 하지 않는다.
ㄹ. 인천해상교환우체국은 해상특송우편물, 복합환적우편서비스의 교환업무를 담당하며, 국제우편의 관문 구실을 한다.

15 정답 ①

출제 영역 | 국제우편 총설

정답해설

국제우편 인쇄물로 접수가 불가능한 것은 ㄷ, ㅁ, ㅂ, ㅅ이므로 모두 4개이다.

인쇄물 접수 물품
- 국제우편 인쇄물 접수가 가능한 물품 : 서적, 정기간행물, 홍보용 팸플릿, 잡지, 상업광고물, 달력, 사진, 명함, 도면 등
- 국제우편 인쇄물 접수가 불가한 물품 : CD, 비디오테이프, OCR, 포장박스, 봉인한 서류

16 정답 ④

출제 영역 | 국제우편 총설

정답해설

④ 현실적이고 개인적인 통신문과 같은 성질의 그 밖의 서류 동봉이 가능하다. 다만, 그러한 서류는 해당 소형포장물의 발송인이 아닌 다른 발송인이 작성하거나 다른 수취인 앞으로 주소를 쓸 수 없다.

17 정답 ③

출제 영역 | 국제우편물 종별 접수요령

정답해설

③ 보험소포의 보험가액은 소포우편물 내용물의 실제 가격을 초과할 수 없지만, 소포우편물 가격의 일부만을 보험에 가입하는 것은 허용된다.

18 정답 ③

출제 영역 | 국제우편물 종별 접수요령

정답해설

③ 국제특급우편물(EMS) 보험취급수수료는 보험가액 최초 65.34SDR 또는 최초 114,300원까지 2,800원을 적용하고, 보험가액 65.34SDR 또는 114,300원 초과마다 550원을 추가한다. 따라서 〈보기〉의 보험취급수수료를 계산하면 최초 114,300원까지의 2,800원에 550원이 추가된다.

19 정답 ②

출제 영역 | 국제우편요금

정답해설

② 수취인이 우편물을 받을 때 납부하고 후납 취급도 가능하다. 요금은 인쇄물(봉투)은 1,100원, 엽서는 500원이다.

20 정답 ③

출제 영역 | 국제우편물 및 국제우편요금의 반환

정답해설

③ 외국으로 발송하는 부가취급되지 아니한 통상우편물이 우편관서의 취급과정에서 파손된 경우 국제우편요금반환 요건에 해당한다.

02 예금일반

01	02	03	04	05	06	07	08	09	10
③	③	④	③	④	①	③	④	③	②
11	12	13	14	15	16	17	18	19	20
③	①	②	③	③	④	④	④	③	①

01　　정답 ③
출제 영역 | 금융경제 일반

오답해설
① 기업부문은 생산의 주체로서 노동, 자본, 토지라는 생산요소를 투입하여 재화와 용역(서비스)을 생산하며, 그 결과로 창출한 생산량이 투입량을 초과하면 이윤(profit)을 얻는다.
② 생산과정에 투입되는 생산요소에는 노동인 인적 요소와 토지와 자본인 물적 요소가 있다.
④ 재화와 용역(서비스)을 생산하는 주된 주체는 기업이다.

02　　정답 ③
출제 영역 | 우체국금융 상품

정답해설
③ 우체국 행복지킴이통장은 저소득층 생활안정 및 경제활동 지원 도모를 목적으로 한다. 또한 국가에서 지급하는 각종 복지급여 수급자를 대상으로 기초생활보장, 기초(노령연금), 장애인 연금, 장애(아동) 수당 등 압류방지 수급금에 한해 입금이 가능한 압류방지 전용 통장이다.

오답해설
① 우체국은 예금상품 개발 시 수익성, 공공성, 안정성, 소비자보호 이 4가지를 고려한다.
② 시니어 싱글벙글 정기예금은 여유자금 추가입금과 긴급자금 분할해지가 가능한 정기예금으로 만 50세 이상 중년층 고객을 위한 우대금리 및 세무, 보험 등 부가서비스를 제공한다.
④ '건설올패스' 이용고객을 우대하는 전용통장은 건설업에 종사자를 대상으로 한 우체국 건설하나로 통장이다. 우체국 정부보관금통장은 가입대상이 출납공무원이 배치된 국가기관으로 정부보관금의 효율적인 자금관리를 위한 전용 통장이다.

03　　정답 ④
출제 영역 | 우체국금융 서비스

정답해설
④ 송금에 약 10분이 소요되는 것은 유로지로 해외송금이 아니라 머니그램 특급송금이다. 유로지로 해외송금은 송금에 약 3~5영업일이 소요된다.

04　　정답 ③
출제 영역 | 우체국금융 상품

정답해설
③ 우체국 마미든든 적금은 일하는 기혼 여성 및 다자녀 가정 등 워킹맘을 우대하고, 다문화·한부모 가정 등 목돈마련 지원과 금융거래 실적 해당 시 우대혜택이 커지는 적립식 예금이다. 우체국 수시입출식 예금에서 이 적금으로 월 30만원 이상 자동이체 약정 시 우체국 쇼핑 할인쿠폰을 제공한다.

05　　정답 ④
출제 영역 | 우체국금융 상품

정답해설
④ 우체국 체크카드는 회원이 가입신청서를 작성하여 카드 발급을 요청하면 우체국에서 이를 심사하여 금융단말기에 등록하고, 카드를 교부함으로써 효력이 발생한다. 단, 위탁업체를 통하여 후 발급받은 경우에는 카드 수령 후 회원 본인이 우체국 창구 방문, 인터넷뱅킹, 우체국뱅킹, ARS을 통하여 사용 등록하여야 효력이 발생한다.

06　　정답 ①
출제 영역 | 내부통제 및 금융소비자 보호

정답해설
① 고액현금거래보고제도(CTR ; Currency Transaction Report)는 일정금액 이상의 현금 거래를 KoFIU에 보고토록 한 제도이다. 1거래일 동안 1천만원 이상의 현금을 입금하거나 출금한 경우 거래자의 신원과 거래일시, 거래금액 등 객관적 사실을 전산으로 자동보고토록 하고 있다. 우리나라는 2006년 처음 도입하여 도입 당시는 보고 기준금액을 5천만원으로 하였으나, 2008년부터는 3천만원, 2010년부터는 2천만원, 2019년 7월부터는 1천만원으로 단계적으로 인하하여 운영하고 있다.

07　　정답 ③
출제 영역 | 금융경제 일반

정답해설
③ 금융시장이 발달하면 금융자산의 환금성이 높아지고 유동성 프리미엄이 낮아짐으로써 자금수요자의 차입비용이 줄어들게 된다.

08　　정답 ④
출제 영역 | 금융회사와 금융상품

정답해설
④ 풋옵션의 매입자는 장래의 일정 시점 또는 일정기간 내에 특정 기초자산을 정해진 가격으로 매도할 수 있는 권리를 가진다.

09 정답 ③

출제 영역 | 저축과 금융투자에 대한 이해

오답해설
ㄱ. 우선주와 채권은 회사경영에 대한 의결권을 미부여하는 유사점이 있으나 우선주 배당금은 회계기간 종료 후 지급하고 채권의 이자는 3개월마다 지급하는 차이점이 있다.
ㄹ. 신주인수권부사채는 보유자에게 유리한 선택권이 주어지기 때문에 다른 조건이 같다면 일반사채에 비해 낮은 금리로 발행된다.

10 정답 ②

출제 영역 | 저축과 금융투자에 대한 이해

주식과 채권의 비교

구분	주식	채권
발행자	주식회사	정부, 지자체, 특수법인, 주식회사
자본조달 방법	자기자본	타인자본
증권소유자의 지위	주주	채권자
소유로부터의 권리	결산 시 사업이익금에 따른 배당을 받을 권리	확정이자 수령 권리
증권 존속기간	발행회사와 존속을 같이하는 영구증권	기한부증권 (영구채권 제외)
원금상환	없다	만기 시 상환
가격변동위험	크다	작다

11 정답 ③

출제 영역 | 금융회사와 금융상품

정답해설
③ MMF는 고객의 돈을 모아 주로 CP(기업어음), CD(양도성예금증서), RP(환매조건부채권), 콜(call) 자금이나 잔존만기 1년 이하의 안정적인 국공채로 운용하는 실적배당상품이다. 시장금리부 수시입출금식예금(MMDA ; Money Market Deposit Account)은 고객이 우체국이나 은행에 맡긴 자금을 단기금융상품에 투자해 얻은 이익을 이자로 지급하는 구조로 되어 있어 시장실세금리에 의한 고금리가 적용되고 입출금이 자유로우며 각종 이체 및 결제기능이 가능한 단기상품이다.

12 정답 ①

출제 영역 | 저축과 금융투자에 대한 이해

오답해설
ㄴ. 할인채에 대한 설명이다. 이표채는 채권의 권면에 이표(coupon)가 붙어 있어 이자지급일에 이표를 떼어 이자를 지급받는 채권으로서, 외국의 경우 6개월마다 이자를 지급하지만 우리나라는 보통 3개월 단위로 이자를 지급한다.
ㄹ. 회사채의 경우 대부분 기업의 설비투자 용도로 발행되므로 투자자의 환금성 보장을 위해 반드시 유통시장이 있어야 한다.

13 정답 ②

출제 영역 | 우체국금융 서비스

인터넷 뱅킹 보안등급별 자금이체 한도

구분		보안등급		
		안전등급	일반등급	기본등급
인터넷 뱅킹 모바일 뱅킹	개인 1회	1억원	1천만원	3백만원 (인터넷뱅킹) 1천만원 (모바일뱅킹)
	개인 1일	5억원	5천만원	3백만원 (인터넷뱅킹) 1천만원 (모바일뱅킹)
	법인 1회	10억원	–	–
	법인 1일	50억원	–	–
	법인(별도계약1)) 1회	10억원	–	–
	법인(별도계약1)) 1일	무제한	–	–

1) 법인 별도계약을 통해 한도 초과 약정을 하고자 할 경우 안전등급의 거래이용수단을 이용하고 관할 지방우정청장의 승인을 받아야 함
※ 인터넷·모바일의 1일 자금이체한도는 합산하여 처리됨
※ 인터넷뱅킹의 기본등급은 본인거래(본인 우체국계좌 거래, 공과금 납부 등)에 한하여 적용
※ 전화번호이체, 주소송금(경조금배달), 기부금송금의 이체한도는 1회 200만원/1일 300만원 적용(해당 이체한도는 합산하여 적용되며, 우체국페이 이체한도와 별도 적용됨)

14 정답 ③

출제 영역 | 예금업무 개론

정답해설
③ 금융회사가 실제로 받은 금액보다 과다한 금액으로 통장 등을 발행한 경우, 실제로 입금한 금액에 한하여 예금계약이 성립하고 초과된 부분에 대하여는 예금계약이 성립하지 않는다.

15 정답 ③

출제 영역 | 금융경제 일반

오답해설
ㄱ. 자금수요는 주로 가계소비, 기업투자 등에 영향을 받고 자금공급은 가계의 저축, 한국은행의 통화정책 등에 영향을 받는다.
ㄹ. 돈의 공급은 주로 가계에 의해 이루어지는데 가계의 소득이 적어지거나 소비가 늘면 돈의 공급이 줄어들어 금리가 오르게 된다.

16 정답 ④

출제 영역 | 예금업무 개론

정답해설
④ 등기가 이루어지지 않은 외국회사는 계속적 거래는 할 수 없으므로(「상법」 제616조), 계속적 거래를 전제로 하는 당좌계좌개설은 허용되지 않는다.

17 정답 ④

출제 영역 | 내부통제 및 금융소비자 보호

오답해설
① 실명확인자는 실명확인 업무에 대한 권한·의무가 주어진 영업점(본부의 영업부서 포함) 직원(계약직, 시간제 근무자, 도급직 포함)이다.
② 금융회사 등의 임원 및 직원이 아닌 업무수탁자(대출모집인, 카드모집인, 보험모집인, 공제모집인 등) 등은 실명확인을 할 수 없다.
③ 비대면 실명확인 적용 대상자는 명의자 본인에 한정하고 대리인은 제외되며 인정 대상 실명확인증표는 주민등록증, 운전면허증(모바일운전면허증 포함) 및 여권 또는 외국인등록증, 국가보훈등록증(모바일국가보훈등록증 포함)이다.

18 정답 ④

출제 영역 | 예금업무 개론

정답해설
④ 유언의 방식 중 공정증서 또는 법원의 검인을 받은 구수증서에 의한 것이 아닌 경우에는 가정법원의 유언검인심판서를 징구하여 유언의 적법성 여부를 확인하여야 한다.

19 정답 ③

출제 영역 | 우체국금융 상품

오답해설
① 챔피언정기예금은 가입기간 및 이자지급방식을 자유롭게 선택할 수 있는 고객맞춤형 정기예금이다.
② e-Postbank정기예금은 인터넷뱅킹, 스마트뱅킹으로 가입이 가능한 온라인 전용상품으로 온라인 예·적금 가입, 자동이체약정, 체크카드 이용실적에 따라 우대금리를 제공하는 정기예금이다.
④ 우체국 소상공인 정기예금은 소상공인·소기업 대표자를 대상으로 노란우산공제에 가입하거나 우체국 수시입출식 예금 실적에 따라 우대금리를 제공하는 서민자산 형성 지원을 위한 공익형 정기예금이다.

20 정답 ①

출제 영역 | 금융회사와 금융상품

정답해설
① 가입자가 자금여유가 있을 때 금액이나 입금횟수에 제한 없이 입금할 수 있는 적립식 상품은 자유적금이다.

> **더 알아보기 정기적금**
>
> - 계약금액과 계약기간을 정하고 예금주가 일정 금액을 정기적으로 납입하면 만기에 계약금액을 지급하는 적립식 예금으로, 푼돈을 모아 목돈을 마련하는 데 적합한 가장 보편적인 장기 금융상품이다.
> - 필요 시 적금을 담보로 납입한 적금잔액의 일정범위(통상 95%) 이내에서 대출을 받을 수 있다.
> - 정기적금이나 정기예금은 예치기간이 정해져 있어서 보통 예금보다 이자가 많지만 유동성은 낮다.
> - 만기 이전에 해약을 하게 되면 약정한 이자보다 훨씬 낮은 이자를 지급받거나 경우에 따라서는 이자가 없을 수도 있다. 또 만기 후에는 적용금리가 가입 당시 또는 만기일 당시 약정이율의 1/2 이하로 크게 낮아지는 데 유의하여야 한다.
> - 정기적금의 계약액은 '원금 + 이자 = 월 저축금 × 계약기간(월) + 세전이자'이며 세전이자는 '월 저축금 × 이율 × $\frac{계약기간 \times (계약기간+1)}{2} \times \frac{1}{12}$'이다.

03 보험일반

01	02	03	04	05	06	07	08	09	10
③	④	③	③	④	③	①	③	②	③
11	12	13	14	15	16	17	18	19	20
②	③	④	②	①	①	②	①	②	③

01　　　　　　　　　　　　　　　　　　정답 ③
출제 영역 | 우체국보험 상품

[정답해설]
③ 필요에 따라 종합형·질병형·상해형 중 한 가지 형태를 선택하여 가입 가능하다.

02　　　　　　　　　　　　　　　　　　정답 ④
출제 영역 | 보험계약법(인보험편)

[오답해설]
ㄱ. 계약을 체결한 날부터 3년이 지났을 때
ㄴ. 체신관서가 그 사실을 안 날부터 1개월 이상 지났거나 또는 보장개시일부터 보험금 지급사유가 발생하지 않고 2년(진단계약의 경우 질병에 대하여는 1년)이 지났을 때

더 알아보기　고지의무위반에 대해 해지할 수 없는 경우
- 보험자가 계약 당시에 고지의무 위반사실을 알았거나 과실로 알지 못한 경우
- 보험자가 고지의무 위반사실을 안 날로부터 1개월 이상 지났거나 보장개시일부터 보험금 지급사유가 발생하지 않고 2년 이상 지났을 때
- 계약을 체결한 날부터 3년이 지났을 때
- 보험을 모집한 자(이하 '모집자 등'이라 함)가 계약자 또는 피보험자에게 고지할 기회를 주지 않았거나 계약자 또는 피보험자가 사실대로 고지하는 것을 방해한 경우, 계약자 또는 피보험자에게 사실대로 고지하지 않게 하였거나 부실한 고지를 권유했을 때. 다만, 모집자 등의 행위가 없었다 하더라도 계약자 또는 피보험자가 사실대로 고지하지 않거나 부실한 고지를 했다고 인정되는 경우에는 계약을 해지하거나 보장을 제한할 수 있다.

03　　　　　　　　　　　　　　　　　　정답 ③
출제 영역 | 우체국보험 상품

[오답해설]
ㄱ. 장애인 부모의 부양능력 약화 위험 및 장애아동을 고려하여 20세부터 연금수급이 가능하다.
ㄷ. 배당상품으로 향후 운용이익금 발생 시 배당혜택이 제공된다.

04　　　　　　　　　　　　　　　　　　정답 ③
출제 영역 | 우체국보험 상품

[정답해설]
옳은 것은 ㄱ, ㄴ, ㄷ으로 총 3개이다.

[오답해설]
ㄹ. 무배당 우체국하나로OK건강종신보험 2402는 주계약 사망보험금을 통한 유족 보장과 특약 가입을 통한 건강, 상해, 중대 질병·수술, 3대 질병을 보장한다.

05　　　　　　　　　　　　　　　　　　정답 ④
출제 영역 | 우체국보험 상품

[오답해설]
① 최초 납입일로부터 납입기간이 5년 이상인 월적립식 계약일 것
② 최초로 보험료를 납입한 날부터 만기일 또는 중도해지일까지의 기간이 10년 이상
③ 최초 납입일로부터 매월 납입하는 기본보험료가 균등(최초 계약 기본보험료의 1배 이내로 기본보험료를 증액하는 경우 포함)하고 기본보험료의 선납기간이 6개월 이내

06　　　　　　　　　　　　　　　　　　정답 ③
출제 영역 | 생명보험 이론

[정답해설]
ㄴ. 피보험자에 해당하는 기본공제 대상자는 본인을 포함한 부양가족으로 근로소득자 본인에 대해서는 별도의 요건이 없으나, 배우자 및 부양가족 등은 근로소득자 본인이 보험료를 납입하더라도 소득 및 연령 요건 미충족 시 세액공제를 받을 수 없다. 다만, 기본공제 대상자가 장애인일 경우 연령에 상관없이 소득금액 요건만 충족 시 세액공제가 가능하다.
ㄹ. 일용근로자를 제외한 근로소득자가 기본공제대상자를 피보험자로 하는 일반 보장성보험에 가입한 경우 과세기간에 납입한 보험료(100만원 한도)의 12%에 해당하는 금액을 종합소득산출 세액에서 공제받을 수 있다. 단, 장애인전용 보장성보험의 경우, 납입한 보험료(1년 100만원 한도)의 15%에 해당하는 금액을 해당 과세기간의 종합소득산출 세액에서 공제한다.

[오답해설]
ㄱ. 세액공제 대상을 근로소득자로 제한하고 있어 연금소득자 또는 개인사업자 등은 보장성 보험에 가입하더라도 세액공제를 받을 수 없다.
ㄷ. 과세기간 중 보장성보험을 해지할 경우 해지 시점까지 납입한 보험료에 대해 세액공제가 가능하며 이미 세액공제 받은 보험료에 대한 추징 또한 없다.

07　　　　　　　　　　　　　　　　　　정답 ①
출제 영역 | 우체국보험 상품

[정답해설]
① 우체국보험 암진단보험금 최고액 보장으로 암 진단 시 최대 4,000만원까지 보장하는 것은 무배당 우체국암케어보험 2406이다.

| 더 알아보기 | 무배당 우체국실속정기보험 2109의 특징 |

- 비갱신형으로 보험료 변경 없이 사망과 50% 이상 중증장해 보장
- 특약 선택 시 일상생활 재해 및 암, 뇌출혈, 급성심근경색증 추가 보장
- 고객 형편 및 목적에 맞게 순수형 또는 환급형 선택 가능
- 병이 있어도 3가지(건강 관련) 간편고지로 간편하게 가입 [2종(간편 가입)]
- 세제혜택 : 근로소득자는 납입한 보험료(연간 100만원 한도)에 대하여 12% 세액공제

08 정답 ③
출제 영역 | 우체국보험 모집 및 언더라이팅
[오답해설]
ㄱ. 전자청약이 가능한 계약은 가입설계일부터 10일(비영업일 포함) 이내에 한하여 전자청약을 할 수 있다.
ㄷ. 태블릿청약서비스가 이용 가능한 계약은 보험계약자가 성인이어야 한다.

09 정답 ②
출제 영역 | 생명보험 이론
[오답해설]
ㄴ. 예정사망률이 높아지면 사망보험의 보험료는 올라가고 생존보험의 보험료는 내려간다.
ㄹ. 예정사업비율이 낮아지면 보험료는 내려가고 예정사업비율이 높아지면 보험료는 올라간다.

10 정답 ③
출제 영역 | 우체국보험 상품
[정답해설]
③ 태아가 특약 가입 시 선천이상, 신생아 질병은 물론 산모 위험까지 보장이 가능하다.

| 더 알아보기 | 무배당 우체국더든든한자녀지킴이보험 2203의 특징 |

- 출생 시부터 최대 100세까지 꼭 필요한 보장만 담은 어린이 종합보험
- 태아부터 최대 20세까지 폭 넓게 가입 가능한 어린이보험
- 보험금 면책 및 감액기간 없이 가입 즉시 100% 보장
- 가입 목적 및 보험료 수준에 따라 1종(30세 만기) 또는 2종(80/100세 만기) (순수형/환급형) 중 선택하여 가입 가능
- 장해, 골절, 깁스 등 재해 관련 일상생활 위험을 주계약에서 기본 보장
- 태아가 특약 가입 시 선천이상, 신생아 질병은 물론 산모 위험까지 보장 가능

- 다양한 특약 구성으로 암 진단 및 치료(입원, 수술, 통원), 뇌·심장질환 진단, 질병·재해 입원 및 수술 등 고객의 필요에 따른 맞춤형 상품설계
- 성인 질환 진단·입원·수술 및 사망 보장까지 미래 성인기 대비 맞춤형 설계 가능
- 세제 혜택 : 근로소득자는 납입한 보험료(연간 100만원 한도)에 대하여 12% 세액공제

11 정답 ②
출제 영역 | 우체국보험 상품
[정답해설]
② 김현수씨의 연금 수령 개시 나이가 만 65세이고 연금 수령 10차 연도일 때 연금수령 나이는 만 70세 이상 만 80세 미만이므로 세율은 4.4%로 종신연금형 세율과 동일하다. 따라서 연금 수령 한도 이내 연간연금액인 12,000,000원은 4.4%의 연금 소득세율이 적용되고 연금 수령 한도 초과 연간연금액인 5,000,000원은 16.5%의 기타 소득세율이 적용되어 $12,000,000 \times 0.044 + 5,000,000 \times 0.165 = 1,353,000$(원)이 된다.

12 정답 ③
출제 영역 | 우체국보험 계약유지 및 보험금 지급
[오답해설]
ㄱ. 의료급여법상 의료급여 수급권자로서의 증명서류를 제출하면 실손의료비보험 영업보험료의 5%를 할인하고 있다. 계약 갱신 시 할인이 자동으로 적용되지 않으므로 증명서류를 반드시 제출해야만 할인이 적용되며 증명서류 제출 시에는 소급하여 할인이 적용된다.
ㄷ. 다자녀가구의 할인율은 두 자녀 0.5%, 세 자녀 이상 1%로 차등 적용하며 자동이체 할인과 중복할인이 가능하다.

13 정답 ④
출제 영역 | 생명보험 이론
[정답해설]
④ 보험설계사에 대한 설명이다. 보험중개사는 독립적으로 보험계약 체결을 중개하는 자로서 보험대리점과 달리 계약체결권, 고지수령권, 보험료 수령권에 대한 권한이 없다.

14 정답 ②
출제 영역 | 생명보험과 제3보험
[오답해설]
ㄴ. 질병보험의 보상한도는 진단비, 수술비에는 1회 보상한도 금액을 설정하고 있다. 입원의 경우에는 입원일수를 120일 또는 180일 등으로 한도를 정하고 있다.
ㄹ. 실손의료보험은 동일인이 여러 개를 가입해도 실제 손해액 이내로 보상하게 된다. 즉, 가입자가 다수의 실손의료보험을

가입하더라도 초과이익 금지를 위해 본인이 부담한 치료비를 상품별로 비례보상하게 되므로, 다수의 실손의료보험에 가입했다고 하더라도 치료비가 가입 상품 수만큼 지급되는 것은 아니다. 따라서 보험계약 체결 전 중복가입(기가입) 여부를 반드시 확인해야 한다.

15 정답 ①

출제 영역 | 우체국보험 모집 및 언더라이팅

[정답해설]
① 객관적인 근거 없이 다른 보험계약과 비교한 사항을 알리는 행위는 금지행위이다. 단, 「표시·광고의 공정화에 관한 법률」에 의하여 허용되는 경우는 제외한다.

> **더 알아보기** 보험계약의 체결 또는 모집에 관한 금지행위
> - 보험계약자 또는 피보험자에게 보험계약의 내용을 사실과 다르게 알리거나 그 내용의 중요한 사항을 알리지 아니하는 행위
> - 보험계약자 또는 피보험자에게 보험계약 내용의 일부에 대하여 비교대상 및 기준을 명시하지 아니하거나 객관적인 근거 없이 다른 보험계약과 비교한 사항을 알리는 행위(「표시·광고의 공정화에 관한 법률」에 의하여 허용되는 경우를 제외한다)
> - 보험계약자 또는 피보험자에 대하여 보험계약의 중요한 사항을 알리는 것을 방해하거나 알리지 아니할 것을 권유하는 행위
> - 보험계약자 또는 피보험자에게 체신관서에 대하여 중요한 사항에 관하여 부실한 사항을 알릴 것을 권유하는 행위
> - 보험계약의 청약 철회 또는 계약 해지를 방해하는 행위
> - 보험모집자가 보험계약자, 피보험자 또는 보험금을 취득할 자, 그 밖에 보험 계약에 관하여 이해관계가 있는 자일 경우 보험사기행위
> - 보험계약자, 피보험자 또는 보험금을 취득할 자, 그 밖에 보험계약에 관하여 이해관계가 있는 자로 하여금 고의로 보험사고를 발생시키거나 발생하지 아니한 보험사고를 발생한 것처럼 조작하여 보험금을 수령하도록 하는 행위
> - 보험계약자, 피보험자 또는 보험금을 취득할 자, 그 밖에 보험계약에 관하여 이해관계가 있는 자로 하여금 이미 발생한 보험사고의 원인, 시기 또는 내용을 조작하거나 피해의 정도를 과장하여 보험금을 수령하도록 하는 행위
> - 보험계약자 또는 피보험자로 하여금 이미 성립된 보험계약을 부당하게 소멸시킴으로써 새로운 보험계약을 청약하게 하거나 새로운 보험계약을 청약하게 함으로써 기존 보험계약을 부당하게 소멸시키거나 그 밖에 부당하게 보험계약을 청약하게 하거나 이러한 것을 권유하는 행위
> - 보험계약자 또는 피보험자에게 보험료의 할인 또는 기타 특별한 이익을 제공하거나 이를 약속하는 행위
> - 모집할 자격이 없는 자에게 모집을 하게 하거나 이를 용인하는 행위
> - 우체국보험 외에 다른 보험 사업자를 위하여 모집하는 행위
> - 우체국 보험상품의 판매를 거절하는 행위
> - 모집과 관련이 없는 금융거래를 통하여 취득한 개인정보(「신용정보의 이용 및 보호에 관한 법률」에서 정하는 정보를 말한다)를 미리 해당 개인의 동의를 받지 않고 모집에 이용하는 행위
> - 그 밖에 불완전판매 등에 대한 유형에 해당하는 행위

16 정답 ①

출제 영역 | 보험윤리와 소비자 보호

[정답해설]
① 보험소비자 권익 제고를 위해 신의성실, 공정한 영업풍토 조성, 보험관계 법규 준수 등 보험상품 판매 과정에서 준수해야 할 영업활동 기본원칙을 지킨다.

17 정답 ②

출제 영역 | 생명보험과 제3보험

제3보험 보장성에 따른 상품 분류
- 상해보험 : 생명보험의 재해보험, 손해보험의 상해보험 등
- 질병보험 : 진단보험, 암 보험, CI보험 등
- 간병보험 : 공적·민영 장기간 간병보험 등

18 정답 ①

출제 영역 | 생명보험 이론

[정답해설]
① 연간 소득금액이 100만원 이하인 배우자가 기본 공제대상자 요건에 해당한다.

> **더 알아보기** 기본 공제대상자 요건
>
> | 보험료 납입인 | 피보험자 | 소득금액 요건 | 연령 요건 | 세액공제 여부 |
> | --- | --- | --- | --- | --- |
> | 본인 | 부모 | 연간 100만원 이하 | 만 60세 이상 | 가능 |
> | 본인 | 배우자 | 연간 100만원 이하 | 특정 요건 없음 | 가능 |
> | 본인 | 자녀 | 연간 100만원 이하 | 만 20세 이하 | 가능 |
> | 본인 | 형제자매 | 연간 100만원 이하 | 만 20세 이하 또는 만 60세 이상 | 가능 |

19 정답 ②

출제 영역 | 우체국보험 계약유지 및 보험금 지급

오답해설

ㄴ. 보험금 지급청구 접수 시 사실증명 및 사고조사에 필요한 관계서류를 제출받아 보험금 지급의 적정여부를 심사한 후 약정한 보험금을 지급하는 것을 심사지급이라 한다. 즉시지급은 별도의 심사 또는 조사행위 없이 접수처리 즉시 보험금 등을 지급하는 것을 말한다.

ㄹ. 체신관서가 보험금 청구서류를 접수한 날부터 3영업일 이내에 보험금을 지급하거나 보험료 납입을 면제한다. 다만, 보험금 지급사유 또는 보험료 납입면제 사유의 조사나 확인이 필요한 때에는 접수 후 10영업일 이내에 보험금을 지급하거나 보험료 납입을 면제한다.

20 정답 ③

출제 영역 | 우체국보험 일반현황

정답해설

③ 우체국보험은 변액보험, 퇴직연금, 손해보험의 취급을 제한한다.

더 알아보기 우체국보험과 민영보험

구분	우체국보험	민영보험
보험료	상대적으로 저렴	상대적 고액
가입 한도액	• (사망) 4,000만원 • (연금) 연 900만원	제한 없음
지급보장	국가 전액 보장	동일 금융기관 내에서 1인당 최고 5천만원 (예금보험공사 보증)
운영방법	농어촌·서민 위주 전 국민 대상	도시 위주 전 국민 대상
사익추구	주주이익 없음 (국영사업)	주주이익 추구
취급제한	변액보험, 퇴직연금, 손해보험 불가	제한 없음
감독기관	과학기술정보통신부, 감사원, 국회, 금융위원회 등	금융위원회, 금융감독원
적용법률	• 우체국예금·보험에 관한 법률, 우체국보험특별회계법 • 보험업법(일부), 상법(보험 분야)	• 보험업법 • 상법(보험 분야)

04 컴퓨터일반(기초영어 포함)

01	02	03	04	05	06	07	08	09	10
③	②	④	③	①	④	②	①	①	④
11	12	13	14	15	16	17	18	19	20
①	③	②	①	①	④	③	④	③	②

01 정답 ③

출제 영역 | 관계형 데이터베이스

정답해설

③ 제1정규형, 제2정규형, 제3정규형 및 보이스 코드 정규형을 만족하면서 다치 종속을 제거해야 제4정규형이 될 수 있다.

오답해설

① 제3정규형(3NF)
② 제2정규형(2NF)
④ 보이스 코드 정규형(BCNF)

더 알아보기 정규형의 종류

- 제1정규형(1NF) : 모든 도메인이 원자값
- 제2정규형(2NF) : 부분 함수 종속 제거
- 제3정규형(3NF) : 이행적 함수 종속 제거
- 보이스 코드 정규형(BCNF) : 모든 결정자가 후보키의 조건(최소성·유일성)을 만족
- 제4정규형(4NF) : 다치 종속 제거
- 제5정규형(5NF) : 후보키를 통하지 않은 조인 종속 제거

02 정답 ②

출제 영역 | 컴퓨터의 개요

정답해설

CISC(Complex Instruction Set Computer)
- 연산에 처리되는 복잡한 명령어들을 수백 개 이상 탑재하고 있는 프로세서이다.
- 마이크로프로그래밍을 통해 사용자가 작성하는 고급언어에 각각 기계어를 대응시킨 회로 구성된 중앙처리장치이다.
- 데이터 경로, 마이크로프로그램 제어장치, 캐시, 메모리로 구성된 프로세서이다.
- 자주 사용하지 않는 명령어의 모든 셋을 갖춘 프로세서로 모든 요구 능력을 제공한다.
- 명령어 집합이 커서 많은 명령어를 프로그래머에게 제공하므로 프로그래머 작업은 쉽다.
- 마이크로 코드 설계가 매우 어렵다.

더 알아보기 폰 노이만 아키텍처와 하버드 아키텍처의 비교

구분	폰 노이만 아키텍처	하버드 아키텍처
목적	CPU는 한 번에 단일 명령어 실행 가능	병렬처리를 위해 메모리를 분리
메모리	하나의 메모리 공유	명령어, 데이터 메모리를 분리
프로세스	• 메모리 → 명령어 인출 → 메모리 → 명령어 해석 → 메모리 → 명령어 실행 → 메모리 저장 • 순차적으로 수행됨	• 명령어 메모리 → 명령어 인출 • 메모리 → 데이터 메모리 • 동시에 명령어와 데이터
장점	공용 메모리 사용으로 상대적 구현 비용 저렴	파이프라이닝 기술 사용을 위한 환경 제공
단점	파이프라이닝 기술 사용 시 메모리 공유문제 발생 (제어 헤저드 발생)	• 별도 메모리 사용으로 비용 증가 • 회로 구조가 복잡
적용 사례	일반적인 범용 CPU	• Microchip Technology의 PIC • Atmel AVR • 현재 범용 CPU(Intel 펜티엄 이후)

03   정답 ④

출제 영역 | 기억장치 관리

정답해설

④ 스레싱(Thrashing)이란 페이지 부재 빈도가 높아 CPU처리 빈도보다 페이지 교체시간이 더 많이 사용되는 현상을 말한다. 각 프로세스에 설정된 작업 집합 크기와 페이지 프레임 수가 매우 큰 경우 다중 프로그래밍 정도(Degree of Multiprogramming)를 낮춘다.

더 알아보기 워킹 셋(Working Set)

- Denning이 제안한 프로그램의 움직임에 관한 모델로 프로세스를 효과적으로 실행하기 위하여 주기억장치에 적재되어야 한다.
- 주기억장치에 적재되지 않으면 스레싱이 발생할 수 있다.
- 실행중인 프로세스가 CPU에 의해 일정 시간 동안 자주 참조되는 페이지(Page)들의 집합이다.
- 스레싱(Thrashing) 현상을 최소화하기 위한 이론으로 프로세스를 효과적으로 실행한다.

04   정답 ③

출제 영역 | 프로세스와 스레드

정답해설

③ SCAN : 현재 진행 중인 방향으로 가장 짧은 탐색 거리에 있는 요청을 먼저 처리하는 기법이다.

오답해설

① FCFS(First Come First Served) : 디스크 대기 큐에 가장 먼저 들어온 트랙에 대한 요청부터 순서대로 처리하는 기법이다.
② SSTF(Shortest Seek Time First) : 탐색 거리가 가장 짧은 트랙에 대한 요청을 먼저 처리하는 기법이다.
④ RR(Round Robin) : 프로세스 스케줄링으로 시간 할당량만큼의 CPU를 사용하여 요청을 처리하는 기법이다.

더 알아보기   C-SCAN

- 항상 바깥쪽에서 안쪽으로 움직이면서 가장 짧은 탐색 거리를 갖도록 처리하는 기법이다.
- 헤드는 트랙의 바깥쪽에서 안쪽으로 한 방향으로만 움직이며, 안쪽보다 기회가 적은 바깥쪽의 시간 편차를 줄인다.
- 헤드의 바깥쪽이 가운데보다 서비스 기회가 적은 점(SCAN의 단점)을 보완하며, 한쪽 요구를 모두 수용한 후 헤드를 가장 바깥쪽으로 이동시켜 안쪽에 수행한다(단방향).

05   정답 ①

출제 영역 | 제4차 산업혁명

정답해설

① IT에서의 데이터란 정보로서의 가치를 갖는 데이터에 국한되지만, 데이터 기술에서의 데이터는 정보로서의 가치 유무를 구분하지 않는다.

06   정답 ④

출제 영역 | 논리 회로

정답해설

④ 출력 값이 1인 값들을 곱의 합으로 표현한다.
$A'B'C' + A'BC + AB'C + ABC'$
$= A'B'C' + ABC' + A'BC + AB'C$: 교환법칙
$= (A'B' + AB)C' + (A'B + AB')C$
  : $A'B' + AB = A \odot B = (A \oplus B)'$, $(A'B + AB') = (A \oplus B)$
$= (A \oplus B)'C' + (A \oplus B)C$: $A \oplus B$와 $A \odot B$는 부정의 관계, 드모르간 법칙이다.
$= (A \oplus B) \odot C = A \oplus B \odot C$

07 정답 ②
출제 영역 | 멀티미디어

[정답해설]
② 데이터 기록=쓰기의 배속, 쓰기는 32배속으로 CD-RW 1배속 당 150KB이므로 150×32=4800KB, 1MB=1024KB이므로 약 4.8MB이다.

08 정답 ①
출제 영역 | 데이터 통신

[정답해설]
비동기식 전송(Asynchronous)
- Byte와 Byte를 구분하기 위해 문자의 앞뒤에 각각 Start Bit와 Stop Bit를 갖는다.
- 비트열이 전송되지 않을 때는 휴지상태(Idle Time)가 된다.
- 동기식보다 주로 저속도의 전송에 이용된다.
- 단거리 전송에 사용된다.
- Start Bit의 구성 - 1Bit
- Stop Bit의 구성 - 1Bit, 1/2Bit, 2Bit

> **더 알아보기 동기식 전송**
> - 문자 또는 비트들의 데이터 블록(프레임)을 일시에 송수신하는 방식이다.
> - 동기를 유지하기 위해 동기문자(Sync)를 계속적으로 전송된다.
> - Start Bit와 Stop Bit가 필요 없다.
> - 블록과 블록 사이에는 휴지시간이 없다.
> - 전송속도가 빠르다(2400bps 이상).
> - 주로 원거리 전송에 사용된다.
> - 단말기는 반드시 버퍼 기억장치를 내장하여야 한다.
> - 문자 동기 방식과 비트 동기 방식(프레임 동기 방식)이 있다.
> - 비트 동기 방식에서는 데이터 블록의 처음과 끝에 8비트의 플래그 비트(01111110)를 표시한다.

09 정답 ①
출제 영역 | 파일 관리

[정답해설]
파일 디스크립터
- 파일제어 블록이라고도 하며 실행시점에 파일을 관리하기 위해 운영체제가 필요로 하는 정보를 주기억장치에 보관하는 장소이다. 평소에는 보조기억장치에 존재하다 파일이 오픈되면 주기억장치로 이동한다. 파일 시스템이 관리하기 때문에 사용자가 직접 참조할 수 없다.
- 파일 디스크립터의 내용
  - 파일 이름, 파일 구조, 파일 크기, 파일의 ID번호, 파일의 수정 시간
  - 디스크 내 주소, 보조기억장치에서의 파일 위치, 보조기억장치의 유형
  - 접근 제어 정보, 접근 데이터와 파일의 접근 횟수
  - 생성 날짜와 시간, 삭제 시기와 시간, 최종 수정 날짜와 시간

10 정답 ④
출제 영역 | 기억장치 관리

[정답해설]
NUR은 두 개의 하드웨어 비트를 사용하여 교체될 페이지를 결정하는 방법으로 페이지가 사용될 때마다 그 페이지의 정보를 1과 0으로 변경 갱신하면 페이지를 결정하게 된다. 1은 최근에, 0은 오래 전에 사용한 페이지가 된다.
④ 호출된 지가 최근이고, 변형한 지가 최근이다. → 가장 나중에 교체

[오답해설]
① 호출된 지가 오래되었고, 변형한 지가 오래되었다. → 가장 처음에 교체
② 호출된 지가 오래되었고, 변형한 지가 최근이다.
③ 호출된 지가 최근이고, 변형한 지가 오래되었다.

11 정답 ①
출제 영역 | 프로세스 관리

[정답해설]
① 우선순위=(대기시간+서비스시간)/서비스시간 → 값이 클수록 우선순위가 높은 작업이다. A=(8+2)/2=5, B=(10+6)/6=2.666, C=(15+7)/7=3.142, D=(20+8)/8=3.5이다. 따라서 값이 가장 큰 A가 우선순위가 가장 높다.

12 정답 ③
출제 영역 | 소프트웨어 설계와 객체 지향

[정답해설]
캡슐화(Encapsulation)
- 데이터와 데이터를 조작하는 연산을 하나로 묶는 것을 의미함
- 연관된 데이터와 함수를 함께 묶어 외부와 경계를 만들고 필요한 인터페이스만을 밖으로 드러내는 과정
- 캡슐화의 특징 : 응집도 강해짐, 결합도 약해짐, 인터페이스의 단순화, 재사용 용이

13 정답 ②
출제 영역 | 소프트웨어 공학과 프로젝트

[정답해설]
효과적인 프로젝트 관리를 위한 3대 요소(3P)
- 사람(People)
- 문제(Problem)
- 프로세스(Process)

14
정답 ①

출제 영역 | 어휘 및 숙어

정답해설
① 밑줄 친 in conjunction with는 '~와 함께'의 뜻으로 이와 의미가 가장 가까운 것은 'in combination with(~와 결합하여)'이다.

오답해설
② ~에 비해서 ③ ~대신에 ④ ~의 경우

해석
사회적 관행으로서의 사생활은 다른 사회적 관행들과 함께 개인의 행위를 형성하므로 사회생활의 중심이 된다.

어휘
- shape 형성하다, 형태를 주다
- privacy 사생활
- practice 관행
- be central to ~의 중심이 되다

15
정답 ①

출제 영역 | 어휘 및 숙어

정답해설
① 빈칸 다음의 'addressee unknown(수취인 불명)'으로 미루어 문맥상 빈칸에는 '돌아오다'라는 의미의 단어가 들어가야 하는데, 빈칸 앞에 has가 있으므로, 빈칸에 들어갈 단어로 적절한 것은 '되돌아오다(return)'의 과거분사형인 'returned'이다.

오답해설
② ~을 보냈다(발송했다) ③ 생각해 냈다 ④ ~을 작성했다

해석
내 편지는 수취인 불명으로 되돌아왔다.

어휘
- addressee unknown 수취인 불명

16
정답 ④

출제 영역 | 회화

정답해설
④ 대화에서 남자가 'Inflammable things aren't allowed into the aircraft for safety reasons.'라고 하자 여자가 '그러면 다른 방법이 없을까요?'라고 물었다. 배편으로 보낼 수 있는데 45~60일 정도 걸린다는 남자의 말에 여자가 'I'd rather 'take out(꺼내다)' hairspray from my parcel and use EMS.'라고 했으므로, 여성 고객(W)이 결정한 일로 가장 알맞은 것은 'To mail her parcel without hairspray(소포에서 헤어스프레이를 빼고 우편으로 보낸다)'이다.

오답해설
① 소포를 배편으로 보낸다
② 공항 측에 항의한다
③ 다른 방법을 확인한다

해석
M : 무엇을 도와드릴까요?
W : 국제특급우편으로 호주에 소포를 보내려고 해요.
M : 알겠습니다. 안에 무엇이 들어있나요?
W : 옷, 화장품, 김, 그리고 헤어스프레이가 있어요.
M : 죄송합니다만, 헤어스프레이는 국제특급우편으로 보낼 수 없습니다.
W : 왜요?
M : 인화성 물질은 안전상의 이유로 항공기 반입이 허용되지 않습니다.
W : 그래요? 그럼, 다른 방법이 없을까요?
M : 배편으로 보낼 수 있지만, 45일에서 60일 정도 걸립니다.
W : 너무 오래 걸리네요. 차라리 헤어스프레이를 소포에서 빼고 국제특급우편으로 보낼게요.
M : 네, 다 됐습니다. 감사합니다.

어휘
- cosmetics 화장품
- seaweed (김, 미역 등의) 해조, 해초
- inflammable 가연[인화]성의, 불에 잘 타는
- mail (우편으로) 보내다[부치다]
- by sea 배편으로
- parcel 소포, (선물 등의) 꾸러미
- You're all set. 다 되셨어요, 다 끝났어요.

17
정답 ③

출제 영역 | 회화

정답해설
③ 빈칸 다음에서 B가 다시 환전할 때는 비용이 없으며 영수증만 가져오라고 대답했으므로 밑줄 친 부분에 질문으로 가장 적절한 것은 통화를 되파는 것과 관련된 'What's your buy-back policy(환매 정책은 어떻게 되죠)'이다.

오답해설
① 이거 얼마예요 ② 어떻게 지불하면 되나요 ④ 신용카드로 되나요

해석
A : 안녕하세요. 돈을 조금 환전해야 해요.
B : 예. 어떤 통화가 필요하신가요?
A : 달러를 파운드로 바꿔야 합니다. 환율이 어떻게 되나요?
B : 1달러당 0.73 파운드입니다.
A : 좋아요. 수수료를 떼시나요?
B : 예. 4달러의 소액의 수수료를 받습니다.
A : 환매 정책은 어떻게 되죠?
B : 저희는 무료로 매입합니다. 영수증만 챙겨 오시면 됩니다.

어휘
- currency 통화(각국의 나라에서 사용하는 돈)
- convert A into B A를 B로 바꾸다
- exchange rate 외환 시세; 환율
- commission 수수료
- buy-back 환매(외국 통화를 다시 자국 통화로 바꿔주는 것)

18 정답 ④

출제 영역 | 회화

정답해설

④ 빈칸 다음에서 A가 8시 영화는 표가 있다고 했고 B가 그들은 '매진'이라는 표시를 했어야 했는데, 하지 않아서 시간 낭비를 했다고 하는 내용으로 봐서 빈칸에는 'all tickets are sold out(모든 영화표가 매진되었다)'가 가장 적절하다.

오답해설

① 그들은 울상이었어요
② 당신은 쉽게 찾을 수 있어요
③ 그것들은 판매[할인] 중이에요

해석

A : Heather! 모든 영화표가 매진되었다고 하네. 그 다음 8시 영화는 표가 있대.
B : 이상하네! 왜 좀 더 일찍 알려주지 않은 거야? '매진'이라고 표시해뒀어야지. 웬 시간 낭비람!
A : 너무 화내지 마. 아직 8시 영화에는 입장할 수 있잖아.

어휘

• should have p.p. ~했어야 했는데(안 했다)

19 정답 ③

출제 영역 | 독해

정답해설

③ 마지막에서 다섯 번째 문장에서 'I am asking that you redraw the lease so that the rent does not increase for the coming year.'라고 했고, 이어서 다음 문장에서 'I am willing to live here for another year but not to pay 20 percent more.'라고 했으므로, 글의 목적으로 가장 적절한 것은 '아파트 월세 동결을 요구하려고'이다.

해석

Rolling Meadow Garden 아파트의 내 집에 대한 재계약을 제안 받았습니다. 월세를 20% 인상한 것을 보고서 나는 깜짝 놀랐습니다. 특히, 단지에 비어 있는 아파트가 매우 많은 때에 그렇게 큰 폭의 인상을 요구하는지 이해하기 어렵습니다. 아시다시피 나는 이곳에서 4년을 살았습니다. 나는 결코 월세가 밀린 적이 없었으며, 다른 모든 면에서 모범적인 임차인이었다고 생각합니다. 나는 이곳에서 계속 살고 싶습니다. 월세가 내년에 인상되지 않도록 귀하가 임대차 계약을 수정할 것을 요구합니다. 나는 여기서 1년을 더 살 의향이 있지만 20%를 더 내지는 않을 겁니다. 이사 가고 싶지는 않지만, 해야만 한다면 할 것입니다. 동시에 귀하가 또 하나의 빈 아파트를 보고 싶어 하지 않을 것이라고 확신합니다. 변경된 임대차 계약서에 대한 답변을 기다리겠습니다.

어휘

• renewal 갱신, (기한) 연장
• lease 임대차 계약
• unit (아파트 같은 공동 주택 내의) 한 가구
• complex 복합 단지
• tenant 임차인
• redraw 변경[수정]하다
• revise 개정[수정]하다

20 정답 ②

출제 영역 | 독해

정답해설

② 다섯 번째, 여섯 번째 문장에서 우리의 경제 제도인 주 5일 근무의 예를 들어 사회 제도가 우리의 삶에 광범위한 영향을 미치고 있다고 했고, 일곱 번째 문장에서 'Each of the other social institutions also has far-reaching effects on our lives.'라고 했으므로, 글의 주제로 가장 적절한 것은 'widespread effects of social institutions on our lives(사회 제도가 우리 삶에 미치는 광범위한 영향)'이다.

오답해설

① 경제 제도의 발전 단계
③ 일과 여가 사이의 균형을 맞출 필요성
④ 개인적인 필요가 사회적 책임과 충돌하는 이유

해석

사회 제도의 영향력의 많은 부분은 우리의 일상적인 인식을 벗어난 데 있다. 예를 들어, 우리의 경제 제도 때문에, 매주 5일 동안 하루에 8시간씩 일하는 것이 일반적이다. 그러나 이러한 패턴에는 정상적이거나 자연스러운 것이 전혀 없다. 이 리듬은 단지 일과 여가를 나누기 위한 임의적인 방식에 불과하다. 하지만 사회 제도의 이 한 가지 측면이 막대한 영향을 미친다. 그것은 사람들이 하루를 나누는 방식을 결정할 뿐만 아니라 가족, 친구들과의 상호작용과 그들이 개인적인 욕구를 충족하는 법에 대한 체계를 설계한다. 각각의 다른 사회 제도는 또한 우리의 삶에 광범위한 영향을 미친다. 그것들은 우리의 행동을 형성하고 우리의 생각에 영향을 끼쳐서, 우리가 살고 있는 상황을 확립한다.

어휘

• institution 제도
• lie beyond ~너머에 있다
• awareness 인식
• arbitrary 임의의, 작위적인
• arrangement 방식, 배치
• far-reaching 지대한 영향을 가져올, 광범위한
• divide up 분배하다, 나눠 갖다
• lay out 설계[계획]하다
• establish 수립하다
• context 상황[배경], 맥락
• shape 형성하다
• color 영향을 끼치다

제2회 정답 및 해설

문제편 p.023

01 우편일반

01	02	03	04	05	06	07	08	09	10
①	②	②	②	④	①	③	③	④	②
11	12	13	14	15	16	17	18	19	20
④	②	②	②	③	②	②	②	②	①

01 정답 ①

출제 영역 | 국내우편 총론

[정답해설]
① 우정사업의 경영 합리성과 우정 서비스의 품질을 높이기 위한 특례 규정은 「우정사업 운영에 관한 특례법」에 해당한다.

02 정답 ②

출제 영역 | 우편서비스 종류와 이용조건

[정답해설]
② 소포등기번호의 표시는 발송인/수취인 주소, 등기번호, 접수국명, 중량 및 요금을 표시한 소포운송장을 우편물의 표면 왼쪽 하단에 부착한다.

소포등기번호 부여 및 운송장, 기타 안내스티커 부착
- 소포등기번호는 우편물류시스템에서 접수국 일련번호로 자동으로 부여된다.
- 소포등기번호의 표시는 발송인/수취인 주소, 등기번호, 접수국명, 중량 및 요금을 표시한 소포운송장을 우편물의 표면 왼쪽 하단에 부착한다.
- 요금별·후납 등기소포는 우편물의 표면 오른쪽 윗부분에 요금별·후납 표시인을 날인해야 한다.
- 부가서비스 안내 스티커는 우편물의 품위를 유지하면서 잘 보이는 곳에 깨끗하게 부착한다.

03 정답 ②

출제 영역 | 우편물의 접수

[정답해설]
ㄱ. 통상우편물(서신 등 의사전달물 및 통화)의 최대 부피
- 가로, 세로, 두께를 합하여 90cm
- 원통형은 "지름의 2배"와 길이를 합하여 1m
- 다만, 가로 세로 어느 쪽이나 60cm를 초과할 수 없음
ㄷ. 소포우편물의 최대 무게 : 30kg 이내

[오답해설]
ㄴ. 통상우편물의 최대 무게
- 최소 2g~최대 6,000g
- 단, 정기간행물, 서적, 달력, 다이어리로서 요금감액을 받는 우편물은 1,200g, 요금감액을 받지 않는 서적과 달력, 다이어리는 800g, 국내특급은 30kg이 최대 무게임
ㄹ. 소포우편물의 최대 부피 : 가로·세로·높이 세 변을 합하여 160cm 이내(단, 어느 변이나 1m를 초과할 수 없음)

04 정답 ②

출제 영역 | 우편물의 접수

[정답해설]
절대적으로 접수가 불가한 우편물은 ㄱ, ㄴ, ㅁ, ㅂ 총 4개이다.

[오답해설]
ㄷ. 독약류와 ㄹ. 병균류의 경우, 예외적으로 접수가 가능한 경우가 있다.

더 알아보기 우편금지물품

우편물 접수불가 (원칙)		폭발성물질, 화약류, 폭약류, 화공품류, 발화성물질, 인화성물질, 유독성물질, 강산류, 방사성물질
예외	독약류	독약 및 극약으로 관공서(학교 및 군대를 포함), 의사(군의관 포함), 치과의사, 한의사, 수의사, 약사, 제약업자, 약종상 또는 한약종상의 면허 또는 허가를 받은 자가 등기우편으로 발송하는 것
	병균류	살아있는 병균 또는 이를 함유하거나 부착되어 있다고 인정되는 물건으로 관공서 방역연구소, 세균검사소, 의사(군의관 포함), 치과의사, 수의사 또는 약사의 면허를 받은 자가 등기우편으로 발송하는 것
	공안방해와 그 밖의 위험성의 물질	음란한 문서, 도화 그 밖의 사회질서에 해가 되는 물건으로서 법령으로 이동, 판매, 반포를 금하는 것으로 법적·행정적 목적으로 공공기관에서 등기우편으로 발송하는 것

05 정답 ④

출제 영역 | 국내우편물의 부가서비스

오답해설
① 국내특급우편에는 익일특급이 있으며, 익일특급 통상우편물의 취급제한 중량은 30kg이다.
② 익일특급우편물이 접수한 날 + 3일에 배달되었을 경우, 우편요금 및 국내특급수수료를 지연배달 배상금으로 지급한다.
③ 익일특급의 취급지역은 전국으로 하되, 접수한 날의 다음날까지 배달이 곤란한 지역에 대해서는 별도의 추가일수 및 사유 등을 관할 지방우정청장이 고시한다.

06 정답 ①

출제 영역 | 그 밖의 우편서비스

정답해설
ㄱ. 준등기 우편의 요금은 1,800원(정액 요금)이며, 전자우편의 경우 제작수수료는 별도이다.
ㄴ. 우편물이 우편집중국으로 발송되기 전까지 반환청구 수수료는 무료이나, 우편물이 우편집중국으로 발송한 후에는 반환청구 수수료를 징수해야 한다. 반환청구 수수료는 통상우편 기본요금을 적용한다.

오답해설
ㄷ. 접수 시부터 수취함 투함 등 배달완료 시까지 배달결과에 대한 종적조회가 가능(전송우편 포함)하다. 다만, 반송 시에는 결과 값이 반송우편물로만 조회가 되고, 발송인에게 도착되기까지의 종적정보는 제공되지 않는다.
ㄹ. 우체국 접수 시부터 배달국에서 배달증 생성 시까지만 최대 5만원까지 손해배상을 제공하며, 배달완료 후에 발생된 손실ㆍ분실은 손해배상 제공대상에서 제외된다.

07 정답 ③

출제 영역 | 국제우편 총설

정답해설
③ 카할라 우정연합(Kahala Posts Group)은 아시아ㆍ태평양 연안 지역 내 6개 우정당국(한국, 미국, 일본, 중국, 호주, 홍콩)이 국제특송시장에서의 주도권 확보 및 국제특급우편(EMS) 경쟁력 향상을 목적으로 2002년 6월에 결성한 기구로, 회원국을 유럽까지 확대하고 있다. 사무국은 홍콩에 소재하고 있으며, 회원국은 한국, 미국, 일본, 중국, 호주, 홍콩, 스페인, 프랑스, 태국, 캐나다 등 10개국('24.12)이 가입되어 있다.

08 정답 ③

출제 영역 | 우편에 관한 요금

정답해설

국내 정기간행물의 우편요금 기본 감액률

요금감액대상		요금 감액률	비고
종별	간별		
등록	신문 / 일간	62%	주 3회 이상 발행하여 발송하는 정기간행물
등록	신문/잡지 / 주간	59%	월 4회 이상 발행하여 발송하는 정기간행물 단, 월 4회 미만 발행하여 발송하는 격주간 신문 등은 잡지(월간) 감액률 적용
등록	잡지 / 월간	50%	월 1회 이상 발행하여 발송하는 정기간행물
미등록	일간/주간/월간	37%	• 잡지법 제2조 제1호 나목ㆍ라목에 의한 정기간행물 • 신문법 제9조 제1항 단서조항 및 동법 시행령 제7조 제1호에 의한 신문 • 잡지법 제15조 제1항 단서조항 및 동법 시행령 제8조 제1항 제1호에 의한 잡지 • 잡지법 제16조 제1항 단서조항 및 동법 시행령 제8조 제2항 제1호에 의한 정보간행물, 기타간행물

09 정답 ④

출제 영역 | 손해배상 및 손실보상

오답해설
① 이용자 실비를 지급받기 위해서는 사유가 발생한 날부터 15일 이내에 해당 우체국에 신고해야 한다.
② 우체국 직원의 잘못이나 불친절한 응대 등으로 2회 이상 우체국을 방문하였다고 신고한 경우 1만원 상당의 문화상품권 등을 지급한다.
③ 무기명 신고자는 실비지급에서 제외된다.

10 정답 ②

출제 영역 | 발착 및 운송작업

오답해설
① 상자운반차(트롤리) : 우편상자(소형, 중형, 대형) 담기와 운반
③ 일반자루 : 일반우편물(통상·소포) 담기
④ 소형상자 : 소형통상우편물 담기

11 정답 ④

출제 영역 | 발착 및 운송작업

정답해설
④ 여러 형태의 우편물을 운반차에 함께 넣을 때에는 작업을 쉽게 하기 위하여 '일반소포 → 등기소포 → 일반통상 → 등기통상 → 중계우편물'의 순으로 적재한다.

12 정답 ②

출제 영역 | 우편물 수집 및 배달

오답해설
ㄴ. 특수(등기)취급우편물의 배달은 2회 배달, 4일 보관 후 반환을 원칙으로 한다.
ㄷ. 외화 맞춤형 계약등기는 2회 배달 후 보관 없이 반환한다.
ㅁ. 준등기우편물은 접수한 날의 다음날부터 3일 이내 배달한다.

13 정답 ②

출제 영역 | 발착 및 운송작업

정답해설
② 특별운송우편물은 정시송달이 가능하도록 최선편에 운송하고 운송료는 사후에 정산한다.

14 정답 ②

출제 영역 | 국제우편 총설

정답해설
〈보기〉에서 국제특급우편으로 보낼 수 있는 물품은 ㄱ, ㅁ, ㅂ, ㅅ, ㅈ으로 총 5개이다.

국제특급우편으로 보낼 수 있는 물품

접수 가능 물품	• 업무용 서류(Business Documents) • 상업용 서류(Commercial papers) • 컴퓨터 데이터(Computer data) • 상품 견본(Business samples) • 마그네틱 테이프(Magnetic tape) • 마이크로 필름(Microfilm) • 상품(Merchandise : 나라에 따라 취급을 금지하는 경우도 있음)
접수 금지 물품	• 동전, 화폐(Coins, Bank notes) • 송금환(Money remittances) • 유가증권류(Negotiable articles) • 금융기관 간 교환 수표(Check clearance) • UPU일반우편금지물품(Prohibited articles) – 취급상 위험하거나 다른 우편물을 더럽히거나 깨뜨릴 우려가 있는 것 – 마약류 및 향정신성 물질 – 폭발성·가연성 또는 위험한 물질 – 외설적이거나 비도덕적인 물품 등 • 가공 또는 비가공의 금, 은, 백금과 귀금속, 보석 등 귀중품 • 상대국가에서 수입을 금하는 물품 • 여권을 포함한 신분증

15 정답 ③

출제 영역 | 국제우편 총설

정답해설
③ 시각장애인용 우편물은 시각장애인이나 공인된 시각장애인 기관에서 발송하거나 수신하는 경우에 해당하며 녹음물, 서장, 시각장애인용 활자를 표시된 금속판을 포함한다. 시각장애인용 우편물은 소인 여부를 떠나 우표나 요금인영증지나 금전적 가치를 나타내는 어떠한 증서도 포함할 수 없다.

16 정답 ②

출제 영역 | 국제우편물 종별 접수요령

오답해설
① 통관절차대행수수료 4,000원을 우편요금과 별도로 징수한다.
③ 소형포장물은 현실적이고 개인적인 통신문과 같은 성질의 그 밖의 서류 동봉이 가능하다. 다만, 그러한 서류는 해당 소형포장물의 발송인이 아닌 다른 발송인이 작성하거나 다른 수취인 앞으로 주소를 쓸 수 없다. 소형포장물을 봉할 때에는 특별 조건이 필요한 것은 아니나, 내용품 검사를 위하여 이를 쉽게 열어볼 수 있도록 하여야 한다.
④ 2021년 12월 기준, 우편자루배달 인쇄물의 등기 취급이 불가한 국가는 미국과 캐나다이다. 우편자루배달 인쇄물(M-bag)은 일반적으로 어느 나라든지 보낼 수 있으나, 등기는 취급하는 나라가 제한된다.

17 정답 ②

출제 영역 | 국제우편요금

정답해설
② 20장 이하는 자유 판매, 초과판매를 요구할 때에는 구체적인 사용 목적을 확인한 후 판매하는 등 판매수량을 합리적으로 제한한다.

18 정답 ②

출제 영역 | 주요 부가서비스 및 제도

[정답해설]

② 우편취급국을 포함한 전국 모든 우체국이 적용 대상 관서이다.

19 정답 ②

출제 영역 | 주요 부가서비스 및 제도

[오답해설]

① 발송비용절감 요금감액은 EMS, EMS프리미엄, K-Packet, 소형포장물, 한·중 해상특송에 적용된다.
③ 계약국제특급의 18% 이상 감액률은 우정사업본부장의 승인 후 적용한다.
④ 특별감액의 장기이용고객 조건에 해당하는 경우, 1%p 이하 또는 2%p 이하의 요금감액률을 적용한다.

특별감액

구분	감액요건	감액률	대상
장기 이용	계약기간이 1년을 초과하고 직전 계약기간 동안의 이용금액이 600만원 이상인 경우	1%p 이하	EMS, EMS프리미엄, K-Packet, 등기소형포장물, 한·중 해상특송
	계약기간이 3년을 초과하고 직전 계약기간 동안의 이용금액이 1억 원 이상인 경우 ※ 감액조건의 금액은 고시된 요금(EMS 프리미엄은 요금표) 기준이며, 일괄계약 이용고객은 제외 ※ 직전 계약기간 중 6월 이상 이용실적이 있는 경우에 적용	2%p 이하	

20 정답 ①

출제 영역 | 각종 청구제도

[정답해설]

① 청구권자는 분실된 경우 발송인, 파손된 경우 발송인이나 수취인이다.

02 예금일반

01	02	03	04	05	06	07	08	09	10
②	②	④	④	③	③	②	③	①	③
11	12	13	14	15	16	17	18	19	20
③	①	④	①	②	④	③	③	①	③

01 정답 ②

출제 영역 | 금융경제 일반

[정답해설]

② 주식시장에서는 주가가 변동하기 전에 거래량이 먼저 변하는 것이 일반적인데 거래량이 증가하면 주가가 상승하는 경향이 있고 거래량이 감소하면 주가가 하락하는 경향이 있다.

02 정답 ②

출제 영역 | 전자금융

[정답해설]

② 예금거래 실적에 따라 마이너스 대출, 수수료 면제, 대출·예금금리 우대, 각종 공과금 및 신용카드대금 결제, 타행환 송금 등 부대서비스를 제공하고 있는데 일부은행의 경우 이를 불허하거나 자동이체 설정 건수를 제한하고 있다.

03 정답 ④

출제 영역 | 우체국금융 서비스

[오답해설]

ㄱ. 인터넷뱅킹 조회서비스만 이용할 고객은 공동인증서 발급 없이도 조회서비스를 이용할 수 있다.
ㄷ. 인터넷뱅킹을 이용할 경우 자행이체의 수수료는 대부분 면제되고 타행 이체의 경우 제공기관에 따라 수수료 면제 또는 500원 내외의 수수료를 적용하고 있어 창구를 이용하는 것보다 저렴하다. 또한, 외화 환전이나 해외 송금의 경우에도 수수료 우대 혜택이 제공되며 예금 및 대출 상품가입 시 우대 금리가 적용된다.

04 정답 ④

출제 영역 | 전자금융

[정답해설]

④ 신용공여에 기반을 둔 후불결제방식을 이용하는 것은 신용카드 결제방식이며, 직불카드의 결제방식은 예금계좌를 기반으로 한 즉시결제방식을 이용한다.

05 정답 ③

출제 영역 | 금융회사와 금융상품

[정답해설]
옳은 것은 ㄴ, ㄷ, ㄹ으로 총 3개이다.

[오답해설]
ㄱ. 가계당좌예금은 예금 잔액이 부족할 경우에는 대월한도 범위 내에서 자동대월이 가능하며, 거래실적이 양호한 경우에는 소액가계자금도 대출받을 수 있다.

06 정답 ③

출제 영역 | 우체국금융 일반현황

[정답해설]
③ 우편대체 계좌대월 등 일부 특수한 경우를 제외하고는 여신이 없다. 단, 환매조건부채권매도 등을 통한 차입부채는 있을 수 있다.

07 정답 ②

출제 영역 | 우체국금융 상품

[정답해설]
우체국에서 운용하는 공익형 예금상품은 ㄱ, ㄷ, ㄹ, ㅅ, ㅊ으로 총 5개이다.

우체국 공익형 예금상품의 종류

구분	수시입출식 예금 (6종)	적립식예금 (2종)	거치식예금 (2종)
10종	행복지킴이통장, 국민연금안심통장, 공무원연금평생안심통장, 호국보훈지킴이통장, 청년미래든든통장, 건설하나로통장	새출발자유적금, 장병내일준비적금	이웃사랑정기예금, 소상공인정기예금

08 정답 ③

출제 영역 | 전자금융

[오답해설]
① 거래매체가 없어도 CD/ATM 이용이 가능하다. 통장이나 카드 없이 금융거래가 가능한 무매체 거래는 고객이 사전에 금융기관에 신청하여 무매체 거래용 고유승인번호를 부여받은 뒤 CD/ATM에서 주민등록번호, 계좌번호, 계좌비밀번호, 고유인번호를 입력하여 각종 금융서비스를 이용할 수 있는 거래를 말한다.
② CD/ATM 서비스로는 현금(10만원권 자기앞수표 포함)인출 및 입금, 신용카드 현금서비스, 계좌이체, 잔액조회, 공과금 납부 등이 있다.
④ 보이스피싱 피해 방지를 위해 수취계좌 기준 1회 100만원 이상 이체금액에 대해 CD/ATM에서 인출 시 입금된 시점부터 30분 후 인출 및 이체가 가능하도록 하는 지연인출제도가 시행되고 있다.

09 정답 ①

출제 영역 | 내부통제 및 금융소비자 보호

[정답해설]
① 실명이 확인된 계좌에 의한 계속거래는 실명확인 생략이 가능한 거래이다. 실명이 확인된 계좌에 의한 계속거래라 하는 것은 실명확인된 계좌의 입출금[통장, 거래카드(현금, 직불카드 포함) 등으로 입출금하는 경우], 해지 및 이체 등을 말한다. 재예치 등 계좌가 새로 개설되는 경우는 계속거래가 아니다.

10 정답 ③

출제 영역 | 금융경제 일반

[정답해설]
옳은 것은 ㄱ, ㄴ, ㄷ으로 총 3개이다.

[오답해설]
ㄹ. 금융은 지출에 비해 소득이 많을 때에는 돈을 운용할 기회를 마련해 주고, 지출이 많을 때에는 돈을 빌려주는 등 개인들의 자금사정에 따른 자산관리 수단을 제공해 준다.

11 정답 ③

출제 영역 | 예금관련법

[정답해설]
옳은 것은 ㄴ, ㄷ, ㄹ으로 총 3개이다.

[오답해설]
ㄱ. 주택청약저축, 주택청약종합저축 등은 비보호금융상품이다.

12 정답 ①

출제 영역 | 내부통제 및 금융소비자 보호

정답해설

① 비밀보장의 대상이 되는 예에 해당한다.

더 알아보기 — 비밀보장의 대상 및 제외대상

비밀보장의 대상	비밀보장의 제외 대상
• 특정인의 금융거래사실(누가 어느 금융회사 등, 어느 점포와 금융거래를 하고 있다는 사실) • 금융회사가 보유하고 있는 금융거래 내용을 기록 · 관리하고 있는 모든 장표 · 전산기록 등의 원본 · 사본(금융거래자료) 및 그 기록으로부터 알게 된 것(금융거래정보) • 당해 정보만으로 명의인의 정보 등을 직접 알 수 없으나 다른 정보와 용이하게 결합하여 식별할 수 있는 것 • 특정 명의인의 전화번호, 주소, 근무처 등이 포함된 금융거래 자료 또는 정보 • 정보 요구자가 특정인의 성명, 주민등록번호, 계좌번호 등을 삭제하는 조건으로 요구한 당해 특정인의 식별 가능한 금융거래 자료 또는 정보	• 특정 명의인의 금융거래 사실 또는 금융거래에 대한 정보를 알 수 없는 것은 비밀보장의 대상에서 제외 • 금융거래에 관한 단순통계 자료 • 성명, 주민등록번호, 계좌번호, 증서번호 등이 삭제된 다수 거래자의 금융거래 자료로서 특정인에 대한 금융거래정보를 식별할 수 없는 자료 • '93. 8. 12 이전에 거래된 무기명, 가명의 금융거래 • 순수한 대출거래 · 보증 · 담보내역 등에 관한 정보 및 자료 • 신용카드 발급, 가맹점 가입, 카드를 이용한 매출, 현금서비스, 기타 회원, 가맹점 및 채무관리 등에 관한 정보 및 자료 • 대여금고 이용에 관한 정보 • CCTV화면 관련 정보 ※ CCTV관련 정보는 「개인정보 보호법」 등 타 법률에 따라 제한사항 여부 확인

13 정답 ④

출제 영역 | 우체국 예금거래 기본약관

정답해설

④ 증권이 자기앞수표이고 지급제시 기간 안에 사고신고가 없으며 결제될 것이 틀림없음을 우체국이 확인한 경우에는 예금원장에 입금의 기록이 된 때 예금이 된다.

14 정답 ①

출제 영역 | 우체국금융 서비스

오답해설

ㄴ. 1973년 유럽 및 북미은행 중심으로 설립된 국제은행 간의 금융통신망은 SWIFT(Society for Worldwide Interbank Financial Telecommunication)이다. 머니그램(MoneyGram) 특급송금은 미국 텍사스에 본사를 둔 머니그램사와 제휴한 Agent 간 네트워크상 정보에 의해 자금을 송금 · 수취하는 무계좌 거래로 송금 후 약 10분 뒤에 송금번호(REF.NO)만으로 수취가 가능한 특급해외송금 서비스이다.

ㄹ. 유로지로 취급국가로는 태국, 필리핀, 스리랑카, 몽골, 베트남이 있다.

15 정답 ②

출제 영역 | 내부통제 및 금융소비자 보호

오답해설

① 금융정보분석원은 금융기관으로부터 자금세탁 관련 의심거래 보고 등 금융정보를 수집 · 분석하여, 이를 법 집행기관에 제공하는 우리나라 자금세탁방지기구이다.

③ 고객확인제도란(CDD ; Customer Due Diligence), 금융회사가 고객과 거래 시 고객의 실지명의(성명, 실명번호) 이외에 주소, 연락처, 실제 소유자 등을 확인하고, 자금세탁행위 등의 우려가 있는 경우 금융거래 목적 및 자금의 원천 등을 추가로 확인하는 제도이다. 이 제도는 국제적으로 2003년부터 본격적으로 도입되었고, 우리나라는 금융실명제를 토대로 하되 금융실명제가 포함하지 않고 있는 사항을 보완하는 차원에서 「특정금융정보법」에 근거를 두고 2006년 1월 18일부터 이 제도를 도입하였다.

④ 금융회사가 금융거래의 상대방과 공모하여 의심거래보고를 하지 않거나 허위보고를 하는 경우에는 6개월의 범위 내에서 영업정지처분도 가능하다.

16 정답 ④

출제 영역 | 우체국금융 상품

정답해설

④ 우체국 아이LOVE 적금의 저축한도는 월 50만원 이하이다.

우체국 아이LOVE 적금

• 가입대상은 19세 미만의 실명의 개인으로 어린이 · 청소년의 목돈 마련을 위해 사회소외 계층, 단체가입, 가족 거래 실적 등에 따라 우대금리를 제공하는 적립식 예금
• 가입 고객을 대상으로 우체국 주니어보험 무료가입, 캐릭터통장 및 통장명 자유선정, 자동 재예치 서비스 등의 부가서비스 제공
• 우체국 수시입출식 예금의 자투리 금액(1만원 미만 잔액)을 매월 이 적금으로 자동 저축하는 서비스인 자투리 저축 서비스 제공

17 정답 ③

출제 영역 | 우체국금융 서비스

정답해설

옳은 것은 ㄱ, ㄴ, ㄷ으로 총 3개이다.

오답해설

ㄹ. 노란우산공제의 가입부금에 대해 연간 최대 600만원 한도 내 소득공제 및 연 복리이율을 적용한다.

18 정답 ③

출제 영역 | 전자금융

[정답해설]

③ 스마트폰뱅킹을 제외한 기존 모바일뱅킹(IC칩기반 모바일뱅킹, VM모바일뱅킹, 3G 모바일뱅킹, WAP뱅킹)은 2016년말 기준으로 모든 서비스가 종료되었다.

19 정답 ①

출제 영역 | 금융경제 일반

[정답해설]

① 자금수요는 주로 가계소비, 기업투자 등에 영향을 받고 자금공급은 가계의 저축, 한국은행의 통화정책 등에 영향을 받는다.

20 정답 ③

출제 영역 | 예금관련법

[정답해설]

③ 금융소득 중 비과세 및 분리과세 소득을 제외한 금융소득이 2천만원을 초과하는 경우 금융소득 전체를 종합과세한다. 금융소득이 2천만원을 초과하면 다른 종합소득과 합산하여 산출세액을 계산하고 2천만원 이하 금액은 원천징수세율(14%)을 적용하여 산출세액을 계산한다.

- 금융소득 = 이자소득 + 배당소득
- 종합과세 제외 금융소득 = 비과세 되는 금융소득 + 분리과세 되는 금융소득
- 종합과세 대상 금융소득 = 금융소득 − 종합과세 제외 금융소득

- A씨의 종합과세되는 금융소득 금액은 98,000,000원(회사채 이자 + 은행예금 이자)이다. A씨의 '세금우대종합저축의 이자'는 분리과세되는 금융소득으로 종합과세되는 금융소득 금액에서 제외된다.
- 기준금액초과 금융소득 : 98,000,000원 − 20,000,000원 = 78,000,000원
- ㉠ 금융소득을 기본세율로 과세 시 산출세액
  = (2천만원 초과 금액 − 종합소득공제) × 기본세율 + (2천만원 × 14%)
  = (78,000,000원 − 5,100,000원) × 24% − 누진공제(5,760,000원) + 2,800,000원
  = 14,536,000원
- ㉡ 금융소득을 원천징수세율로 과세 시 산출세액
  = 금융소득 × 14%
  = 98,000,000원 × 14% = 13,720,000원

종합소득 산출세액은 ㉠과 ㉡ 중 큰 금액인 14,536,000원이다.

03 보험일반

01	02	03	04	05	06	07	08	09	10
①	③	③	④	③	③	②	③	④	②
11	12	13	14	15	16	17	18	19	20
③	③	②	②	③	②	④	③	①	①

01 정답 ①

출제 영역 | 우체국보험 모집 및 언더라이팅

[오답해설]

② 보험계약자는 보험가입증서(보험증권)를 받은 날부터 15일 이내에 청약을 철회할 수 있다. 다만, 전문보험계약자가 체결한 계약은 청약을 철회할 수 없다.

③ 계약을 체결한 날부터 3년이 지나면 고지의무 위반으로 계약을 해지할 수 없다.

④ 보험자가 계약을 거절한 때에는 보험료를 받은 기간에 대하여 일정 이자를 보험료에 더하여 돌려준다. 단, 계약자가 최초 보험료를 신용카드로 납부한 계약에 대한 승낙 거절 시 이자를 지급하지 않고 신용카드 매출만 취소한다.

02 정답 ③

출제 영역 | 우체국보험 계약유지 및 보험금 지급

[정답해설]

③ 부활계약 청구 시에도 보험계약자는 중요한 사항에 대하여 고지의무를 부담하여야 한다.

03 정답 ③

출제 영역 | 생명보험과 제3보험

[정답해설]

옳은 것은 ㄱ, ㄴ, ㄹ으로 총 3개이다.

[오답해설]

ㄷ. CI(Critical Illness)보험은 중대한 질병이며 치료비가 고액인 암, 심근경색, 뇌출혈 등에 대한 급부를 중점적으로 보장하여 주는 보험으로 생존 시 고액의 치료비, 장해에 따른 간병비, 사망 시 유족들에게 사망보험금 등을 지급해 주는 상품이다.

04 정답 ④

출제 영역 | 우체국보험 상품

[정답해설]

무배당 어깨동무보험 2019의 상품유형별 가입한도액

상품유형	가입한도액	
1종(생활보장형)	4,000만원	
2종(암보장형)	3,000만원	500만원 단위
3종(상해보장형)	1,000만원	

05 정답 ③

출제 영역 | 생명보험과 제3보험

정답해설

옳지 않은 것은 ㄱ, ㄴ, ㄹ으로 총 3개이다.

ㄱ. 제3보험이란 '위험보장을 목적으로 사람의 질병·상해 또는 이에 따른 간병에 관하여 금전 및 그 밖의 급여를 지급할 것을 약속하고 대가를 수수하는 계약으로서 대통령령으로 정하는 계약이다'라고「보험업법」제2조 제1호 다목에 규정되어 있다.

ㄴ. 우리나라에서는 2003년 8월「보험업법」개정을 통해서 최초로 제3보험이 제정되었다.

ㄹ.「상법」에서 생명보험, 상해보험, 질병보험, 화재보험, 운송보험, 해상보험, 책임보험, 자동차보험 등에 대한 정의는 있지만 제3보험이라는 분류는 없다.

오답해설

ㄷ. 생명보험으로서 제3보험의 특성에는 피보험자의 동의 필요, 피보험이익 평가불가, 보험자 대위 금지, 만 15세 미만 계약 허용, 중과실 담보 등이 있다.

06 정답 ③

출제 영역 | 우체국보험 상품

정답해설

③ 무배당 파워적립보험 2109는 보험기간이 10년인 경우, 1종(만기목돈형), 2종(이자지급형) 모두 납입기간 5년의 월납으로 적립한다. 이는 월적립식 저축성보험 보험차익 비과세 요건인 5년 이상의 납입기간을 충족한다.

오답해설

① 무배당 우체국더든든한자녀지킴이보험 2203의 경우, 연간 납입보험료 100만원 한도 내에서 연간 납입보험료의 12%가 세액공제 금액이 된다.

② 무배당 에버리치상해보험 2109는 한번 가입으로 90세까지 보장하고 가입한도액은 1,000만원이다.

④ 무배당 우체국온라인저축보험 2109는 3년납의 기본보험료 납입한도는 1만원~100만원이다.

> **더 알아보기** 월적립식 저축성보험의 보험차익 비과세 요건
>
> 「소득세법 시행령」제25조
> 최초로 보험료를 납입한 날부터 만기일 또는 중도해지일까지의 기간이 10년 이상으로서, 아래 요건을 모두 충족하는 계약
> 1. 최초 납입일로부터 납입기간이 5년 이상인 월적립식 계약일 것
> 2. 최초 납입일부터 매월 납입하는 기본보험료가 균등(최초 계약한 기본보험료의 1배 이내로 기본보험료를 증액하는 경우를 포함한다)하고, 기본보험료의 선납기간이 6개월 이내일 것
> 3. 계약자 1명당 매월 납입하는 보험료 합계액[계약자가 가입한 모든 월적립식 보험계약(만기에 환급되는 금액이 납입보험료를 초과하지 아니하는 보험계약으로서 기획재정부령으로 정하는 것은 제외한다)의 기본보험료, 추가로 납입하는 보험료 등 월별로 납입하는 보험료를 기획재정부령으로 정하는 방식에 따라 계산한 합계액을 말한다]이 150만원 이하일 것(2017년 4월 1일부터 체결하는 보험계약으로 한정한다)

07 정답 ④

출제 영역 | 우체국보험 상품

오답해설

① 병이 있어도 3가지(건강관련) 간편고지로 간편하게 가입이 가능하다.
② 일반가입 기준은 만 15세부터 70세까지 폭넓게 가입 가능하다.
③ 근로소득자는 납입한 보험료(연간 100만원 한도)에 대하여 12% 세액공제 혜택을 받는다.

08 정답 ③

출제 영역 | 생명보험 이론

오답해설

ㄱ·ㄷ. 3이원방식에 대한 내용이다.

> **더 알아보기** 3이원방식 vs. 현금흐름방식
>
> | 구분 | 3이원방식 | 현금흐름방식 |
> | --- | --- | --- |
> | 기초율 가정 | 3이원(위험률, 이자율, 사업비율) | 3이원 포함 다양한 기초율
• 경제적 가정 : 투자수익률, 할인율, 적립이율 등
• 계리적 가정 : 위험률, 해지율, 손해율, 사업비용 등 |
> | 기초율 가정 적용 | • 보수적 표준기초율 일괄 가정
• 기대이익 내재 | • 각 보험회사별 최적기초율 가정
• 기대이익 별도 구분 |
> | 장점 | • 보험료 산출이 비교적 간단
• 기초율 예측 부담 경감 | • 상품개발 시 수익성 분석을 동시에 할 수 있으며 상품개발 후 리스크 관리 용이
• 새로운 가격요소 적용으로 정교한 보험료 산출 가능 |
> | 단점 | • 상품개발 시 별도의 수익성 분석 필요
• 상품개발 후 리스크 관리 어려움 | • 정교한 기초율 예측 부담
• 산출방법이 복잡하고, 전산시스템 관련 비용이 많음 |

09 정답 ④

출제 영역 | 보험일반 이론

오답해설
① 보험을 통해 불확실한 손실을 확정손실로 전환할 뿐 아니라 손실을 개인으로부터 그룹 전체의 손실로 분산할 수 있다.
② 투기적 위험에 대한 설명이다. 순수위험은 조기사망, 화재, 자연재해, 교통사고 등과 같이 사건의 발생 결과 손실만 발생하는 위험(Loss Only Risk)이다.
③ 위험의 발생상황에 따라 정태적 위험(개인적 위험)과 동태적 위험(사회적 위험)으로 구분하며, 사건발생에 연동되는 결과에 따라 순수위험과 투기적 위험으로 분류한다.

10 정답 ②

출제 영역 | 보험계약법(인보험편)

정답해설
ㄱ. 쌍무계약 : 보험계약은 보험자와 보험계약자 사이에 이루어지는 채권계약으로, 계약이 성립하면 보험계약자는 보험료 납부의무를 가지게 되며 보험자는 보험사고의 발생을 조건으로 보험금 지급의무를 부담한다. 이 두 채무 사이에는 대가관계가 있으므로 보험계약은 보험자와 보험계약자 사이의 의무관계로 놓인 쌍무계약이며, 또한 대가관계의 유상계약이다.
ㄴ. 부합계약성 : 보험계약은 다수인을 상대로 체결되고 보험의 기술성과 단체성으로 인하여 그 정형성이 요구되므로 부합계약에 속한다. 보험계약은 일반적으로 보험회사가 미리 작성한 보통보험 약관을 매개로 체결되는데 보험계약자는 약관을 승인하거나 거절하는 형식을 취하므로 약관 해석 시 작성자 불이익의 원칙을 두고 있다.
ㄷ. 불요식계약 : 보험계약은 보험계약에 대해 특별한 방식을 요구하지 않는 불요식계약이다. 따라서 보험계약은 서면으로 체결되지 아니하여도 효력이 있다. 그러나 실제의 보험실무에서는 정형화된 보험계약 청약서가 이용되고 있다.

11 정답 ③

출제 영역 | 우체국보험 상품

정답해설
③ 무배당 우체국간편건강보험(325)(20년 갱신형) 2409는 3가지(건강관련) 간편고지로 간편하게 가입 가능한 보험으로, 주계약은 재해사망으로 간소화하고 필요한 담보는 특약으로 가입할 수 있도록 설계하여 고객 선택권이 확대된 상품이다. 주계약의 피보험자가 가입 당시 61세 이상인 경우 보험가입금액의 한도는 2,000만원이다.

12 정답 ③

출제 영역 | 우체국보험 상품

오답해설
① 주계약 보험가입금액이 4천만원일 경우 3.0%의 할인율이 적용된다.
② 주계약에서 3대 질병(암, 뇌출혈, 급성심근경색증) 진단 시 사망보험금 일부를 선지급하여 치료자금을 지원하는 상품이다.
④ 주계약 및 일부 특약을 비갱신형으로 설계하여 보험료 상승 부담 없이 동일한 보험료로 보장되며, 만 15세부터 70세까지 가입 가능하다.

13 정답 ②

출제 영역 | 생명보험 이론

정답해설
② 보험기간은 보험에 의한 보장이 제공되는 기간으로 위험기간 또는 책임기간이라고도 하며 「상법」에서는 보험자의 책임을 최초의 보험료를 지급받은 때로부터 개시한다고 규정하고 있다.

14 정답 ②

출제 영역 | 생명보험 이론

정답해설
ㄱ. 순보험료는 장래의 보험금 지급의 재원(財源)이 되는 보험료로 위험보험료와 저축보험료로 분리할 수 있으며, 위험보험료는 사망보험금, 장해보험금 등 보험사고 발생 시 보험금 지급 재원이 되는 보험료이며, 저축보험료는 만기보험금, 중도보험금 등의 지급 재원이 되는 보험료이다.
ㄷ. 보험료 산출 시 사용되는 기초율을 예정률이라 하며 여기에는 예정이율, 예정위험률, 예정사업 비율이 있다. 이러한 보험료계산의 기초는 보험회사 경영상의 잉여금액에 큰 영향을 주게 되며 보험료의 과잉분에 따른 잉여금은 보험회사의 경영형태 여하에 불구하고 대부분 계약자에게 정산환원 되어야 한다(계약자 배당).

오답해설
ㄴ. 부가보험료는 보험회사가 보험계약을 체결, 유지 및 관리하기 위한 경비에 사용되는 보험료로 예정사업비율을 기초로 계산되며 신계약비, 계약체결비용 및 계약관리비용(유지관련 비용, 기타비용)으로 구분된다.
ㄹ. 「보험업법」은 보험모집 시 미래 경영상황에 따라 변동될 수 있는 불확실한 배당을 과장되게 기재함으로써 발생할 수 있는 과당경쟁 및 고객과의 마찰 등을 방지하기 위해 보험모집에 사용되는 보험안내자료상 보험회사의 장래 이익배당 또는 잉여금 분배에 대한 추정내용을 기재하지 못하도록 규제하고 있다(「보험업법」 제95조 제3항). 다만, 보험계약자의 이해를 돕기 위하여 금융위원회가 필요하다고 인정하는 경우에는 예외를 두고 있다.

15 정답 ③

출제 영역 | 생명보험 이론

오답해설
①·④ 언더라이팅(청약심사)은 보험회사 입장에서 보험 가입을 원하는 피보험자(보험대상자)의 위험을 각 위험집단으로 분류하여 보험 가입 여부를 결정(계약인수·계약거절·조건부 인수 등)하는 일련의 과정으로 이를 위해 피보험자의 환경·신체·재정·도덕적 위험 등 전반에 걸친 위험평가가 이루어진다.

② 언더라이팅 과정 및 결과에 따라 보험회사는 보험계약 청약에 대한 승낙 여부와 보험료 및 보험금의 한도를 설정할 수 있다.

16 정답 ②

출제 영역 | 우체국보험 상품

오답해설
① 무배당 우체국연금보험 2109는 45세 이후부터 연금을 받을 수 있어 노후를 위한 준비된 상품이다.
③ 우체국연금저축보험 2109는 계약일 이후 1개월이 지난 후부터 (연금개시나이 − 1)세 계약해당일까지 보험료 추가납입이 가능하다.
④ 무배당 우체국개인연금보험(이전형) 2109는 계약이전 받기 전 계약과 계약이전 받은 후 계약의 총보험료 납입기간은 10년 이상이어야 한다.

17 정답 ④

출제 영역 | 우체국보험 상품

오답해설
① 주계약 사망보험금을 통한 유족 보장과 특약 가입을 통한 건강, 상해, 중대 질병·수술, 3대 질병을 보장한다.
② 부담 없는 보험료로 각종 질병, 사고 및 고액 치료비를 보장하며, 다수의 특약 중 필요한 보장을 선택하여 가입이 가능하다.
③ 무배당 재해치료보장특약Ⅲ 2402 2종(비갱신형)의 경우 가입나이 60세는 80세 만기·20년납 및 80세만기·80세납에 가입할 수 없다.

18 정답 ③

출제 영역 | 우체국보험 상품

오답해설
ㄱ. 지정대리청구서비스특약 2109의 대상 계약은 계약자, 피보험자 및 수익자(사망 시 수익자 제외)가 모두 동일한 계약이다.
ㄷ. 이륜자동차 운전 및 탑승 중 재해부담보특약 2109의 가입대상은 이륜자동차 운전자로 소유 및 관리하는 경우도 포함한다.

19 정답 ①

출제 영역 | 리스크 관리 및 자금운영

정답해설
① 우정사업본부장은 자산건전성 분류 대상 자산에 해당하는 보유 자산에 대해 건전성을 '정상', '요주의', '고정', '회수의문', '추정손실'의 5단계로 분류하여야 한다. 또한, '회수의문' 또는 '추정손실'로 분류된 자산(이하 '부실자산'이라 함)을 조기에 상각하여 자산의 건전성을 확보하여야 한다.

> **더 알아보기** 자산건전성 분류 대상 자산
> - 대출채권
> - 유가증권
> - 보험미수금
> - 미수금·미수수익
> - 그 밖에 건전성 분류가 필요하다고 인정하는 자산

20 정답 ①

출제 영역 | 우체국보험 모집 및 언더라이팅

정답해설
① 보험안내자료에 우체국보험의 장래의 이익의 배당 또는 잉여금의 분배에 대한 예상에 관한 사항을 기재하지 못한다. 다만, 보험계약자의 이해를 돕기 위하여 필요하다고 인정하는 경우에는 그러하지 아니하다.

> **더 알아보기** 보험모집 안내자료
>
> **보험안내자료 기재사항**
> - 보험가입에 따른 권리·의무에 관한 주요 사항
> - 보험약관에서 정하는 보장에 관한 주요 내용
> - 해약환급금에 관한 사항
> - 보험금이 금리에 연동되는 보험상품의 경우 적용금리 및 보험금 변동에 관한 사항
> - 최저로 보장되는 보험금이 설정되어 있는 경우 그 내용
> - 보험금 지급제한 조건
> - 보험안내자료의 제작기관명, 제작일, 승인번호
> - 보험 상담 및 분쟁의 해결에 관한 사항
> - 보험안내자료 사용기관의 명칭 또는 보험모집자의 성명이나 명칭 그 밖에 필요한 사항
> - 그 밖에 보험계약자의 보호를 위하여 필요하다고 인정되는 사항
>
> **보험안내자료 준수사항**
> - 보험안내자료에 우체국보험의 자산과 부채를 기재하는 경우 우정사업본부장이 작성한 재무제표에 기재된 사항과 다른 내용의 것을 기재하지 못한다.
> - 보험계약의 내용과 다른 사항, 보험계약자에게 유리한 내용만을 골라 안내하거나 다른 보험회사 상품과 비교한 사항, 확정되지 아니한 사항이나 사실에 근거하지 아니한 사항을 기초로 다른 보험회사 상품에 비하여 유리하게 비교한 사항, 특정 보험계약자에게만 혜택을 준다는 내용을 기재하지 못한다.
> - 보험안내자료에 우체국보험의 장래의 이익의 배당 또는 잉여금의 분배에 대한 예상에 관한 사항을 기재하지 못한다. 다만, 보험계약자의 이해를 돕기 위하여 필요하다고 인정하는 경우에는 그러하지 아니하다.

04 컴퓨터일반(기초영어 포함)

01	02	03	04	05	06	07	08	09	10
④	③	①	①	①	④	②	③	④	②
11	12	13	14	15	16	17	18	19	20
④	①	②	③	③	④	②	①	④	③

01 정답 ④

출제 영역 | 프로토콜과 네트워크

[정답해설]
가상 회선 방식
- 단말기 간에 논리적인 가상회선을 미리 설정하여 송신측과 수신측 사이의 연결을 확립한 후에 설정된 경로로 패킷들을 발생순서대로 전송하는 연결 지향형 방식
- 모든 패킷은 같은 경로로 전송되므로 경로설정이 필요 없음

[오답해설]
①, ②, ③은 데이터그램 방식이다.

더 알아보기 | 패킷 교환 방식 종류

- 가상 회선 방식
  - 연결형 서비스 방식으로 패킷들은 경로가 설정된 후 경로에 따라 순차적으로 전송되는 방식이다.
  - 전송 도중 패킷이 충돌하더라도 미리 설정된 경로를 사용하므로 융통성이 없다.
  - 한 노드가 서비스를 중단하면 그 노드를 통한 모든 가상 회선은 상실된다.
  - 긴 메시지의 전송에 유리하다.
- 데이터그램 방식
  - 각각의 패킷을 독립적으로 취급하는 방식이다.
  - 비 연결형 서비스 방식으로 패킷을 전송하기 전에 미리 경로를 설정할 필요가 없다.
  - 순서와 무관하게 전달되며 패킷의 순서를 재구성하는 기능을 가져야 한다.
  - 목적지가 같은 패킷이라도 항상 같은 경로를 따르지 않는다.
  - 망의 혼잡상태에 따라 적절한 경로 설정이 가능하므로 융통성이 크다.
  - 소수의 패킷을 보내는 경우에 유리하다.
  - 통신망에 장애가 발생하면 우회가 가능하므로 신뢰성이 높다.

02 정답 ③

출제 영역 | 프로토콜과 네트워크

[정답해설]

IEEE 802.1	상위계층인터페이스
IEEE 802.2	논리링크제어(LLC)
IEEE 802.3	CSMA/CD
IEEE 802.4	토큰버스(TokenBus)
IEEE 802.5	토큰링(TokenRing)
IEEE 802.6	MAN
IEEE 802.8	고속이더넷(FastEthernet)
IEEE 802.11	무선LAN
IEEE 802.15	블루투스

[오답해설]
① 논리 링크 제어(LLC)
② CSMA/CD
④ MAN

03 정답 ①

출제 영역 | 분산 운영 체제

[정답해설]
스레드(Thread)
- 프로세스 내에서 이루어지는 작업의 단위
- 하나의 프로세스에 하나 혹은 여러 개의 스레드가 존재할 경우 단일스레드와 다중스레드로 분류

[오답해설]
② 실행중인 프로세스가 CPU에 의해 일정 시간 동안 자주 참조하는 페이지들의 집합이다.
③ 상호배제를 위한 알고리즘으로 여러 프로세스가 동시에 값을 수정할 수 없다(P연산, V연산).
④ 두 개 이상의 프로세스들이 특정 공유 자원과 공유 자원 그룹을 할당하는데 필요한 데이터 및 프로시저를 포함하는 병행성 구조이다.

04 정답 ①

출제 영역 | 데이터 모델 및 설계

[오답해설]
② =[page]&/ "&[pages]&"페이지라고 해야 한다.
③ [pages]전체 페이지이므로 결과는 005이다.
④ 모든 페이지의 아랫부분에 번호를 출력하기 위해서는 페이지 바닥글이어야 한다.

05 정답 ①

출제 영역 | 기억장치

정답해설

직접 사상(Direct Mapping)
- 주기억장치의 임의의 블록들이 특정한 슬롯으로 사상되는 방식이다.
- 기억시킬 캐시 블록의 결정 함수는 주기억장치의 블록 번호를 캐시 전체의 블록 수로 나눈 나머지로 결정한다.
- 캐시 메모리에서 한 개의 페이지만 존재하도록 하는 경우로 1:1 매핑에 해당한다.

더 알아보기 | **연관 사상(Associative Mapping)**

- 주기억장치의 임의의 블록들이 어떠한 슬롯으로든 사상될 수 있는 방식이다.
- 가장 빠르고 융통성 있는 구조 방식으로 직접 사상의 단점을 극복한다.
- 메모리 워드의 번지와 데이터를 함께 저장하는데 캐시 블록이 꽉 채워진 경우이면 라운드 로빈(Round Robin) 방식으로 메모리 워드 번지와 데이터를 교체한다.

06 정답 ④

출제 영역 | 프로토콜과 네트워크

정답해설

④ 데이터 링크 계층(Data Link Layer : 2계층) : 두 개의 인접한 개방 시스템들 간에 신뢰성이 있고 효율적인 정보 전송을 할 수 있도록 오류의 검출과 회복을 위한 오류 제어 기능을 한다.

오답해설

① 표현 계층
② 네트워크 계층
③ 표현 계층

더 알아보기 | **OSI 7계층**

- 응용 계층 : 전자사서함, 파일 전송 등의 서비스
- 표현 계층 : 정보의 형식 설정과 코드의 변환, 암호화, 압축 등의 기능을 수행
- 세션 계층 : 대화(회화) 구성 및 동기제어, 데이터 교환 관리
- 전송 계층 : 종단 시스템 간 투명한 데이터 전송, 다중화, 오류제어, 흐름제어
- 네트워크 계층 : 경로설정, 데이터 교환 및 중계, 트래픽 제어
- 데이터 링크 계층 : 오류 검출 및 복구, 프레임 순서 제어, 신뢰성 있고 효율적인 정보전송
- 물리 계층 : 전송에 필요한 장치 간의 실제 접속과 절단 등 기계적, 전기적, 기능적, 절차적 특성을 정의

07 정답 ②

출제 영역 | 데이터 모델 및 설계

정답해설

개념적 데이터 모델
- 속성들로 기술된 개체 타입과 개체 타입들 간의 관계를 이용하여 현실 세계를 표현하는 방법이다.
- 현실 세계에 대한 인간의 이해를 돕기 위하여 현실 세계에 대한 인식을 추상적 개념으로 표현하는 과정이다.
- 현실 세계에 존재하는 개체를 인간이 이해할 수 있는 정보 구조로 표현하기 때문에 정보 모델이라고도 한다.
- 종류로는 개체-관계(E-R ; Entity-Relation) 모델이 있다.

더 알아보기 | **논리적 데이터 모델**

- 필드로 기술된 데이터 타입과 데이터 타입들 간의 관계를 이용하여 현실 세계를 표현하는 방법이다.
- 개념적 모델링 과정에서 얻은 개념적 구조를 컴퓨터가 이해하고, 처리할 수 있도록 컴퓨터 환경에 맞게 변환하는 과정이다.
- 단순히 데이터 모델이라고 하면 논리적 데이터 모델을 의미한다.
- 데이터 간의 관계를 어떻게 표현하느냐에 따라 관계형 데이터 모델, 계층형 데이터 모델, 망형 데이터 모델로 구분한다.

08 정답 ③

출제 영역 | 정보통신망

정답해설

무결성의 제약 조건
- 도메인 무결성(Domain Integrity) : 속성에 관련된 무결성으로 데이터 형태, 범위, 기본값, 유일성 등을 제한한다.
- 개체 무결성(Entity Integrity) : 한 릴레이션의 기본 키를 구성하는 어떠한 속성 값도 널(NULL) 값이나 중복 값을 가질 수 없다.
- 참조 무결성(Reference Integrity) : 릴레이션에 있는 튜플 정보가 다른 릴레이션에 있는 튜플 정보와 관계성이 있으며, 관계되는 정보의 정확성을 유지한다.
- 키의 무결성(Key Integrity) : 한 릴레이션(테이블)에는 최소한 하나의 키가 존재해야 한다.
- 고유 무결성(Unique Integrity) : 특정 속성에 대해 고유한 값을 가지도록 조건이 주어진 경우, 그 속성 값은 모두 달라야 한다.

09 정답 ④

출제 영역 | 프로세스와 스레드

정답해설

프로세스(Process)의 정의
- 비동기적 행위를 일으키는 주체
- 실행중인 프로그램 및 프로시저의 활동
- 프로세서가 할당되는 실체
- 프로세서 제어 블록(PCB)을 갖고 있으며, CPU를 할당 받을 수 있는 프로그램

10 정답 ②

출제 영역 | 관계형 데이터베이스

정답해설

② 정규화는 속성간의 종속관계를 분석하여 여러 개의 릴레이션으로 분해하는 과정으로 종속성을 제거하는 것을 말한다.

제1정규형(1NF)	모든 도메인이 원자값
제2정규형(2NF)	부분 함수 종속 제거
제3정규형(3NF)	이행적 함수 종속 제거
BCNF	모든 결정자가 후보키 조건 만족
제4정규형(4NF)	다치 종속 제거
제5정규형(5NF)	모든 조인 종속성이 오직 후보키를 통해서만 성립

11 정답 ④

출제 영역 | 인터넷과 보안

정답해설

④ 종단(End to End) 간의 통신 서비스를 제공하는 것은 전송 계층이다.

더 알아보기 TCP/IP 계층별 프로토콜
- 네트워크 접근 계층 : 이더넷, MAC/LLC, SLIP, PPP
- 인터넷 계층 : IP, ARP, RARP, ICMP, IGMP
- 전송 계층 : TCP, UDP
- 응용 계층 : FTP, SMTP, SNMP

12 정답 ①

출제 영역 | 파일 관리

정답해설
- 색인 순차 파일(Indexed Sequential Access File)의 구성 : 기본 영역, 색인 영역, 오버플로우 영역
- 색인 영역(Index Area)의 구성 : 트랙(Track) 색인 영역, 실린더(Cylinder) 색인 영역, 마스터(Master) 색인 영역

13 정답 ②

출제 영역 | 소프트웨어 설계와 객체 지향

정답해설

자료 사전의 표기법

기호	의미
=	자료의 정의(Is composed of)
+	자료의 연결(And)
( )	자료의 생략(Optional)
[|]	자료의 선택(Or)
{ }	자료의 반복(Iteration of)
* *	자료의 설명(Comment)

14 정답 ③

출제 영역 | 어휘 및 숙어

정답해설

③ 밑줄 친 purchase는 '~을 사다[구입하다]'의 뜻을 가지고 있으므로 밑줄 친 부분과 바꿔 쓸 수 없는 것은 'market(팔다, 시장에 팔려고 내놓다)'이다.

오답해설

① 사다 ② 사다, 입수하다 ④ 덥석 사다

해석

A : 우표는 어디서 파나요?
B : 우표는 저쪽 계산대에서 구매할 수 있습니다.

15 정답 ③

출제 영역 | 어휘 및 숙어

정답해설

② 현금 자동 인출기

오답해설

① (은행)출납담당자 ② 녹음기 ④ 앵무새

해석

현금 자동 인출기가 내 현금카드를 접수하려 하지 않는다.

16 정답 ④

출제 영역 | 회화

정답해설

④ 대화에서 A가 빈칸 다음에서 'Ten days.'라고 했으므로, 빈칸에 들어갈 말로 알맞은 것은 'How many days will you be there(며칠 동안 거기에 계실 건가요?)'이다.

오답해설

① 언제 떠나실 겁니까
② 어디에 머무를 예정입니까
③ 왜 홍콩에 가십니까

해석
A : 출장을 가야 해요.
B : 어디로 가시나요?
A : 홍콩으로요.
B : 며칠 동안 거기에 계실 건가요?
A : 열흘이요.
B : 네, 바로 처리해드리겠습니다. 제가 더 준비해야 할 사항은 없나요?
A : 공장 견학 일정을 잡아주실 수 있나요? 천 달러를 여행자 수표로 바꿔야 해요.
B : 바로 처리하도록 하겠습니다.

어휘
- business trip 출장
- take care of ~을 처리하다
- arrange (일을) 처리주선하다, (미리) 정하다
- traveller's check 여행자수표
- I'll get right on it. 바로 처리할게요.

17   정답 ②

출제 영역 | 회화

정답해설
② 대화에서 B가 빈칸 다음에서 'By express mail.'이라고 했으므로, 대화의 흐름상 빈칸에 들어갈 말로 가장 적절한 것은 'How do you want it sent(어떻게 보내시겠어요)'이다.

오답해설
① 네, 또 필요한 건 없나요
③ 우표를 어디서 팔지요
④ 소포를 보험에 드시겠어요

해석
A : 안녕하세요. 무엇을 도와드릴까요?
B : 안녕하세요. 이 소포를 뉴욕으로 보내고 싶어요.
A : 알겠습니다. 일단 이것을 작성해주세요. 안에 뭐가 들어있나요?
B : 책 세트입니다.
A : 무게가 6킬로그램입니다. 어떻게 보내시겠어요?
B : 속달로 보내주세요. 얼마인가요?
A : 65달러입니다. 보험에 드시겠어요?
B : 네, 부탁드립니다.
A : 그렇게 되면 5달러가 더 들 겁니다.

어휘
- parcel 소포
- fill out (서식을) 작성하다
- weigh 무게[체중]가 …이다
- express mail 속달우편 서비스
- insured 보험을 든

18   정답 ①

출제 영역 | 독해

정답해설
① 빈칸 (A) 앞에서 '상점은 고객을 대우하는 방식과 고객을 위해 하는 일들에 의해서 고객의 호감을 얻는다.'라고 했으며, 빈칸 다음에서 'a store may earn a customer's goodwill because it has always been easy for the customer to return items there.'라고 상점이 고객의 호감을 얻는 방법의 예를 들고 있으므로, 빈칸 (A)에는 'For instance(예를 들어)'가 적절하다. 빈칸 (B) 앞문장에서 '~ because of past instances of helping customers with excellent service'라고 했고, (B) 다음에서 'goodwill might be earned by a store whose efforts to please a customer ~'라고 했다. 즉, '훌륭한 서비스(excellent service)'로 고객을 도운 것 때문에 호감을 얻은 상점에 대한 예와 '고객을 기쁘게 하려는 노력(efforts to please a customer)'으로 호감을 얻은 내용이 유사하므로, 빈칸 (B)에는 'Similarly(마찬가지로, 이와 비슷하게)'가 적절하다.

해석
호감은 정의하기 어렵다. 그것은 고객이 특정 매장에 관하여 잠재적으로 가지고 있는 좋은 태도에 관한 것이다. 상점은 고객을 대우하는 방식과 고객을 위해 하는 일들에 의해서 고객의 호감을 얻는다. (A) 예를 들어, 고객이 그곳에서 물건을 반품하는 것이 항상 쉬웠기 때문에, 상점은 고객의 호감을 얻을 수도 있다. 훌륭한 서비스로 고객을 도운 과거의 사례 때문에 상점이 호감을 얻을지도 모른다. (B) 마찬가지로, 호감은 고객을 기쁘게 하려는 노력이 일반적으로 기대되는 수준을 넘어서는 상점에 의해 얻어질 수 있다. 모든 고객은 모범적인 서비스로 칭찬을 받은 상점이나 판매원에 대한 이야기를 할 수 있을 것이다.

어휘
- exemplary 모범적인
- goodwill 호감, 호의, 친절
- define 정의하다, 한정하다
- potentially 어쩌면, 잠재적으로
- excellent 훌륭한, 뛰어난
- go above and beyond (권한·직무 따위를) 넘어서다, …밖의 일을 하다
- relate …에 대하여 이야기하다[들려주다]

19

정답 ④

출제 영역 | 독해

정답해설

④ 빈칸 (A) 다음의 'but a decline in competence'로 미루어 빈칸 (A)에는 상반되는 내용이 와야 함을 유추할 수 있으므로, 빈칸 (A)에는 문맥상 'decline(감소)'과 반대되는 의미의 '증가(increase)'가 적절하다. 빈칸 (B) 앞에서 'Although smiley faces may help convey a 'positive(긍정적인)' tone in written messages'라고 했고, (B) 다음에서 '~ may outweigh these benefits(~ 이런 이점들보다 클지도 모른다)'라고 했으므로, 빈칸 (B)에는 '긍정적인(positive)'과 상반되는 '부정적인(adverse)'이 적절하다.

해석

한 실험에서, 참가자들은 공식적인 이메일을 읽고 친밀함과 능력을 기초로 그것들을 평가할 것을 요청받았다. 그 메시지들 중에 일부는 미소 표시(이모티콘)를 포함했다. 그 결과 미소 표시(이모티콘)를 함께 보낸 사용자들은 친밀함에서 약간의 평점이 (A) 증가를 보였지만 능력에서는 감소를 나타냈다. 비록 미소 표시(이모티콘)가 써면 메시지에서 긍정적인 어조를 전달하는 것에 도움이 될지는 모르지만, 능력에 대한 첫인상에 미치는 그들의 (B) 부정적인 영향은 이러한 이점들보다 더 클지도 모른다. 다른 실험에서는 참가자들에게 신입 직원이 잘 알지 못하는 관리직 보좌관에게 보낸 이메일을 읽도록 했다. 하나는 비즈니스 미팅에 관한 것이었고, 다른 하나는 사교 모임에 관한 것이었다. 그 연구에 따르면, 참가자들은 미소 표시(이모티콘)가 있는 공적 메시지를 텍스트만 있는 이메일보다 능력에서 더 낮게 평가했다. 비공식적인 메시지의 경우, 능력 평가는 거의 동일했다.

어휘

- participant 참가자
- formal 공식적인, 정식의
- rating 평가
- competence 능력, 역량
- smiley (이메일에서) 스마일리[미소 표시]
- decline 감소
- convey 전달하다[전하다]
- outweigh …보다 더 크다[대단하다]
- separate 별개의, 관련 없는
- administrative 관리[행정]상의
- assistant 조수, 보조원

20

정답 ③

출제 영역 | 독해

정답해설

③ 주어진 글은 소식을 보내기 위하여 과거에는 편지를 사용하였으나 오늘날에는 이메일을 주로 사용하지만 아직도 편지가 주는 장점이 있다는 내용이다. 특히 일곱 번째 문장에서 'There's something exciting about getting a letter in the mail.'이라고 한 다음에 편지는 여러분이 특별하다고 느끼게 하고(makes you feel special), 타이핑보다 손글씨가 더 개인적이라고 하면서 편지가 주는 좋은 점을 서술했으므로, 글의 요지로 가장 적절한 것은 '편지가 이메일보다 나을 때가 있다.'이다.

해석

편지는 사람들이 메시지를 보내는 일반적인 방법이었다. 오늘날 많은 사람들이 대신 이메일을 사용한다. 이메일은 시간을 절약한다. 사람들은 이메일 메시지를 다시 읽기 위해 그들의 컴퓨터에 보관할 수 있다. 그것은 그들이 쓴 것을 기억하도록 도와준다. 하지만, 아직도 편지가 훨씬 더 좋을 때가 있다. 편지를 우편으로 받는 것은 설레는 무언가가 있다. 그것은 여러분이 특별하다고 느끼게 한다. 그것은 누군가가 여러분만을 위한 카드를 고르기 위해 시간을 냈다는 것을 뜻한다. 게다가, 안에 무엇이 들어있는지 보는 것은 언제나 즐겁고, 손글씨가 타이핑보다 훨씬 더 개인적이다. 여러분의 편지를 받는 것은 누군가를 미소짓게 만들 것이다.

어휘

- used to [예전에는] ~이었다, ~하곤 했다
- save time 시간을 절약하다
- take the time 시간을 내다
- inside ~안에
- handwriting 손글씨

많이 보고 많이 겪고 많이 공부하는 것은 배움의 세 기둥이다.

– 벤자민 디즈라엘리 –

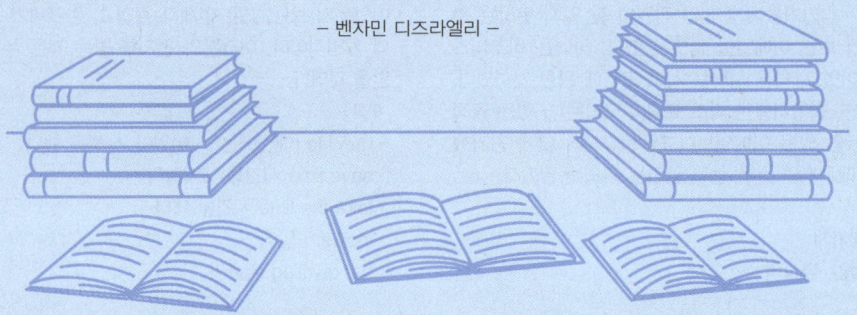

제3회 정답 및 해설

문제편 p.043

01 우편일반

01	02	03	04	05	06	07	08	09	10
②	②	③	①	①	④	①	④	②	③
11	12	13	14	15	16	17	18	19	20
①	③	④	①	③	①	②	①	①	①

01 정답 ②

출제 영역 | 국내우편 총론

[정답해설]
ㄱ. 서신독점권은 국가에 있으며, 독점권의 대상은 서신이다. 따라서 국가기관이나 지방자치단체에서 발송하는 등기우편물은 서신독점의 대상이 되며, 위탁이 불가하다.
ㄹ. 서신독점 대상의 예외에 해당하는 경우는 다음과 같다(「우편법 시행령」 제3조).
 • 「신문 등의 진흥에 관한 법률」 제2조 제1호에 따른 신문
 • 「잡지 등 정기간행물의 진흥에 관한 법률」 제2조 제1호 가목에 따른 정기간행물
 • 다음 요건을 모두 충족하는 서적
  – 표지를 제외한 48쪽 이상인 책자의 형태로 인쇄·제본되었을 것
  – 발행인·출판사나 인쇄소의 명칭 중 어느 하나가 표시되어 발행되었을 것
  – 쪽수가 표시되어 발행되었을 것
 • 상품의 가격·기능·특성 등을 문자·사진·그림으로 인쇄한 16쪽 이상(표지를 포함한다)인 책자 형태의 상품안내서
 • 화물에 첨부하는 봉하지 아니한 첨부서류 또는 송장
 • 외국과 주고받는 국제서류
 • 국내에서 회사(「공공기관의 운영에 관한 법률」에 따른 공공기관을 포함한다)의 본점과 지점 간 또는 지점 상호 간에 수발하는 우편물로써 발송 후 12시간 이내에 배달이 요구되는 상업용 서류
 • 「여신전문금융업법」 제2조 제3호에 해당하는 신용카드

[오답해설]
ㄴ. 우편물의 압류거부권 : 우편관서에서 운송 중이거나 발송 준비를 마친 우편물에 대해서는 압류를 거부할 수 있다.
ㄷ. 운송원 등의 조력청구권 : 우편업무를 집행 중인 우편운송원, 우편집배원과 우편물을 운송 중인 항공기, 차량, 선박 등이 사고를 당하였을 때 주위에 조력을 청구할 수 있으며, 조력의 요구를 받은 자는 정당한 사유 없이 이를 거부할 수 없다. 이 경우 우편관서는 도움을 준 자의 청구에 따라 적절한 보수를 지급하여야 한다(강제 사항).

02 정답 ②

출제 영역 | 우편서비스 종류와 이용조건

[정답해설]
② 소포우편물의 최소용적은 가로, 세로, 높이를 합하여 35cm이므로, 가로, 세로, 높이를 합하여 35cm 미만인 소형포장우편물은 통상우편물로 구분하여 취급한다.

[오답해설]
① 기록 취급되는 특수취급우편물을 포함한 20kg을 초과하는 소포우편물은 선택적 우편서비스의 대상이다.
③ 소포우편물의 최대 용적은 가로, 세로, 높이를 합하여 160cm 이내여야 하며, 어느 길이도 1m를 초과할 수 없다.
④ 소포우편물에는 원칙적으로 서신을 넣을 수 없으나 물건과 관련이 있는 납품서, 영수증, 설명서, 감사인사 메모 등은 함께 보낼 수 있다(우체국쇼핑 상품설명서, 선물로 보내는 소포와 함께 보내는 감사인사 메모 등).

03 정답 ③

출제 영역 | 국내우편물의 부가서비스

[정답해설]
③ 발송 후 배달증명은 수령인의 수령사실 확인 후 배달완료된 경우(무인우편함 포함)에 한해 청구가 가능하고, 우편함에 배달완료된 경우에는 청구가 불가하다.

04 정답 ①

출제 영역 | 국내우편물의 부가서비스

[정답해설]
ㄱ. 통화등기 : 우편을 이용해서 현금을 직접 수취인에게 배달하는 제도로서 만일 취급하는 중에 잃어버린 경우에는 통화등기 금액 전액을 변상하여 주는 보험 취급의 일종이다.
ㄴ. 안심소포 : 고가의 상품 등 등기소포우편물을 대상으로 하며 손해가 생기면 해당 보험가액을 배상하여 주는 부가취급제도를 말한다.
ㄷ. 특별송달 : 다른 법령에 따라 「민사소송법」이 정하는 방법으로 송달하여야 할 서류를 내용으로 하는 등기통상우편물을 송달하고 그 송달의 사실을 우편송달통지서로 발송인에게 알려주는 부가취급서비스를 말한다.

[오답해설]
- 물품등기 : 귀금속, 보석, 옥석, 그 밖의 귀중품이나 주관적으로 가치가 있다고 신고하는 것을 보험등기 봉투에 넣어 수취인에게 직접 송달하고 취급 도중 분실되거나 훼손한 경우 표기금액을 배상하는 보험취급제도의 하나로, 통상우편물에 한정한다.
- 국내특급 : 등기취급을 전제로 국내특급우편 취급지역 상호 간에 수발하는 긴급한 우편물을 통상의 송달 방법보다 더 빠르게 송달하기 위하여 접수된 우편물을 약속한 시간 내에 신속히 배달하는 특수취급제도이다.

05 정답 ①

출제 영역 | 국내우편물의 부가서비스

[정답해설]
① 특별송달은 다른 법령에 따라 「민사소송법」이 정하는 방법으로 송달하여야 하는 서류를 내용으로 하는 등기통상우편물을 송달하고 그 송달의 사실을 우편송달 통지서로 발송인에게 알려주는 부가취급서비스이다.

특별송달 요금체계

송달통지서가 1통인 소송서류를 발송하는 경우	수납금액 = 일반통상우편요금 + 등기취급수수료 + 특별송달취급수수료 + (회송)일반통상기본우편요금
송달통지서가 2통 첨부된 소송서류를 발송할 경우	수납금액 = 일반통상우편요금 + 등기취급수수료 + 2통의 특별송달취급수수료 + (회송)2통의 일반통상기본우편요금

[오답해설]
② 민원우편의 요금은 발송할 때의 취급요금(우편요금 + 등기취급수수료 + 익일특급수수료)과 회송할 때의 취급요금(50g 규격우편요금 + 등기취급수수료 + 익일특급수수료)을 합하여 접수 시에 선납한다.
③ 민원발급 수수료와 회송할 때의 민원발급 수수료 잔액을 현금으로 우편물에 봉입하여 발송할 수 있다.
④ 착불배달 우편물이 수취인 불명, 수취거절 등으로 반송되는 경우 발송인에게 우편요금 및 반송수수료를 징수한다. 다만, 맞춤형 계약등기는 우편요금(표준요금 + 중량구간별 요금)만 징수하며, 접수담당자는 발송인에게 이러한 사항을 반드시 설명해야 한다.

06 정답 ④

출제 영역 | 그 밖의 우편서비스

[정답해설]
④ 인터넷우체국의 우표 · 엽서 · 축하카드 서비스에서 그림엽서, 기념엽서, e-그린엽서, 고객맞춤형엽서, 모바일엽서, 축하카드, 연하카드 등 엽서류 · 축하카드 서비스를 이용할 수 있다.

07 정답 ①

출제 영역 | 우편에 관한 요금

[정답해설]
창구접수 및 방문접수 소포우편물의 요금감액 범위

구분		3%	5%	10%	15%
창구접수	요금즉납	1~2개	3개 이상	10개 이상	50개 이상
	요금후납	-	70개 이상	100개 이상	130개 이상
방문접수	접수정보 사전연계	개당 500원 감액 (접수정보 입력, 사전결제, 픽업장소 지정 시)			
	분할접수	중량 20kg 초과 소포 1개를 2개로 분할하여 접수할 경우 2,000원 감액 ※ 동일 시간대, 동일 발송인, 동일 수취인이고, 분할한 소포 1개의 무게는 10kg을 초과할 것			

08 정답 ④

출제 영역 | 우편에 관한 요금

[정답해설]
④ 납부인이 우편물을 접수한 후 우편관서에서 발송이 완료되지 아니한 우편물의 접수를 취소한 경우(「우편법 시행령」 제35조 제1항 제4호)는 우편물 접수 당일까지 해당 우편요금 등을 납부한 우체국에 반환을 청구해야 한다.

[오답해설]
① 우편관서의 잘못으로 과다징수한 우편요금 등은 해당 우편요금 등을 납부한 날부터 60일 이내에 해당 우편요금 등을 납부한 우체국에 반환을 청구한다.
② 우편관서에서 우편물의 특수취급의 수수료를 받은 후 우편관서의 과실로 인하여 특수취급을 하지 아니한 경우 그 특수취급수수료는 해당 우편요금 등을 납부한 날부터 60일 이내에 반환을 청구한다.
③ 사설우체통의 사용을 폐지하거나 사용을 폐지시킨 경우 그 폐지한 다음날부터의 납부수수료 잔액은 폐지한 날로부터 30일 이내에 반환을 청구한다.

09 정답 ②

출제 영역 | 손해배상 및 손실보상

[정답해설]
옳은 것은 ㄱ, ㄷ으로, 총 2개이다.
ㄱ. 등기소포의 경우 D+3일 배달분부터 우편요금 및 등기취급수수료를 손해배상한다.
ㄷ. 'D'는 우편물을 접수한 날을 말하며, 공휴일과 우정사업본부장이 배달하지 않기로 정한 날은 배달기한에서 제외한다.

[오답해설]
ㄴ. 익일특급의 경우 D+3일 배달분부터 우편요금 및 국내특급 수수료를 손해배상한다.
ㄹ. 우편번호 잘못 표시, 수취인 부재 등 발송인이나 수취인의 책임으로 지연배달되는 경우는 지연배달로 보지 않는다.

10 정답 ③

출제 영역 | 발착 및 운송작업

[정답해설]
③ '감편'은 우편물의 발송량이 적어 정기편을 운행하지 아니하는 것을 말한다. 우편물 감소로 운송편의 톤급을 하향 조정하는 것은 '감차'이다.

11 정답 ①

출제 영역 | 발착 및 운송작업

[정답해설]
① 우편물은 '특급우편물 → 등기우편물 → 일반우편물' 순으로 발송한다.

12 정답 ③

출제 영역 | 우편물 수집 및 배달

[정답해설]
등기취급 우편물의 정당 수령인은 ㄱ, ㄷ, ㄹ으로, 총 3개이다.
등기취급(부가취급·특수취급) 우편물 정당 수령인
- 우편물 표면에 기재된 주소지의 수취인이나 동거인(같은 직장 근무자 포함)
- 같은 건축물 및 같은 구내의 관리사무소, 접수처, 관리인
- 대리수령인으로 지정되어 우편관서에 등록된 사람
- 수취인과 같은 집배구에 있고 수취인의 배달동의를 받은 무인우편물보관함

13 정답 ④

출제 영역 | 우편물 수집 및 배달

[정답해설]
④ 자국에서 보관 교부할 우편물이 도착하였을 때에는 해당 우편물에 도착날짜도장을 날인하고 따로 보관한다. 이에 따른 보관기간은 우편물이 도착한 다음 날부터 계산하여 10일로 하며, 교통이 불편하거나 그 밖의 사유로 수취인이 10일 이내에 우편물을 교부받을 수 없다고 인정될 때에는 20일의 범위 안에서 교부기간을 연장할 수 있다.

14 정답 ①

출제 영역 | 국제우편 총설

[오답해설]
② 관리이사회(CA ; Council of Administration)가 우편에 관한 정부 정책 및 감사 등과 관련된 사안을 담당한다.
③ UPU 총회(Congress)는 연합의 최고 의결기관으로서 4년마다 개최되며 전 회원국의 전권대표로 구성되며, 전 세계 우편사업의 기본 발전방향을 설정한다.
④ 우리나라는 1897년 제5차 워싱턴 총회에 참석하여 가입신청서를 제출하였으며 1900년 1월 1일에 '대한제국(Empire of Korea)' 국호로 정식 가입하였다.

15 정답 ③

출제 영역 | 국제우편 총설

[정답해설]
③ 우편물의 무게한계가 무거운 것에서 가벼운 순서로 배열된 것은 'ㄷ. 우편자루 배달인쇄물(10kg~30kg) - ㄹ. 시각장애인용 우편물(7kg) - ㄴ. 인쇄물(5kg) - ㄱ. 소형포장물(2kg) - ㅁ. 항공서간(5g)'이다.

16 정답 ①

출제 영역 | 국제우편요금

[정답해설]
① 부피중량 산식 : 가로(cm)×세로(cm)×높이(cm)÷부피계수 6,000
부피중량 적용 예시
가로 20cm, 세로 20cm, 높이 20cm인 우편물의 실제 중량이 1kg인 경우, 부피 중량은 1.33kg(20×20×20÷6,000)로 부피 중량이 실제 중량보다 더 높으므로 부피(체적)중량을 적용하여 우편요금을 계산한다.

17 정답 ②

출제 영역 | 국제우편요금

[정답해설]
② 국제우편요금의 별납이란 한 사람이 한 번에 같은 우편물(동일 무게)을 보낼 때에 우편물 외부에 POSTAGE PAID(날인 또는 인쇄) 표시를 하여 발송하고 우편요금은 우표첩부 없이 별도로 즉납하는 제도로, 우편취급국을 제외한 모든 우체국에서 취급한다.

[오답해설]
① 통상우편물은 10통 이상의 경우여야 가능하다.
③ 국제특급우편물과 소포우편물의 우편요금은 현금과 신용카드(혹은 체크카드)로 결제할 수 있다.
④ 접수된 우편물은 국제우편물류센터나 부산국제우체국 앞으로 별도 우편자루 체결·발송을 원칙으로 한다. 다만, 물량이 적을 경우에는 단단히 묶어서 다른 우편물과 함께 발송한다.

18 정답 ①

출제 영역 | 주요 부가서비스 및 제도

정답해설

사전통관정보제공에 따른 선택 통관정보 항목은 ㄷ, ㅁ, ㅂ으로, 총 3개이다.

통관정보 제공 데이터 항목

발송인	등록구분	수취인	등록구분	내용품	등록구분
성명	필수	성명	필수	내용품유형	필수
상세주소	필수	상세주소	필수	내용품명	필수
우편번호	필수	우편번호	필수	순중량	필수
전화번호	필수	전화번호	선택	생산지	필수
Email	선택	Email	선택	HS Code	필수
				개수	필수
				가격	필수

19 정답 ①

출제 영역 | 주요 부가서비스 및 제도

정답해설

계약국제특급우편 감액요건 및 감액범위

이용 금액	감액률
50 초과~150	4%
150 초과~500	6%
500 초과~1,000	8%
1,000 초과~2,000	10%
2,000 초과~5,000	12%
5,000 초과~10,000	14%
10,000 초과~20,000	16%
20,000 초과	18%

20 정답 ①

출제 영역 | 국제우편물 및 국제우편요금의 반환

정답해설

① 우편물 반환 청구는 수취인에게 보낼 필요가 없게 된 경우에 가능하며 반환청구 접수는 해당 우편물을 접수한 우체국에서만 가능하다.

02 예금일반

01	02	03	04	05	06	07	08	09	10
②	①	④	④	④	③	④	③	②	③
11	12	13	14	15	16	17	18	19	20
②	④	①	③	③	③	④	④	④	①

01 정답 ②

출제 영역 | 금융경제 일반

정답해설

② 외화의 공급이 증가하면 환율이 상승하는 것이 아니라 하락하게 된다. 실제로 우리나라 경상수지는 2012년 이후 많이 늘어났는데, 지속적인 경상수지 흑자는 환율 하락 요인으로 작용하였다.

02 정답 ①

출제 영역 | 금융경제 일반

정답해설

우리나라의 주가지수

코스피지수 (KOSPI ; Korea Composite Stock Price Index)	코스피지수는 유가증권시장에 상장되어 있는 종목을 대상으로 산출되는 대표적인 종합주가지수이다. 1980년 1월 4일을 기준시점으로 이 날의 주가지수를 100으로 하고 개별종목 주가에 상장주식수를 가중한 기준시점의 시가총액과 비교시점의 시가총액을 비교하여 산출하는 시가총액방식 주가지수이다.
코스닥지수 (KOSDAQ Index)	코스닥지수는 코스닥 시장에 상장되어 있는 종목을 대상으로 산출되는 종합지수로 코스닥시장의 대표지수이며, 1996년 7월 1일을 기준시점으로 이날의 주가지수를 1,000 포인트로 하여 산출하였으며, 코스피지수와 동일한 시가총액방식으로 산출된다.
코스피200 지수 (KOSPI 200 ; Korea Stock Price Index 200)	유가증권시장에 상장된 주식 중 시장대표성, 업종대표성, 유동성 등을 감안하여 선정되는 200개 종목을 대상으로 최대주주지분, 자기주식, 정부지분 등을 제외한 유동주식만의 시가총액을 합산하여 계산한다. 동 지수는 주가지수선물, 주가지수옵션 거래뿐 아니라 인덱스펀드, 상장지수펀드(ETF ; Exchange Traded Fund) 등에도 활용되고 있다. 1990년 1월 3일을 기준시점으로 하여 작성되고 있다.

KRX100 지수 (Korea Exchange 100)	유가증권시장과 코스닥시장의 우량종목을 고루 편입한 통합주가지수로서 유가증권시장 90개, 코스닥시장 10개 등 총 100개 종목으로 구성된다. 동 지수 역시 최대주주지분, 자기주식, 정부지분 등을 제외한 유동주식만의 시가총액을 합산하여 계산하며, 상장지수펀드(ETF), 인덱스펀드 등 다양한 상품에 이용된다.
코스닥150 지수 (KOSDAQ 150 Index)	코스닥시장을 대표하는 지수로서 '15. 7월 개발되었으며, 코스닥시장 특성을 잘 반영할 수 있도록 시장대표성, 유동성 및 상품성 등을 종합적으로 고려한 150개 종목으로 구성, 선물 및 ETF 등 금융상품의 기초지수로 활용되고 있다.

03   정답 ④

출제 영역 | 금융회사와 금융상품

정답해설

④ MMF의 최대 장점은 가입 및 환매가 청구 당일에 즉시 이루어지므로 입출금이 자유로우면서 실적에 따라 수익이 발생하여 소액투자는 물론 언제 쓸지 모르는 단기자금을 운용하는 데 유리하다는 점이다. 다만, 계좌의 이체 및 결제 기능이 없고, 예금자보호의 대상이 되지 않는다.

04   정답 ④

출제 영역 | 저축과 금융투자에 대한 이해

정답해설

④ 전화, 방문 등 실시간 대화를 통한 권유는 투자자가 원하는 경우에만 할 수 있도록 하는 '요청하지 않은 투자권유금지(unsolicited call)' 규정을 두었다.

05   정답 ④

출제 영역 | 저축과 금융투자에 대한 이해

정답해설

④ 채권은 차입자가 파산할 경우에도 주주권에 우선하여 변제받을 수 있으며, 원금의 손실가능성이 매우 낮아 복리효과를 이용한 장기투자에 적합하다.

06   정답 ③

출제 영역 | 우체국금융 일반현황

정답해설

③ 1990년 6월에 전국 우체국의 온라인망이 구축되었고, 1995년에는 우체국 전산망과 은행전산망이 연결되어 전국을 하나로 연결하는 편리한 우체국 금융서비스를 제공할 수 있게 되었다.

07   정답 ④

출제 영역 | 예금업무 개론

정답해설

ㄹ. 착오송금한 송금인은 먼저 금융회사를 통해 수취인에게 반환을 요청하여야 하며, 미반환된 경우(금융회사의 반환청구절차 결과 '반환거절' 또는 '일부반환' 종결)에만 착오송금일로부터 1년 이내에 예금보험공사에 반환지원 신청이 가능하다.

착오송금 반환지원제도 개요

구분	주요내용
신청대상	• '21.7.6 이후 발생한 5만원 이상 1천만원 이하 착오송금 • '23.12.31 이후 발생한 5만원 이상 5천만원 이하 착오송금
대상조건	착오송금 시 먼저 금융회사를 통해 수취인에게 반환을 요청하여야 하며, 미반환된 경우(금융회사의 반환청구절차 결과 '반환거절' 또는 '일부반환' 종결)에만 예금보험공사에 반환지원 신청 가능
신청가능 기간	착오송금일로부터 1년 이내 신청(통상 접수일로부터 약 2개월 내외 반환 예상)
반환지원 신청절차	예금보험공사 홈페이지 내 착오송금 반환지원 사이트 접속 온라인 신청 또는 예금보험공사 본사 상담센터 방문 신청

08   정답 ③

출제 영역 | 예금업무 개론

정답해설

③ 금융회사가 폰뱅킹신청 등록 시 거래상대방의 본인여부를 확인하는 때 그 상대방이 거래명의인의 주민등록증을 소지하고 있는지 여부를 확인하는 것만으로는 부족하고, 그 직무수행상 필요로 하는 충분한 주의를 다하여 주민등록증의 진정여부 등을 확인함과 아울러 그에 부착된 사진과 실물을 대조하여야 한다.

09   정답 ②

출제 영역 | 예금업무 개론

정답해설

상속에 관한 설명으로 옳지 않은 것은 ㄱ, ㄴ, ㅁ으로, 총 3개이다.

ㄱ. 양자는 법정혈족이므로 친생부모 및 양부모의 예금도 상속하나(다만 2008.1.1.부터 시행된 친양자입양제도에 따라 입양된 친양자는 친생부모와의 친족관계 및 상속관계가 모두 종료되므로 생가부모의 예금을 상속하지는 못한다), 서자와 적모 사이·적자와 계모 사이·부와 가봉자(의붓아들) 사이에는 혈연도 없고 법정혈족도 아니므로 상속인이 아니다.

ㄴ. 배우자 상호 간에도 대습상속이 인정된다. 예컨대 남편이 사망한 후 남편의 부모가 사망한 경우에 처는 남편의 상속인의 지위를 상속한다. 그러나 배우자가 타인과 재혼한 경우에는 인척관계가 소멸되므로 상속인이 될 수 없다.

ㅁ. 공동상속인 간의 협의에 의한 분할로 유언에 의한 분할 방법의 지정이 없거나, 피상속인이 5년을 넘지 않는 범위 내에서 상속재산의 분할을 금지하지 않는 한 공동상속인들은 언제든지 협의로 상속재산을 분할할 수 있다.

10
정답 ③

출제 영역 | 내부통제 및 금융소비자 보호

정답해설

비밀보장의 대상 및 제외대상

비밀보장의 대상	• 특정인의 금융거래사실(누가 어느 금융회사 등, 어느 점포와 금융거래를 하고 있다는 사실) • 금융회사가 보유하고 있는 금융거래 내용을 기록·관리하고 있는 모든 장표·전산기록 등의 원본·사본(금융거래자료) 및 그 기록으로부터 알게 된 것(금융거래정보) • 당해 정보만으로 명의인의 정보 등을 직접 알 수 없으나 다른 정보와 용이하게 결합하여 식별할 수 있는 것 • 특정 명의인이 전화번호, 주소, 근무처 등이 포함된 금융거래 자료 또는 정보 • 정보 요구자가 특정인의 성명, 주민등록번호, 계좌번호 등을 삭제하는 조건으로 요구한 당해 특정인의 식별 가능한 금융거래 자료 또는 정보
비밀보장의 제외대상	• 특정 명의인의 금융거래 사실 또는 금융거래에 대한 정보를 알 수 없는 것은 비밀보장의 대상에서 제외 • 금융거래에 관한 단순통계 자료 • 성명, 주민등록번호, 계좌번호, 증서번호 등이 삭제된 다수 거래자의 금융거래 자료로서 특정인에 대한 금융거래정보를 식별할 수 없는 자료 • '93. 8. 12 이전에 거래된 무기명, 가명의 금융거래 • 순수한 대출거래·보증·담보내역 등에 관한 정보 및 자료 • 신용카드 발급, 가맹점 가입, 카드를 이용한 매출, 현금서비스, 기타 회원, 가맹점 및 채무관리 등에 관한 정보 및 자료 • 대여금고 이용에 관한 정보 • CCTV화면 관련 정보 ※ CCTV관련 정보는 「개인정보 보호법」 등 타 법률에 따라 제한사항 여부 확인

11
정답 ②

출제 영역 | 내부통제 및 금융소비자 보호

오답해설

① 금융회사 내부 또는 금융회사 상호 간에 업무상 필요한 정보를 요구하는 경우 등에 있어서 거래정보 등을 보관 또는 관리하는 부서에 일괄 조회요구를 할 수 있다.
③ 관련 서류의 보관기간은 정보제공일로부터 5년간이다.
④ 금융회사의 직원이 불법 차명거래 알선·중개행위를 하거나 금융거래 비밀보장의무 위반행위를 한 경우에는 5년 이하의 징역 또는 5천만원 이하의 벌금에 처한다.

12
정답 ④

출제 영역 | 내부통제 및 금융소비자 보호

오답해설

① 우리나라의 자금세탁방지기구는 「특정 금융거래정보의 보고 및 이용 등에 관한 법률」에 따라 설립된 금융정보분석원(KoFIU ; Korea Financial Intelligence Unit)이다.
② 불법재산 또는 자금세탁행위를 하고 있다고 의심되는 합당한 근거의 판단주체는 금융회사 종사자이며, 의심거래보고제도는 이들의 주관적 판단에 의존한다.
③ 고액현금거래보고제도(CTR ; Currency Transaction Report)는 1거래일 동안 1천만원 이상의 현금을 입금하거나 출금한 경우 전산으로 자동 보고토록 한 것이다.

13
정답 ①

출제 영역 | 예금관련법

정답해설

ㄱ. 예금보험공사는 예금보험 가입 금융회사가 취급하는 '예금' 등 만을 보호한다. 이때, 모든 금융상품이 보호대상 '예금' 등에 해당하지는 않는다.
ㄴ. 보호대상 금융회사는 은행, 보험회사(생명보험·손해보험회사), 투자매매업자·투자중개업자, 종합금융회사, 상호저축은행이다. 농협은행, 수협은행 및 외국은행 국내지점은 보호대상 금융회사이지만 농·수협 지역조합, 신용협동조합, 새마을금고는 현재 예금보험공사의 보호대상 금융회사는 아니며, 관련 법률에 따른 자체 기금에 의해 보호된다.

14 정답 ③

출제 영역 | 예금관련법

정답해설

금융소득 중 비과세 및 분리과세 소득을 제외한 금융소득이 2천만원을 초과하는 경우 금융소득 전체를 종합과세한다. 금융소득이 2천만원을 초과하면 다른 종합소득과 합산하여 산출세액을 계산하고 2천만원 이하 금액은 원천징수세율(14%)을 적용하여 산출세액을 계산한다.

- 금융소득 = 이자소득 + 배당소득
- 종합과세 제외 금융소득 = 비과세 되는 금융소득 + 분리과세 되는 금융소득
- 종합과세 대상 금융소득 = 금융소득 − 종합과세 제외 금융소득

- A씨의 종합과세되는 금융소득 금액은 90,000,000원(정기예금 이자 + 채권 이자)이다.
- A씨의 '세금우대종합저축의 이자'는 분리과세되는 금융소득으로 종합과세되는 금융소득 금액에서 제외된다.
- 기준금액초과 금융소득 : 90,000,000원 − 20,000,000원 = 70,000,000원
- ㉠ 금융소득을 기본세율로 과세 시 산출세액
  = (2천만원 초과 금액 − 종합소득공제) × 기본세율 + (2천만원 × 14%)
  = (70,000,000원 − 5,100,000원) × 24% − 누진공제(5,760,000원) + 2,800,000원
  = 12,616,000원
- ㉡ 금융소득을 원천징수세율로 과세 시 산출세액
  = 금융소득 × 14%
  = 90,000,000원 × 14% = 12,600,000원

종합소득 산출세액은 ㉠과 ㉡ 중 큰 금액인 ③ 12,616,000원이다.

15 정답 ③

출제 영역 | 우체국금융 상품

정답해설

③ 국민행복 체크카드는 복지카드 기능은 없으나 정부에서 지원하는 다양한 국가바우처를 한 장의 카드로 이용할 수 있고, 교통선불카드나 점자카드로 발급받을 수 있다.

16 정답 ③

출제 영역 | 우체국금융 상품

정답해설

우체국 공익형 예금상품의 종류

구분	수시입출식 예금 (6종)	적립식예금 (2종)	거치식예금 (2종)
10종	행복지킴이통장, 국민연금안심통장, 공무원연금평생안심통장, 호국보훈지킴이통장, 청년미래든든통장, 건설하나로통장	새출발자유적금, 장병내일준비적금	이웃사랑정기예금, 소상공인정기예금

17 정답 ③

출제 영역 | 우체국금융 상품

정답해설

③ 우체국 새출발자유적금에 대한 내용이다. 우체국 다드림적금은 주거래 고객 확보 및 혜택 제공을 목적으로 각종 이체 실적 보유 고객, 장기거래 등 주거래 이용실적이 많을수록 우대혜택이 커지는 자유적립식 예금이다.

18 정답 ④

출제 영역 | 우체국금융 상품

오답해설

ㄱ. 우체국 체크카드 결제계좌는 현재 우체국 요구불예금으로 지정하도록 되어있으나, 국민행복 전용카드와 같이 계좌 없이 바우처 사용만을 위한 특수상품은 제외된다.
ㄴ. 학생증카드는 대학교(원) 학생증에 체크카드 기능이 통합된 카드이다.
ㄷ. 복지카드는 복지포인트가 부여된 임직원이 발급받는 카드로 복지포인트 가맹점에서 결제 시 복지포인트로 결제 또는 차감이 가능한 카드이다.

19 정답 ④

출제 영역 | 우체국금융 서비스

정답해설

④ SWIFT의 송금한도는 건당 5천불 이하에서는 제한이 없으나, 건당 5천불이 초과되는 송금한도는 국민인 거주자의 경우 연간 10만불 이하이고, 외국인 비거주자의 경우 연간 5만불 이하로 제한된다.

20 정답 ①

출제 영역 | 우체국금융 상품

정답해설

① ㄱ − ⓐ, ㄴ − ⓑ, ㄷ − ⓒ, ㄹ − ⓓ

03 보험일반

01	02	03	04	05	06	07	08	09	10
①	②	①	②	①	④	①	①	③	①
11	12	13	14	15	16	17	18	19	20
③	④	③	④	③	②	③	②	②	④

01 정답 ①

출제 영역 | 생명보험 이론

정답해설

① 보험자는 유지된 계약에 대하여 보험금 지급사유가 발생하였을 경우 보험금을 지급할 의무가 있다. 보험계약자는 보험자와 보험계약을 체결하는 보험계약당사자를 말한다.

02 정답 ②

출제 영역 | 우체국보험 상품

정답해설

② 주계약 보험가입금액은 500만원 단위로 가입 가능하다.

03 정답 ①

출제 영역 | 생명보험 이론

정답해설

① 자연보험료에 대한 설명이다. 위험보험료는 사망보험금, 장해보험금 등 보험사고 발생 시 지급 재원이 되는 보험료이다.

04 정답 ②

출제 영역 | 보험계약법(인보험편)

정답해설

② 보험기간 중에 보험계약자 또는 피보험자가 사고 발생의 위험이 현저하게 변경 또는 증가된 사실을 안 때에는 지체 없이 보험자에게 통지하여야 한다(「상법」 제652조).

05 정답 ①

출제 영역 | 우체국보험 상품

정답해설

① 출생 시부터 최대 100세까지 꼭 필요한 보장만 담은 어린이종합보험이다.

06 정답 ④

출제 영역 | 생명보험 이론

정답해설

ㄱ. 보험의 목적물은 보험자(보험회사)가 배상하여야 할 범위와 한계를 정해준다.

ㄴ. 「상법」에서는 보험자의 책임을 최초의 보험료를 지급 받은 때로부터 개시한다고 규정하고 있다.

ㅁ. 생명보험에서 보험목적물은 피보험자의 생명 또는 신체이다.

07 정답 ①

출제 영역 | 보험계약법(인보험편)

정답해설

① 보험계약은 보험계약자의 청약과 동시에 최초보험료를 미리 납부하는 것이 보험거래의 관행이므로 요물계약처럼 운용되고 있다. 그러나 보험계약은 본질적으로 낙성계약이므로, 보험료의 선납이 없어도 보험계약은 유효하게 성립된다. 다만 최초보험료의 납부 없이는 보험자의 책임이 개시하지 않는다.

08 정답 ①

출제 영역 | 우체국보험 계약유지 및 보험금 지급

정답해설

① 선납할인은 향후의 보험료를 3개월분(2021.9.12. 이전 계약은 1개월분) 이상 미리 납입하는 경우의 할인이며, 할인율은 해당상품 약관에서 정한 예정이율(2017.5.19. 이후 상품)로 계산한다.

09 정답 ③

출제 영역 | 우체국보험 상품

오답해설

ㄱ. 최초 납입일로부터 납입기간이 5년 이상인 월적립식 보험계약

ㄷ. 2017년 4월 1일 이후 가입한 보험계약에 한하여 보험계약자 1명당 매월 납입하는 보험료 합계액이 150만원 이하

ㄹ. '종신형 연금보험'의 보험차익 비과세 요건에 대한 설명이다.

> **더 알아보기** 월적립식 저축성보험의 보험차익 비과세 요건
>
> **「소득세법 시행령」 제25조(저축성보험의 보험차익)**
> ③ 법 제16조 제1항 제9호 가목에서 "대통령령으로 정하는 요건을 갖춘 보험"이란 보험계약 체결시점부터 다음 각 호의 어느 하나에 해당하는 보험을 말한다.
>   2. 다음 각 목의 요건을 모두 갖춘 월적립식 저축성보험
>   가. 최초 납입일부터 납입기간이 5년 이상인 월적립식 보험계약일 것
>   나. 최초 납입일부터 매월 납입하는 기본보험료가 균등(최초 계약한 기본보험료의 1배 이내로 기본보험료를 증액하는 경우를 포함한다)하고, 기본보험료의 선납기간이 6개월 이내일 것
>   다. 계약자 1명당 매월 납입하는 보험료 합계액[계약자가 가입한 모든 월적립식 보험계약(만기에 환급되는 금액이 납입보험료를 초과하지 아니하는 보험계약으로서 기획재정부령으로 정하는 것은 제외한다)의 기본보험료, 추가로 납입하는 보험료 등 월별로

납입하는 보험료를 기획재정부령으로 정하는 방식에 따라 계산한 합계액을 말한다]이 150만원 이하일 것(2017년 4월 1일부터 체결하는 보험계약으로 한정한다)

10 정답 ①

출제 영역 | 생명보험 이론

[정답해설]
옳은 것은 ㄱ으로, 총 1개이다.

[오답해설]
ㄴ. 보험계약자와 피보험자가 다른 '타인의 생명보험'일 경우 보험수익자 지정 또는 변경 시 피보험자의 동의가 필요하다.
ㄷ. 보험중개사에 대한 설명이다. 보험설계사는 보험회사, 대리점, 중개사에 소속되어 보험계약 체결을 중개하는 자이다.
ㄹ. 보험계약자가 보험계약 시 보험수익자를 지정하지 않은 경우, 생존보험금 발생 시 보험수익자는 보험계약자이다.

11 정답 ③

출제 영역 | 우체국보험 상품

[오답해설]
① 무배당 우체국든든한종신보험 2109의 암보장개시일은 계약일(부활일)부터 그날을 포함하여 90일이 지난 날의 다음 날이다.
② 무배당 우체국건강클리닉보험(갱신형) 2109의 피보험자 나이가 15세인 미만인 경우, 암보장개시일은 계약일(부활일)로 한다.
④ 무배당 우체국당뇨안심보험 2109의 당뇨보장개시일은 계약일(부활일)부터 그날을 포함하여 1년이 지난 날의 다음 날로 한다.

12 정답 ④

출제 영역 | 우체국보험 상품

[오답해설]
① 우체국연금저축보험 2109의 추가납입보험료는 계약일 이후 1개월이 지난 후부터 (연금개시나이-1)세 계약해당일까지 납입 가능하다.
② 어깨동무연금보험 2109는 장애인 부모의 부양능력 약화 위험 및 장애아동을 고려, 연금개시연령을 확대하여 20세부터 연금 수령이 가능하다.
③ 무배당 우체국온라인연금저축보험 2109는 '종신연금형'과 '확정기간연금형' 중 여건에 맞는 연금 형태를 선택할 수 있다.

13 정답 ③

출제 영역 | 우체국보험 상품

[정답해설]
③ 갱신 직전 '무사고 할인판정기간' 동안 보험금 지급 실적이 없는 경우, 갱신일부터 차기 보험기간 1년 동안 보험료의 10%를 할인해 준다.

14 정답 ④

출제 영역 | 우체국보험 모집 및 언더라이팅

[오답해설]
ㄱ. 외국인이더라도 국내에 거주 허가를 받은 자는 우체국보험에 가입할 수 있다.
ㄹ. 전자청약은 가입설계일로부터 10일(비영업일 포함) 이내에 가능하다.

15 정답 ③

출제 영역 | 우체국보험 계약유지 및 보험금 지급

[오답해설]
ㄱ. 대출자격은 유효한 보험계약을 보유하고 있는 우체국보험 계약자로 한다.
ㄷ. 즉시연금보험 및 우체국연금보험 1종은 해약환급금의 최대 85% 이내에서 1만원 단위로 대출이 가능하다.

16 정답 ②

출제 영역 | 보험계약법(인보험법)

[오답해설]
① 보험료의 납입기간에 따라 전기납, 단기납으로 분류된다.
- 전기납(全期納)보험 : 보험료 납입을 보험기간(보장기간)의 전 기간에 걸쳐서 납부하는 보험
- 단기납(短期納)보험 : 보험료 납입기간이 보험기간보다 짧은 기간에 종료되는 보험
③ 보험료 자동이체 약정은 유지 중인 계약에 한해서 처리가 가능하며, 예금주 본인에게만 신청·변경 권한이 있다.
④ 보험계약자가 불의의 사고 또는 질병에 의하여 사망 또는 50% 이상 장해 상태가 되었을 때 보험료 납입을 면제하고, 납입면제 사유가 발생한 날이 해당 월의 계약응당일 이후일 경우 당월분 보험료는 납입해야 한다.

17 정답 ③

출제 영역 | 보험계약법(인보험편)

[정답해설]
③ 보험자의 책임은 당사자 간에 다른 약정이 없으면 최초의 보험료의 지급을 받은 때부터 개시한다.

18   정답 ②

출제 영역 | 우체국보험 계약유지 및 보험금 지급

오답해설

ㄱ. 보험료 미납으로 실효(해지)될 상태에 있는 보험계약에 대하여 계약자의 신청이 있는 경우 해약환급금 범위 내에서 자동대출(환급금대출)하여 보험료를 납입할 수 있다. 그러나 계약자의 신청이 있는 경우라도 환급금대출금과 환급금대출이자를 합산한 금액이 해약환급금(당해 보험료가 납입된 것으로 계산한 금액을 의미)을 초과하는 때에는 보험료의 자동대출 납입을 지속할 수 없다.

ㄹ. 보험계약자는 체신관서의 승낙 없이 보험수익자를 변경할 수 있으며, 보험금의 지급사유가 발생하기 전에 피보험자가 서면으로 동의하여야 한다.

19   정답 ②

출제 영역 | 우체국보험 모집 및 언더라이팅

정답해설

② 특별조건부 계약은 피보험자의 질병 등 신체적 위험을 측정하여 표준체로 인수하기 어려운 경우 '특정부위·질병 부담보', '특약해지', '보험료 할증' 등의 '특별조건부 인수계약'으로 계약을 인수하는 제도이다.

20   정답 ④

출제 영역 | 우체국보험 상품

오답해설

① 무배당 청소년꿈보험 2109는 저축성보험이다.
② 무배당 파워적립보험 2109는 저축성보험이다.
③ 어깨동무연금보험 2109는 연금보험이다.

더 알아보기   보장성보험(37종, 2025년 1월 1일 기준)

보장성보험은 생존 시 지급되는 보험금의 합계액이 이미 납입한 보험료를 초과하지 아니하는 보험이다.

① 무배당 우체국든든한종신보험 2109
② 무배당 우체국건강클리닉보험(갱신형) 2109
③ 무배당 우체국New100세건강보험 2203
④ 무배당 우체국하나로OK건강종신보험 2402
⑤ 무배당 우체국와이드건강보험 2112
⑥ 무배당 우체국실속정기보험 2109
⑦ 무배당 우체국암케어보험 2406
⑧ 무배당 우체국더든든한자녀지킴이보험 2203
⑨ 무배당 어깨동무보험 2109
⑩ 무배당 에버리치상해보험 2109
⑪ 무배당 우체국예금제휴보험 2109
⑫ 무배당 우체국단체보장보험 2501
⑬ 무배당 우체국안전벨트보험 2109
⑭ 무배당 우체국급여실손의료비보험(갱신형) 2109
⑮ 무배당 우체국급여실손의료비보험(계약전환·단체개인전환·개인중지재개용)(갱신형)2109
⑯ 무배당 우체국노후실손의료비보험(갱신형) 2109
⑰ 무배당 우체국간편실손의료비보험(갱신형) 2109
⑱ 무배당 만원의행복보험 2109
⑲ 무배당 우체국통합건강보험 2109
⑳ 무배당 우체국간편건강보험(325)(20년 갱신형) 2409
㉑ 무배당 우체국간편건강보험(355)(20년 갱신형) 2409
㉒ 무배당 우체국더간편건강보험(갱신형) 2407
㉓ 무배당 우체국치아보험(갱신형) 2109
㉔ 무배당 우체국치매간병보험 2109
㉕ 무배당 내가만든희망보험 2109
㉖ 무배당 우체국간병비보험 2309
㉗ 무배당 우체국당뇨안심보험 2109
㉘ 무배당 우체국나르미안전보험 2109
㉙ 무배당 win-win단체플랜보험 2109
㉚ 무배당 우체국온라인어린이보험 2109
㉛ 무배당 우체국온라인암보험 2109
㉜ 무배당 우체국온라인3대질병보험 2109
㉝ 무배당 우체국온라인정기보험 2109
㉞ 무배당 우체국온라인입원수술보험 2112
㉟ 무배당 우체국온라인종합건강보험(갱신형) 2201
㊱ 무배당 우체국온라인치매간병보험 2201
㊲ 무배당 우체국대한민국엄마보험 2309

04 컴퓨터일반(기초영어 포함)

01	02	03	04	05	06	07	08	09	10
④	③	②	①	②	②	④	②	①	④
11	12	13	14	15	16	17	18	19	20
③	③	③	②	①	②	③	③	③	②

01　정답 ④
출제 영역 | 프로토콜과 네트워크

정답해설

OSPF(Open Shortest Path First)
- 링크상태 라우팅 프로토콜로 IP 패킷에서 프로토콜 번호 89번을 사용하여 라우팅 정보를 전송하여 안정되고 다양한 기능으로 가장 많이 사용되는 IGP(Interior Gateway Protocol)이다.
- OSPF 라우터는 자신의 경로 테이블에 대한 정보를 LSA라는 자료구조를 통하여 주기적으로 혹은 라우터의 상태가 변화되었을 때 전송한다.
- RIP(Routing Information Protocol)의 경우 홉 카운터가 15로 제한되어 있겠지만 OSPF는 이러한 제한이 없다.

02　정답 ③
출제 영역 | 운영체제의 개요

정답해설

동적 적재 로더(Dynamic Loading Loader)
- 프로그램을 한꺼번에 적재하는 것이 아니라 실행 시 필요한 일부분만을 차례로 적재한다.
- CPU가 현재 사용 중인 부분만 로드하고 미사용중인 프로그램은 보조 기억장치에 저장해 두는 방식으로 load-on-call 이라고도 한다.

더 알아보기　로더의 종류

- 컴파일 로더 : 별도의 로더 없이 언어 번역 프로그램이 로더의 기능 4가지 모두 수행
- 절대 로더 : 목적 프로그램을 기억 장소에 적재시키는 기능만 수행(할당 및 연결은 프로그래머가, 재배치는 언어 번역 프로그램이 담당)
- 재배치 로더 : 재배치가 가능한 프로그램과 이를 배치하기 위해 필요한 정보로부터 주기억장치 주소를 상대 표시후 절대 표시로 고친 프로그램을 작성
- 직접 연결 로더 : 일반적인 기능의 로더로 로더의 기본 기능 4가지를 모두 수행
- 동적 적재 로더 : 필요한 부분만을 주기억장치에 적재하고 나머지는 보조기억장치에 저장

03　정답 ②
출제 영역 | 분산 운영 체제

정답해설

주/종(Master/Slave) 처리기
- 하나의 프로세서를 Master(주프로세서)로 지정하고, 나머지는 Slave(종프로세서)로 지정하는 구조
- 주프로세서 : 운영체제 수행, 입·출력과 연산 담당
- 종프로세서 : 연산만 담당하고, 입·출력 발생 시 주프로세서에게 요청함
- 주프로세서에 문제가 발생하면 전체 시스템이 멈춤

04　정답 ①
출제 영역 | 관계형 데이터베이스

정답해설

문제에서 "도서번호는 입력되지 않는 경우도 있다"라고 하였으므로 '도서번호' 필드는 기본키(PK)로 설정할 수 없다. 기본키(PK)는 필수 항목으로 반드시 입력하여야한다.

더 알아보기　릴레이션 키

- 기본키(Primary Key) : 한 릴레이션 내의 모든 튜플을 구분하며 중복불가능, NULL값 불허용
- 외래키(Foreign Key) : 참조관계를 표현, 필드명은 달라도 데이터 형식은 일치
- 대체키(Alternate Key) : 후보키(최소성, 유일성 만족) 중 선택된 기본 키를 제외한 모든 키
- 수퍼키 : 최소성 없이 단지 튜플을 식별하기 위해 두 개 이상의 속성들의 집합으로 이루어진 키

05　정답 ②
출제 영역 | 데이터베이스의 개념

정답해설

뷰(View)
- 뷰의 생성은 Create 명령을 사용하여 정의
- 뷰의 정의 변경은 불가하며, 변경을 위해서는 재생성 해야 함
- 하나의 뷰를 삭제하면, 그 뷰를 기초로 정의된 다른 뷰도 자동 삭제
- 뷰의 제거는 Drop 명령어 이용
- 뷰는 데이터 접근 제어로 보안을 제공
- 독자적 인덱스를 가질 수 없고, 데이터의 논리적 독립성을 제공
- 하나 이상의 테이블로부터 유도되어 만들어진 가상 테이블
- 뷰의 정의만 시스템 내에 저장하여 두었다가 필요 시 실행시간에 테이블을 구축

06 정답 ②

출제 영역 | 소프트웨어 설계와 객체 지향

정답해설

② 문제의 예시가 보여주고 있는 내용은 추상화(Abstraction)에 대한 것이다.

오답해설

① 상속성 : 새로운 클래스를 정의할 때 기존의 클래스들의 속성을 상속받고 필요한 부분을 추가하는 방법을 의미한다.
③ 다형성 : 두 개 이상의 클래스에서 똑같은 메시지에 대해 객체가 서로 다르게 반응하는 것을 의미한다.
④ 캡슐화 : 서로 관련성이 많은 데이터들과 이와 연관된 함수들을 정보처리에 필요한 기능으로 묶는 것을 의미한다.

07 정답 ④

출제 영역 | 디자인 패턴과 형상관리

정답해설

④ 과거에 전문가들에 의해 잘 개발된 경험들을 모아서 잘 정리한 해결방법을 디자인 패턴이라고 하고 고퍼의 디자인 패턴이 유명하다.

08 정답 ②

출제 영역 | 디자인 패턴과 형상관리

정답해설

형상관리의 주요 활동

주요활동	수행내용	관리요소
형상식별	• 형상관리 대상 식별 • 관리 목록에 대한 관리번호 부여	Baseline 설정, 형상관리위원회
형상통제	• 식별된 형상관리 변경사항 통제 • 변경 요구관리, 변경 제어, 형상관리 조직의 운영 및 개발업체, 외주업체에 대한 형상 통제 지원	Access, Control, Version
형상감사	• 기준선(Baseline)의 무결성 평가 • 기준선 변경 시 요구사항과 일치 여부 검토	Verification, Validation
형상기록	• 형상 및 변경관리 기록, 보고 • 데이터베이스에 의한 관리	Repository

더 알아보기 형상관리

구성요소	내용
기준선 (Baseline)	각 형상 항목들의 기술적 통제시점, 모든 변화를 통제하는 시점의 기준
형상항목 (Configuration item)	소프트웨어 생명주기 중 공식적으로 정의되어 기술되는 기본 대상
형상물 (Configuration Product)	소프트웨어 개발 생명주기 중 공식적으로 구현되는 형체가 있는 실현된 형상관리의 대상으로 기술문서, 하드웨어 제품, 소프트웨어 제품이 있음
형상정보 (Configuration Information)	형상항목과 형상물을 나타낸다.

09 정답 ①

출제 영역 | 컴퓨터의 개요

정답해설

① RISC(Reduced Instruction Set Computer)는 메모리에 대한 액세스가 LOAD와 STORE만으로 한정되어 있고, 어드레싱 모드가 적어 와이어드 로직을 많이 이용한다.

오답해설

② · ③ · ④ CISC에 대한 설명이다.

더 알아보기 RISC와 CISC 비교

구분	RISC	CISC
처리 속도	빠름	느림
명령어 수	적음	많음
전력 소모	적음	많음
레지스터	많음	적음
프로그래밍	복잡	간단

10 정답 ④

출제 영역 | 인터넷과 보안

정답해설

FTP는 문서나 파일을 주고받을 수 있도록 하는 원격 파일 전송 프로토콜을 칭한다. 서버의 프로그램 실행과는 관련이 없다.

11 정답 ③

출제 영역 | 파일 관리

정답해설
- SSTF(Shortest Seek Time First) : 탐색 거리가 가장 짧은 트랙에 대한 요청을 먼저 서비스하는 기법
- 대기큐 주소를 오름차순 정렬해 계산하면 편리하다. 14 37 65 67 98 122 124 203
- 이동 순서는 53-65-67-37-14-98-122-124-203으로 총 이동 거리는 256이다.
- 각 경로의 차이 값을 구하고 합산한다.
  → 12+2+30+23+84+24+2+79=256

12 정답 ③

출제 영역 | 데이터 모델 및 설계

정답해설
③ ! : 대괄호안에 있는 문자들이 포함되지 않은 문자를 검색한다. 따라서 소비자는 "비"가 포함되어 있어 검색되지 않는다.

오답해설
① # : 글자수에 상관없이 아무 글자 가능
② ? : 글자수에 제한(? 1개당 글자 1개)이 있고 아무 글자 가능
④ a-c : a, b, c만 가능

13 정답 ③

출제 영역 | 소프트웨어 공학과 프로젝트

정답해설
③ 문제의 예시가 보여주는 것과 관련 있는 것은 인터페이스이다.

14 정답 ②

출제 영역 | 어휘 및 숙어

정답해설
② Interoffice mail은 회사 외부의 다른 사무실로 전해지는 우편물이 아니고 회사 내부에서 내부로 전하는 우편을 말한다.

해석
① 스팸 메일 – 원하지 않는 메일. 종종 광고이다.
② 사내 메일 – 회사 외부의 다른 사무실로 배달된다.
③ 수신 메일 – 회사로 배달된다.
④ 동봉된 것 – 편지 또는 메모와 함께 추가로 포함된 것이다.

15 정답 ②

출제 영역 | 어휘 및 숙어

정답해설
② 빈칸 다음에서 'so when the temperatures begin to rise, your water will also heat up.'이라고 했으므로 문맥상 빈칸에는 열의 차단과 관련된 표현이 적절하다. 따라서 플라스틱 병이 단열 처리가 되지 않아 기온이 올라가면 병 안의 물 온도 역시 올라가는 게 자연스럽다. 빈칸 앞에 not이 있으므로, 빈칸에 들어갈 말로 적절한 것은 'insulated(단열 처리가 된)'이다.

오답해설
① 위생적인 ③ 재활용할 수 있는 ④ 방수의

해석
플라스틱병의 문제는 그것들이 단열 처리가 되지 않아서, 온도가 오르기 시작하면, 물도 뜨거워질 것이라는 것이다.

16 정답 ①

출제 영역 | 회화

정답해설
① 대화에서 A가 빈칸 다음에서 'The contents are fragile, so can you mark it 'fragile?''이라고 했으므로 문맥상 빈칸에 들어갈 말로 적절한 것은 'What's in it(그 안에 뭐가 들어있나요)'이다.

오답해설
② 얼마나 걸릴까요
③ 어떻게 보내드릴까요
④ 봉투는 얼마입니까

해석
A : 안녕하세요. 우표 한 롤을 사고 싶은데요.
B : 알겠습니다. 15달러입니다. 다른 건 없으신가요?
A : 이 소포를 한국으로 보내고 싶은데요.
B : 소포 확인해 볼게요. 그 안에 뭐가 들어있나요?
A : 깨지기 쉬운 게 들어있어요. '깨지기 쉬움'이라고 표시해 주시겠어요?
B : 소포에 보험을 들어드릴까요?
A : 네, 부탁드립니다.
B : 알겠습니다. 이 양식을 작성해주세요.

17
정답 ②

출제 영역 | 회화

정답해설

② 대화에서 B가 말레이시아에서 은행 환어음을 받았고 한화로 환전하고 싶다고 하자 A가 지금 당장은 환전이 불가능하다고 하면서 'We have to mail it to the issuing bank and once they pay, we will credit the amount in your account.'라고 대답했으므로, A가 B의 수표를 바로 현금으로 교환하여 주지 못하는 이유는 '발행은행에 수표를 보내서 결제 받은 돈을 입금해 주기 때문이다.'이다.

해석

A : 무엇을 도와드릴까요?
B : 말레이시아에서 은행 환어음을 받았어요. 나는 그것을 한화로 환전하고 싶어요.
A : 어음은 어떤 통화인가요?
B : 20달러입니다.
A : 죄송합니다, 고객님. 지금 당장은 환전이 불가능합니다.
B : 왜 그렇죠?
A : 저희가 발행은행에 어음을 보내야 하고 그들이 결제하면, 계좌에 입금해 드리겠습니다.
B : 제가 돈을 받으려면 얼마나 걸리지요?
A : 1주일 정도 걸릴 것 같습니다.
B : 알겠습니다. 그럼 계좌를 확인해보겠습니다. 감사합니다.

어휘

- bank draft 은행 환어음
- exchange 환전하다
- issuing bank 신용장 개설은행
- credit 입금하다
- account 계좌
- check 알아보다[확인하다]

18
정답 ③

출제 영역 | 회화

정답해설

③ 대화에서 A가 빈칸 앞에서 'I am totally worn out.'이라고 했으므로, 대화의 흐름상 빈칸에 들어갈 말로 가장 적절한 것은 'take a rest and get some sleep(푹 쉬고 잠을 자다)'이다.

오답해설

① 약속을 지키다
② 문을 찾아 떠나다
④ 체육관에서 운동하고 하이킹하러 가다

해석

A : 완전히 진이 빠졌어요.
B : 무슨 말이에요? 물을 너무 많이 마셨다고요?
A : 아니요, 내가 많이 지쳤어요.
B : 오늘 많이 피곤하겠어요.
A : 그 이상이에요. 완전히 기진맥진했어요.
B : 알겠어요. 그럼 푹 쉬고 주무셔야겠네요.

어휘

- drained 진이 빠진, 녹초가 된
- exhausted 기진맥진한
- worn out 매우 지친[지쳐 보이는]

19
정답 ③

출제 영역 | 독해

정답해설

③ 두 번째 문장에서 'Schools can educate successfully, it is often argued, only when they act in partnership with parents, ~'라고 했으므로, 글의 내용과 일치하는 것은 'It is argued that the school can educate successfully through the partnership with the parents(학교가 학부모와 협력할 경우에만 성공적으로 교육할 수 있다고 주장된다).'이다.

오답해설

① 학부모의 통제 하에 있는 학교는 교육적으로 효과가 없다. → 첫 번째 문장에서 'Even if schools which are detached from parental control are not tyrannical, it may be argued that they are educationally ineffective.'라고 했으므로 글의 내용과 일치하지 않는다.
② (학부모와) 분리된 학교의 이상은 학생의 성취도를 높이는 것의 중요성을 간과하는 것처럼 보인다. → 세 번째 문장에서 'The detached-school ideal seems to neglect this important pedagogical point.'라고 했으므로, 글의 내용과 일치하지 않는다.
④ 학부모 참여 프로그램은 학교와 학부모 모두 동일한 교육적 가치를 가지고 있을 때만 효과적이다. → 마지막 문장에서 학교와 부모가 옹호하는 가치에 차이가 있을 때에도 효과적이라고 제시하였다.

해석

학부모의 통제를 벗어난 학교는 전제적이지 않다고 해도, 교육적으로 효과가 없다고 주장될 수도 있다. 특히 학교 내 학부모의 참여를 독려함으로써 학교가 학부모와 협력할 경우에만 성공적으로 교육할 수 있다고 주장하는 경우가 종종 있다. (학부모와) 분리된 학교의 이상은 이 중요한 교육적인 요점을 간과하고 있는 것 같다. 나는, 하지만, 학부모의 개입이 학생의 성취도를 진작시키는 데 있어 매우 중요하기는 하지만, 이것이 학부모에게 학교의 목표와 내용에 대한 더 큰 통제력을 부여하거나 정보를 제공해야만 한다는 뜻은 아니라고 주장한다. 이용 가능한 연구에 따르면 일반적으로 학부모 참여 프로그램은 학교와 학부모가 동일한 교육적인 가치를 수용할 때와 마찬가지로 학교에 의해 채택한 가치와 학부모에 의해 채택된 가치 사이에 차이가 있을 때도 동일하게 잘 작용하는 것으로 나타난다.

어휘
- detached 분리한, 공정한
- tyrannical 전제적인, 폭군의, 압제적인
- ineffective 무효의, 효과[효력] 없는
- in partnership with ~와 협력하여
- neglect 무시하다, 간과하다, 소홀히 하다
- pedagogical 교육학의
- demonstrate 나타내다, 입증하다, 설명하다
- espouse 채택하다, (주의·정책 등을) 지지하다
- embrace 받아들이다[수용하다]

20   정답 ②

출제 영역 | 독해

정답해설

② 다섯 번째 문장의 후반부에서 '~ but their difficulty does not arise because they are dyslexic or because they have dyslexia; they are dyslexic because they cannot read.'라고 난독증이 글을 읽지 못하는 원인이 아니라 읽지 못하기 때문에 난독증이 된다고 했으므로, 글의 내용과 일치하지 않는 것은 인과관계를 반대로 서술한 '난독증은 글을 읽을 수 없게 만드는 원인으로 작용한다'이다.

오답해설

① 첫 번째 문장에서 'To learn to read, children need to be helped to read.'라고 했으므로, 글의 내용과 일치한다.
③ 마지막에서 두 번째 문장에서 'We were all dyslexic at one stage of our lives ~'라고 했으므로, 글의 내용과 일치한다.
④ 마지막 문장에서 'The cure for dyslexia is to read.'라고 했으므로, 글의 내용과 일치한다.

해석

읽기를 배우기 위해서, 아이들은 읽는 것을 도움받아야 한다. 이 문제는 그만큼 간단하면서 어렵다. 난독증은 명칭이지, 원인이 아니다. 난독증은 말 그대로 읽을 수 없다는 뜻이다. 읽기를 배우는 데 어려움을 겪는 아이들을 흔히 난독증이라고 부르는데, 그들의 장애는 그들이 난독증이거나 독서 장애를 가지고 있기 때문에 생기는 것이 아니라 읽을 수 없기 때문에 난독증인 것이다. 난독증이 책을 읽을 수 없는 원인이라고 말하는 것은 절름발이가 걷지 못하는 원인이라고 말하는 것과 유사하다. 우리는 모두 우리의 생애의 한 시기에 난독증이었으며 우리가 읽을 수 없는 무언가에 의해 직면될 때마다 다시 난독증이 된다. 난독증의 치료법은 책을 읽는 것이다.

어휘
- dyslexia 난독증, 독서 장애
- analogous 유사한
- lameness 절름발이

작은 기회로부터 종종 위대한 업적이 시작된다.

– 데모스테네스 –

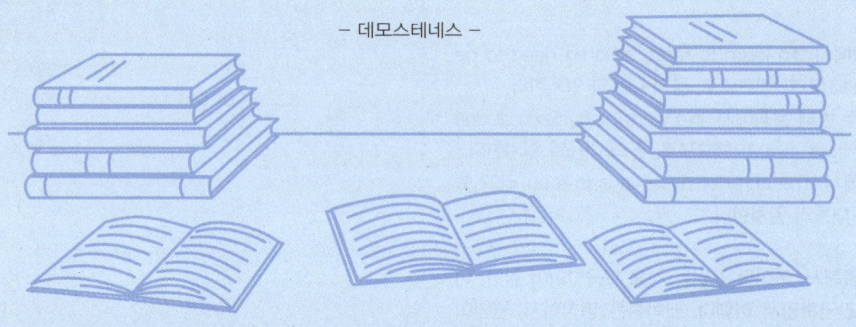

제4회 정답 및 해설

문제편 p.063

01 우편일반

01	02	03	04	05	06	07	08	09	10
②	④	③	③	①	③	③	①	③	②
11	12	13	14	15	16	17	18	19	20
④	③	②	②	③	②	①	②	①	④

01 정답 ②

출제 영역 | 우편서비스 종류와 이용조건

[정답해설]
ㄴ. 중량이 25kg인 쌀자루를 송달하는 경우는 20kg을 초과하는 소포우편물에 해당하므로 선택적 우편서비스에 해당한다.
ㄹ. 전자우편, 모사전송(FAX)우편, 우편물 방문접수 등을 이용하는 경우는 우편과 다른 기술 또는 서비스가 결합된 서비스에 속하므로 선택적 우편서비스에 해당한다.

[오답해설]
ㄱ. 중량이 10g인 서신을 내용증명으로 송달하는 경우는 2kg 이하의 통상우편물에 해당하므로 보편적 우편서비스에 해당한다.
ㄷ. 중량이 20kg인 의류를 배달증명으로 송달하는 경우는 20kg 이하의 소포우편물에 해당하므로 보편적 우편서비스에 해당한다.

우편 서비스 대상

보편적 우편 서비스	선택적 우편 서비스
① 2kg 이하의 통상우편물 ② 20kg 이하의 소포우편물 ③ 위 ①, ②의 우편물의 기록취급 등 특수취급우편물 ④ 그 밖에 대통령령으로 정하는 우편물	① 2kg을 초과하는 통상우편물 ② 20kg을 초과하는 소포우편물 ③ 위 ①, ②의 우편물의 기록취급 등 특수취급우편물 ④ 우편과 다른 기술 또는 서비스가 결합된 서비스 : 전자우편, 모사전송(FAX) 우편, 우편물 방문접수 등 ⑤ 우편시설, 우표, 우편엽서, 우편요금 표시 인영이 인쇄된 봉투 또는 우편차량장비 등을 이용하는 서비스 ⑥ 우편 이용과 관련된 용품의 제조 및 판매 ⑦ 그 밖에 우편서비스에 부가하거나 부수하여 제공하는 서비스

02 정답 ④

출제 영역 | 우편서비스 종류와 이용조건

[정답해설]
④ 수취거절, 수취인불명, 주소불명 등으로 수취인에게 배달하지 못한 우편물을 발송인에게 다시 되돌려 보내는 우편물은 '반송우편물'에 해당하며, '반품우편물'은 수취인에게 정상적으로 배달한 우편물을 수취인 또는 발송인의 요구로 재접수하여 발송인에게 보내는 우편물이다.

03 정답 ③

출제 영역 | 국내우편물의 부가서비스

[정답해설]
③ 중량 구간별 요금의 경우 100g까지는 종별 표준요금을 적용하며 100g부터 초과 100g마다 240원씩 추가한다.

04 정답 ③

출제 영역 | 국내우편물의 부가서비스

[오답해설]
ㄱ. 내용증명의 대상은 문서에 한정하며 문서 이외의 물건(우표류, 유가증권, 사진, 설계도 등)은 그 자체 단독으로 내용증명의 취급대상이 될 수 없다.
ㄹ. 다수인이 연명으로 발송하는 내용문서의 경우 다수 발송인 중 1인의 이름, 주소를 우편물의 봉투에 기록한다.

> **더 알아보기** 내용증명우편물 취급수수료의 계산
> - 내용증명 취급수수료는 글자 수나 행 수와는 관계없이 A4 용지 규격을 기준으로 내용문서(첨부물 포함)의 매수에 따라 계산한다.
> - 내용문서의 원본과 등본의 작성은 양면을 사용하여 작성할 수 있으며, 양면에 내용을 기록한 경우에는 2매로 계산한다.
> - 내용문서의 크기가 A4 용지 규격보다 큰 것은 A4 용지의 크기로 접어서 총 매수를 계산하고, A4 용지보다 작은 것은 이를 A4 용지로 보아 매수를 계산한다.
> - 내용문서의 매수가 2매 이상일 경우에는 2매부터 최초 1매의 반값으로 계산한다.
> - 동문내용증명의 경우 수취인 수 1명 초과마다 내용문서 매수와 관계없이 내용문서 최초 1매의 금액으로 계산한다.

05
정답 ①

출제 영역 | 그 밖의 우편서비스

정답해설

ㄱ. 고객맞춤형 엽서 : 우편엽서에 고객이 원하는 그림·통신문과 함께 발송인과 수취인의 주소·성명, 통신문 등을 인쇄하여 발송까지 대행해 주는 서비스로, 기본형과 부가형이 있다.

ㄴ. 나만의 우표 : 개인의 사진, 기업의 로고·광고 등 고객이 원하는 내용을 신청받아 우표를 인쇄할 때 비워놓은 여백에 컬러복사를 하거나 인쇄하여 신청고객에게 판매하는 IT기술을 활용한 신개념의 우표 서비스로, 기본형, 홍보형, 시트형, 카드형이 있다.

ㄷ. 인터넷 우표 : 고객이 인터넷우체국을 이용하여 발송 우편물에 해당하는 우편요금을 지불하고 본인의 프린터에서 직접 우표를 출력하여 사용하는 서비스로, 고객편의 제고와 위조, 변조를 방지하기 위하여 단독으로 사용할 수 없으며 수취인 주소가 함께 있어야 한다.

06
정답 ③

출제 영역 | 우편에 관한 요금

정답해설

③ 요금별납 고무인은 책임자(5급 이상 관서 : 과장, 6급 이하 관서 : 국장)가 수량을 정확히 파악해서 보관해야 하며, 담당자는 책임자에게 필요할 때마다 받아서 사용한다. 또한, 요금별납 우편물은 책임자가 보는 앞에서 접수하고, 접수담당자와 책임자는 요금별납 발송신청서의 해당 칸에 각각 서명한다.

오답해설

① 우편물의 종별, 중량, 우편요금 등이 같고 동일인이 동시에 발송해야 한다.
② 10통 이상의 통상우편물이나 소포우편물 발송 시 이용이 가능하다.
④ 요금별납 우편물에는 원칙적으로 우편날짜도장을 찍지 않는다.

07
정답 ③

출제 영역 | 우편에 관한 요금

정답해설

③ 요금즉납의 방법으로 우체국 창구에 50개 접수한 경우, 15%를 할인받을 수 있다.

창구접수 및 방문접수 소포우편물의 요금감액 범위

구분		3%	5%	10%	15%
창구 접수	요금즉납	1~2개	3개 이상	10개 이상	50개 이상
	요금후납	–	70개 이상	100개 이상	130개 이상
방문 접수	접수정보 사전연계	개당 500원 감액 (접수정보 입력, 사전결제, 픽업장소 지정 시)			
	분할접수	중량 20kg 초과 소포 1개를 2개로 분할하여 접수할 경우 2,000원 감액 ※ 동일 시간대, 동일 발송인, 동일 수취인이고, 분할한 소포 1개의 무게는 10kg을 초과할 것			

08
정답 ①

출제 영역 | 손해배상 및 손실보상

정답해설

ㄱ. 손해배상청구를 심사한 결과, 손해를 배상할 것으로 결정하였을 때에는 사고조사결과 등 손해배상지급 결정 내용을 청구인에게 안내한다(알림톡, SMS 등).
ㄷ. 사고우편물 접수등록부터 우편물 배상금액이 결정되어야 하며, 등록된 배상액과 지급요구서상의 정보가 일치할 경우에만 금융시스템에서 지급 가능하다.

오답해설

ㄴ. 검사결과 손해가 없는 것으로 판명된 경우에는 손해검사조사서 1통은 우편물과 함께 수취 거부자에게 보내고 1통은 해당 우체국에서 보관한다.
ㄹ. 손해배상에 이의가 있을 때는 결정통지를 받은 날부터 3개월 안에 민사소송을 제기할 수 있다.

09 정답 ③

출제 영역 │ 그 밖의 청구와 계약

정답해설

국내우편물 수취인의 주소·성명 변경청구 및 우편물의 반환청구 취급수수료

구분	서비스 이용 구간	수수료
발송인 청구에 의한 성명·주소 변경 및 우편물 반환	우편집중국으로 발송 전	무료
	우편집중국으로 발송 후	일반우편물 : 기본통상우편요금
		등기우편물 : 등기취급수수료*
수취인 청구에 의한 주소변경		등기취급수수료**

* 수취인 성명 변경 및 동일 총괄우체국 내 주소 변경 시 기본통상우편요금 징수
** 동일 총괄우체국 내 변경 청구 시 무료

오답해설

ㄷ. 수취인 청구에 의한 주소변경 시 우편집중국으로 발송 전후와 관계없이 등기취급수수료가 발생한다(동일 총괄우체국 내 변경 청구 시 무료).

10 정답 ②

출제 영역 │ 우편물 수집 및 배달

정답해설

② 국제우편물은 국제날짜도장을 찍으며, 항공우편물은 국제우편물류센터로, 선편우편물은 부산국제우체국으로 발송한다.

11 정답 ④

출제 영역 │ 발착 및 운송작업

정답해설

④ 두꺼운 대형통상우편물은 대형상자에 담는다.

12 정답 ③

출제 영역 │ 발착 및 운송작업

정답해설

③ 부가취급우편물은 규격에 관계없이 수구분우편물로 분류한다.

13 정답 ②

출제 영역 │ 발착 및 운송작업

정답해설

개수는 ㄱ, ㄷ, ㄹ, ㅇ으로 총 4개이다.

우편물 발송의 우선순위

1편의 운송편에 발송 또는 운송할 우편물량이 많아서 일시에 발송 또는 운송할 수 없을 경우에는 다음 각 호의 규정순위에 의하여 처리해야 한다.

- 1순위 : EMS
- 2순위 : 익일특급우편물, 등기소포우편물, 일반등기·선택등기우편물 및 준등기우편물, 국제항공우편물
- 3순위 : 일반소포우편물, 일반통상우편물, 국제선편우편물

14 정답 ②

출제 영역 │ 국제우편 총설

정답해설

② 유가증권류(Negotiable articles)는 접수 금지 물품이다.

국제특급우편으로 보낼 수 있는 물품

접수 가능 물품	• 업무용 서류(Business documents) • 상업용 서류(Commercial papers) • 컴퓨터 데이터(Computer data) • 상품 견본(Business samples) • 마그네틱테이프(Magnetic tape) • 마이크로필름(Microfilm) • 상품(Merchandise : 나라에 따라 취급을 금지하는 경우도 있음)

접수 금지 물품	• 동전, 화폐(Coins, Bank notes)
	• 송금환(Money remittances)
	• 유가증권류(Negotiable articles)
	• 금융기관 간 교환 수표(Check clearance)
	• UPU일반우편금지물품(Prohibited articles)
	  – 취급상 위험하거나 다른 우편물을 더럽히거나 깨뜨릴 우려가 있는 것
	  – 마약류 및 항정신성 물질
	  – 폭발성·가연성 또는 위험한 물질
	  – 외설적이거나 비도덕적인 물품 등
	• 가공 또는 비가공의 금, 은, 백금과 귀금속, 보석 등 귀중품
	• 상대국가에서 수입을 금하는 물품
	• 여권을 포함한 신분증

15 정답 ②

출제 영역 │ 국제우편 총설

정답해설

발송 가능한 우편자루배달인쇄물의 내용물

- 인쇄물에 동봉하거나 첨부하여 발송하는 물품 : 디스크, 테이프, 카세트, 제조업자나 판매자가 선적하는 상품 견본, 또는 관세가 부과되지 않는 그 밖의 상업용 물품이나 재판매 목적이 아닌 정보자료
- 인쇄물과 함께 발송되는 인쇄물 관련 물품
- 위에서 언급한 물품을 담고 있는 각 우편물의 무게는 2kg을 초과할 수 없음

16 정답 ③

출제 영역 | 국제우편물 종별 접수요령

정답해설

〈보기〉에서 보험취급하여 발송할 수 있는 물건은 ㄱ, ㄴ, ㄹ, ㅂ으로 총 4개이다.

보험취급 발송 가능 물건 vs. 보험취급 발송 불가능 물건

보험취급 발송 가능 물건	• 수표, 지참인불 유가증권 • 우표, 복권, 기차표 등과 같은 금전적 가치가 있는 서류 • 귀금속, 보석류 • 고급시계, 만년필 등 귀중품 • 수출입관련 법령(「대외무역법」 등)에서 허용하는 범위에서 취급

보험취급 발송 불가능 물건	• 국제우편에 관한 조약에서 취급을 금지하는 품목
	  – 마약류, 항정신성물질
	  – 폭발성·가연성 물질, 그 밖의 위험한 물질, 방사성물질
	  – 외설적이거나 비도덕적인 물품
	  – 배달국가에서 수입이나 유포를 금하는 물품
	• 우편관계 국내 법규에서 우편취급을 금지하는 품목
	• 상대국에서 수입을 금지하는 물품(국제우편물 발송조건 참조)
	• 기타 : 동전 등 화폐(수집용도의 화폐도 발송할 수 없음)
	• 전자제품, 음식물, 파손되기 쉬운 물품(도자기, 유리컵 등)(과학기술정보통신부장관 고시 제2018-62호, 국제우편물의 종류별 이용조건 및 취급절차)

17 정답 ①

출제 영역 | 국제우편요금

정답해설

① 발송 가능한 국가는 일본이다.

해외 전자상거래용 반품서비스(IBRS EMS) 취급 대상 우편물

종류	EMS에 한정함(최대 무게 2kg)
우편물의 규격	국가별 EMS 발송 조건의 규격과 같음

18 정답 ②

출제 영역 | 주요 부가서비스 및 제도

정답해설

② 〈보기〉의 내용은 EMS 배달보장 서비스에 대한 내용이다.

EMS 배달보장 서비스

구분	주요 내용
대상지역	10개 국가 우정당국 간 공동시행(카할라 우정연합체) – 10개 우정당국이 모든 지역에 대해 EMS 배달보장서비스 제공
배달기한	배달보장일 계산프로그램 활용 – 배달보장일 계산프로그램에서 안내되는 배달보장일자가 EMS 배달보장 서비스 배달기한이 됨 – 아시아지역 : 접수 + 2일 이내 배달보장 – 미국, 호주, 유럽 : 접수 + 3일 이내 배달보장
배달기한보다 지연될 경우 손해배상	귀책사유가 있는 우정당국의 책임과 배상
우정당국 정산방법	우정당국 간 상호 정산 – 책임소재를 확인한 후 발송국가 우정당국 변상 또는 사후 우정당국 간 정산

19 정답 ①

출제 영역 | EMS 프리미엄 서비스

정답해설

① 우편취급국을 포함한 전국 모든 우체국에서 접수가 가능하다.

20 정답 ④

출제 영역 | 각종 청구제도

정답해설

④ 국제우편물 중 보통소포우편물이 일부 분실, 도난 또는 일부 훼손된 경우, 70,000원에 1kg당 7,870원을 합산한 금액 범위 내의 실손해액을 배상금액으로 하고 있다. 따라서 〈보기〉의 경우, 7,870원×9kg=70,830원이므로, 70,000원+70,830원 금액 범위 내(140,830원)의 실손해액이 발생한다.

02 예금일반

01	02	03	04	05	06	07	08	09	10
④	④	①	③	①	③	②	④	④	③
11	12	13	14	15	16	17	18	19	20
④	④	②	③	③	①	②	④	②	③

01 정답 ④

출제 영역 | 금융경제 일반

[정답해설]
④ 연 1.5%인 1년 만기 정기예금을 가입했으나 물가상승률이 연 2%라면 실질금리는 -0.5%가 된다. 명목금리는 1.5%이지만 실질금리는 -0.5%이기 때문에 실질 이자소득은 오히려 손해를 보게 된다.

[오답해설]
① 통상적으로 한국은행은 경기가 과열양상을 보이면 기준금리를 인상하고, 반대로 경기침체 양상이 나타나면 기준금리를 인하하게 된다.
② 일반적으로 기준금리를 내리면 시중에 돈이 풀려 가계나 기업은 투자처를 찾게 되고, 또 은행 차입비용이 내려가 소비와 투자가 활성화돼 침체된 경기가 회복되고 물가가 상승한다. 반대로 기준금리를 올리면 시중에 돈이 마르고 은행 차입비용이 올라가 과도한 투자나 물가상승이 억제되어 과열된 경기가 진정되고 물가가 하락한다.
③ • 100만원짜리 채권을 지금 10만원 할인된 90만원에 사고 1년 후 100만원을 받는 경우에 할인율은 10%이다.

> 할인율 = 할인금액/채권가격 = 100,000/1,000,000 = 0.100 혹은 10.0%

• 수익률은 현재 90만원짜리 채권에 투자하고 1년 후에 원금 90만원과 이자금액 10만원을 받으므로 11.1%이다.

> 수익률 = 이자금액/채권가격 = 100,000/900,000 = 0.111 혹은 11.1%

02 정답 ④

출제 영역 | 금융경제 일반

[정답해설]
④ 환율이 상승할 경우에는 우리나라 수출품의 외화로 표시된 가격이 하락하여 수출이 증가함과 동시에 수입품 가격 상승으로 수입이 감소함으로써 경상수지가 개선된다. 그러므로 환율 상승은 수출 증대를 통해 경제성장이나 경기회복에 도움을 줄 수 있다.

03 정답 ①

출제 영역 | 금융회사와 금융상품

[정답해설]
ㄱ. 보통예금 : 입·출금이 자유로운 예금의 기본 형태라 할 수 있다. 예금자 입장에서는 생활자금과 수시로 사용해야 하는 일시적인 유휴자금을 예치하는 수단이 되고, 예금기관의 입장에서는 저리로 자금을 조달할 수 있는 재원이 된다.
ㄴ. 정기적금 : 푼돈을 모아 목돈을 마련하는 데 적합한 가장 보편적인 장기 금융상품이다.
ㄷ. 정기예금 : 약정기간이 길수록 높은 확정이자가 보장되므로 여유자금을 장기간 안정적으로 운용하기에 좋은 금융상품이다.

04 정답 ③

출제 영역 | 금융회사와 금융상품

[정답해설]
③ 인덱스펀드에 대한 내용이다. ETF(상장지수펀드) 운용자는 환매 등에 신경을 쓰지 않는다. 다만 인덱스펀드와의 추적오차를 줄이기 위해 최선을 다한다.

더 알아보기 | ETF와 인덱스펀드의 비교

구분	ETF	인덱스펀드
특징	주식시장 인덱스를 추종하여 주식처럼 유가증권 시장에 상장되어 거래	• 특정 인덱스를 추종하는 펀드 • ETF처럼 상장되어 거래되지 않고 일반펀드와 가입과정이 동일
투자 비용	액티브펀드보다 낮은 비용이 발생하며 ETF거래를 위해 거래세 및 수수료 지불	대부분 ETF보다 높은 보수를 책정하고 있으나 액티브펀드보다는 낮은 수준
거래	• 일반 주식처럼 장중 거래가 가능하며 환금성이 뛰어남 • 주식과 같은 거래비용이 발생	일반펀드와 마찬가지로 순자산에 의해 수익률이 하루에 한번 결정되며 일반펀드와 같은 가입·환매체계를 거침
운용	운용자는 환매 등에 신경을 쓰지 않으며, 인덱스와의 추적오차를 줄이기 위해 최선을 다함	• 환매요청 시 포트폴리오 매각과정에서 추적오차가 발생할 수 있음 • 펀드규모가 너무 작을 경우 포트폴리오 구성에 문제 발생 가능

05 정답 ①

출제 영역 | 저축과 금융투자에 대한 이해

[정답해설]

① 모두 우선주와 채권의 유사점에 해당한다.

더 알아보기 우선주와 채권의 비교

유사점	차이점
• 정해진 현금흐름의 정기적 지급(채권의 이자, 우선주의 배당금) • 회사경영에 대한 의결권 미부여 • 회사 순이익을 공유하지 않음 • 조기상환(채권) 또는 상환(우선주) 가능 • 감채기금 적립 가능 • 발행주체의 파산 시 보통주보다 우선	• 우선주 배당금 지급 시 법인 비용처리 불가 • 우선주 배당금의 일부는 기관투자가에게 익금불산입 • 우선주 투자자에게 배당금 미지급 시에도 발행 주체는 파산하지 않음 • 회계처리가 다름 • 우선주는 보통주로 전환 가능한 경우도 있음 • 우선주 배당금은 회계기간 종료 후 지급, 채권의 이자는 3개월마다 지급

06 정답 ③

출제 영역 | 금융회사와 금융상품

[오답해설]

① 선도계약은 거래당사자들이 자유롭게 계약 내용을 정하고 장소에 구애받지 않고 거래할 수 있다.

② 주가지수선물은 매수, 매도자 모두 계약이행의 권리와 의무를 지니나, 주가지수옵션은 매수자는 권리만 가지고 매도자는 계약이행의 의무를 지닌다.

④ 콜옵션의 매입자는 장래의 일정시점 또는 일정기간 내에 특정 기초자산을 정해진 가격으로 매입할 수 있는 선택권을 가진다.

07 정답 ②

출제 영역 | 저축과 금융투자에 대한 이해

[정답해설]

② 채권은 시간이 경과하면서 장기채권에서 중기채권으로 다시 단기채권으로 바뀌게 되며, 기간이 짧아져 감에 따라 다른 요인들이 모두 동일하다면 채권가격의 변동성은 감소한다. 일반적으로 만기가 긴 채권일수록 수익률은 높으나 유동성이 떨어지고 채무불이행 확률도 증가하므로 투자자는 자신의 투자기간을 고려하여 적절한 만기를 가진 채권에 투자해야 한다.

08 정답 ④

출제 영역 | 예금업무 개론

[오답해설]

① 상속은 사망한 시점에서 개시되며, 사망한 사실이 가족관계등록부에 기재된 시점에서 개시되는 것은 아니다.

② 피상속인에게 배우자, 아들 1명, 딸 3명, 8명의 손자녀가 있을 경우 아들의 상속분은 1/5.5이다.

③ 배우자 상호 간에도 대습상속이 인정된다. 예컨대 남편이 사망한 후 남편의 부모가 사망한 경우에 처는 남편의 상속인의 지위를 상속한다. 그러나 배우자가 타인과 재혼한 경우에는 인척관계가 소멸되므로 상속인이 될 수 없다.

09 정답 ④

출제 영역 | 예금업무 개론

[정답해설]

④ 반드시 구두로 설명해야 하는 것은 아니다. 약관의 계약편입 요건상 중요한 내용(계약의 해지 · 기업의 면책사항 · 고객의 계약위반 시의 책임가중 등 계약체결여부에 영향을 미치는 사항)을 고객에게 설명하여야 한다. 이때, 약관 외에 설명문 예컨대 통장에 인쇄된 예금거래 유의사항에 의해 성실하게 설명한 경우에는 중요내용의 설명의무를 다한 것으로 본다.

10 정답 ③

출제 영역 | 내부통제 및 금융소비자 보호

[정답해설]

③ 빈칸에 들어갈 내용은 '금융정보분석원'이다.

우리나라의 자금세탁방지기구

「특정금융정보법」에 따라 설립된 금융정보분석원(KoFIU)이다. 금융정보분석원은 법무부 · 금융위원회 · 국세청 · 관세청 · 경찰청 · 한국은행 · 금융감독원 등 관계기관의 전문 인력으로 구성되어 있으며, 금융회사 등으로부터 자금세탁 관련 의심거래를 수집 · 분석하여 불법거래, 자금세탁행위 또는 공중협박자금조달행위와 관련된다고 판단되는 금융거래자료를 법 집행기관(검찰청 · 경찰청 · 국세청 · 관세청 · 국정원 · 선관위 · 금융위 · 행안부 · 해경 · 공수처 등)에 제공하는 업무를 주 업무로 하고, 금융기관 등의 의심거래 보고업무에 대한 감독 및 검사, 외국의 FIU와의 협조 및 정보교류 등을 담당하고 있다.

11 정답 ④

출제 영역 | 내부통제 및 금융소비자 보호

[정답해설]

④ 실명확인 생략이 가능한 거래에는 ① · ② · ③ 외에 실명이 확인된 계좌에 의한 계속 거래가 있다. 실명이 확인된 계좌에 의한 계속거래라 하는 것은 실명확인된 계좌의 입출금, 해지 및 이체 등을 말하며, 이때 재예치 등 계좌가 새로 개설되는 경우는 계속거래가 아니다.

12 정답 ④

출제 영역 | 내부통제 및 금융소비자 보호

오답해설
① 우체국예금의 경우 시중은행(2025년 1월 기준 금융상품의 원금과 이자를 합한 금액이 5,000만원 한도)과는 달리 예금자보호 한도에 제한이 없다.
② 우체국 판매 상품 중 펀드, 하이브리드 체크카드는 「금융소비자보호법」을 준용한다.
③ 우체국금융의 대출성 상품, 투자성 상품은 「우체국예금·보험법」의 적용을 받지 않고, 「금융소비자보호법」을 준용한다.

13 정답 ②

출제 영역 | 예금관련법

정답해설
은행의 보호금융상품 및 비보호금융상품

보호금융상품	비보호금융상품
• 요구불예금(보통예금, 기업자유예금, 별단예금, 당좌예금 등) • 저축성예금(정기예금, 주택청약예금, 표지어음 등) • 적립식예금(정기적금, 주택청약부금, 상호부금 등) • 외화예금 • 예금보호대상 금융상품으로 운용되는 확정기여형 퇴직연금제도 및 개인형퇴직연금제도의 적립금 • 중소기업퇴직연금기금에 편입된 금융상품 중 예금보호 대상으로 운용되는 금융상품 • 개인종합자산관리계좌(ISA)에 편입된 금융상품 중 예금보호 대상으로 운용되는 금융상품 • 원본이 보전되는 금전신탁 등	• 양도성예금증서(CD), 환매조건부채권(RP) • 금융투자상품(수익증권, 뮤추얼펀드, MMF등) • 은행 발행채권 • 주택청약저축, 주택청약종합저축 등 • 확정급여형 퇴직연금제도의 적립금 • 특정금전신탁 등 실적배당형 신탁 • 개발신탁

14 정답 ③

출제 영역 | 예금관련법

오답해설
① 재형저축에 대한 이자는 「조세특례제한법」에 의한 비과세 금융소득에 포함된다.
② 분리과세되는 금융소득은 원천징수로 납세의무가 종결되므로 금융소득종합과세 대상에서 제외된다.
④ '17.12.31. 이전에 가입하고 10년 이상 장기채권으로 3년 이상 보유하고 분리과세를 신청한 이자와 할인액만 분리과세 금융소득에 포함된다.

15 정답 ③

출제 영역 | 우체국금융 상품

정답해설
③ 우체국 하도급지킴이통장은 '정부계약 하도급관리시스템'을 통해 발주한 공사대금 및 입금이 하도급자와 근로자에게 기간 내 집행될 수 있도록 관리, 감독하기 위한 전용통장으로 예금 출금은 '정부계약 하도급관리시스템'의 이체요청을 통해서만 가능하며 우체국창구, 전자금융, 자동화기기 등을 통한 출금은 불가하다.

16 정답 ①

출제 영역 | 우체국금융 상품

정답해설
우체국 가치모아적금
• 여행자금, 모임회비 등 목돈 마련을 위해 여럿이 함께 저축할수록 우대혜택이 커지고 다양한 우대서비스를 제공하는 적립식 예금
• 예금주에게 매월 자동이체 저축현황을 알려주는 자동이체 알림서비스, 모임추천번호에 등록한 인원 현황을 알려주는 모임적금 알림서비스, 고객이 통장명칭을 자유로이 선정할 수 있는 통장별칭서비스 등 다양한 우대서비스 제공

17 정답 ②

출제 영역 | 우체국금융 상품

정답해설
② 우리동네PLUS는 지역별 특성을 고려한 특화가맹점에 대한 캐시백을 제공하며, Ⅰ, Ⅱ, Ⅲ 세가지 타입 중 고객 소비성향에 따라 할인혜택 서비스를 선택할 수 있는 카드이다.

오답해설
① 행복한 체크카드, ③ 동행 체크카드, ④ 어디서나 체크카드

18 정답 ④

출제 영역 | 우체국금융 서비스

정답해설
④ 폰뱅킹이라 함은 고객의 신청에 따라 우체국예금·보험 고객센터를 통해 가정이나 사무실 등에서 다양한 우체국예금·보험 서비스를 전화통화로 간편하게 처리할 수 있는 서비스를 말한다. 지정전화번호 등록 시 고객이 지정한 전화번호로만 자금이체 또는 보험금 지급 등 주요 거래가 가능하다. 또한, 고객이 직접 단축코드를 등록하여 편리하게 이용할 수 있는 고객 맞춤서비스도 제공 중이다.

더 알아보기 | 우체국 폰뱅킹 서비스

구분	주요 서비스
예금	• (조회) 잔액조회, 거래내역조회 • (이체) 우체국 간 이체, 다른 은행으로 이체 • (체크카드) 체크카드 사용등록, 이용내역조회, 포인트환급 신청/취소 • (경조금 및 기타) 경조금배달, 온라인환 송금/조회, 환율조회, 고객정보관리 등
보험	• (조회) 환급금대출/해지환급금/만기보험금/연금/배당금/휴면보험금 조회 • (환급금) 환급금대출 신청. 원리금 상환, 대출이율 조회 • (보험료) 보험료 납입, 보험료 자동이체 신청/변경/해지, 대출이자 자동이체 신청/변경/해지 • (신청) 만기보험금/배당금/휴면보험금/해지환급금 신청
펀드	펀드 잔액조회, 펀드 거래내역조회
기타	• (신고) 보이스피싱 피해신고, 카드분실신고, 통장/인감 분실신고, 보안카드/OTP 분실 신고 등 • (쉬운말 서비스) 잔액조회, 거래내역조회, 우체국 간 이체, 우체국과 은행 간 이체

19 정답 ②

출제 영역 | 우체국금융 서비스

오답해설
① 환전가능 통화는 미국달러(USD), 유럽유로(EUR), 일본엔(JPY), 중국위안(CNY), 캐나다달러(CAD), 호주달러(AUD), 홍콩달러(HKD), 태국바트(THB), 싱가폴달러(SGD), 영국파운드(GBP) 등 총 10종이다.
③ 우체국 외화환전 예약서비스로 환전한 외화는 고객이 지정한 일부 환전업무 취급 우체국·우정사업본부, 환전업무 관련 제휴된 하나은행 지점(환전소)에서 수령할 수 있다.
④ 우체국은 신한은행과 제휴하여 신한은행 SWIFT 망을 통해 전 세계금융기관을 대상으로 해외송금 서비스를 운영하고 있다.

20 정답 ③

출제 영역 | 전자금융

정답해설
③ 현금서비스 업무는 고객이 CD/ATM을 통하여 신용카드 현금서비스를 받을 수 있는 금융서비스로 고객은 거래은행과 상관없이 CD/ATM을 통하여 현금서비스 이용한도 내에서 현금을 인출할 수 있다. 현금서비스 한도는 각 신용카드 발급사가 개별고객의 신용도에 따라 정하고 있다.

03 보험일반

01	02	03	04	05	06	07	08	09	10
①	③	④	③	③	②	④	④	④	④
11	12	13	14	15	16	17	18	19	20
③	①	④	④	③	③	②	②	④	②

01 정답 ①

출제 영역 | 생명보험 이론

정답해설
① 계약자가 보험계약 시 보험수익자를 지정하지 않은 경우 생존보험금의 수익자는 '보험계약자'이다.

더 알아보기 | 보험금을 받는 자를 지정하지 않은 경우

계약자가 보험계약 시 보험수익자를 지정하지 않은 경우 보험사고에 따라 보험수익자 결정

보험사고별 종류	보험수익자
사망보험금	피보험자의 상속인
생존보험금	보험계약자
장해·입원·수술·통원급부금 등	피보험자

02 정답 ③

출제 영역 | 생명보험 이론

오답해설
ㄴ. 세액공제 대상을 근로소득자로 제한하고 있어 연금소득자 또는 개인사업자 등은 보장성 보험에 가입하더라도 세액공제를 받을 수 없다.
ㄷ. 피보험자에 해당하는 기본공제대상자는 본인을 포함한 부양가족으로 근로소득자 본인에 대해서는 별도의 요건이 없다.

더 알아보기 | 보장성보험료의 세액공제

「소득세법」 제59조의4(특별세액공제)
① 근로소득이 있는 거주자(일용근로자는 제외한다. 이하 이 조에서 같다)가 해당 과세기간에 만기에 환급되는 금액이 납입보험료를 초과하지 아니하는 보험의 보험계약에 따라 지급하는 다음 각 호의 보험료를 지급한 경우 그 금액의 100분의 12(제1호의 경우 100분의 15)에 해당하는 금액을 해당 과세기간의 종합소득산출세액에서 공제한다. 다만, 다음 각 호의 보험료별로 그 합계액이 각각 연 100만원을 초과하는 경우 그 초과하는 금액은 각각 없는 것으로 한다.
1. 기본공제대상자 중 장애인을 피보험자 또는 수익자로 하는 장애인전용보험으로서 대통령령으로 정하는 장애인전용보장성보험료

2. 기본공제대상자를 피보험자로 하는 대통령령으로 정하는 보험료(제1호에 따른 장애인전용보장성보험료는 제외한다)

03 정답 ④

출제 영역 | 생명보험과 제3보험

[정답해설]

④ 생명보험은 불의의 사고가 발생했을 경우 약정된 금액(보험금)을 지급하는 보험으로, 보상방법은 정액보상이다. 손해보험은 보험사고로 인하여 발생할 피보험자의 재산상의 손해에 대하여 보험자가 그 손해를 보상하는 보험으로, 보험기간은 단기이다. 제3보험은 생명보험의 약정된 정액 보상적 특성과 손해보험의 실손 보상적 특성을 모두 가지는 보험을 의미하며, 피보험이익은 원칙적으로 인정되지 않는다.

04 정답 ③

출제 영역 | 생명보험과 제3보험

[정답해설]

③ 상해사망보험금은 보험기간 중에 상해의 직접적인 원인으로 사망하였을 경우 보장한다. 이 밖의 보장내용으로 보험기간 중 상해로 인해 장해분류표에서 정한 각 장해지급률에 해당하는 장해상태가 되었을 경우 보장하는 '상해장해급부금'이 있다.

더 알아보기 | 제3보험

의의

생명보험의 약정된 정액보상적 특성과 손해보험의 실손보상적 특성을 모두 가지는 보험을 의미한다. 사람의 신체에 대한 보험의 성격에 따라 분류하면 생명보험이라 할 수 있으나, 비용손해와 의료비 등 실손 부분에 대해 보상한다고 분류하게 되면 손해보험으로 볼 수 있다. 이에 생명보험 영역, 손해보험 영역 두 분야에 걸쳐 있다는 의미에서 제3보험 혹은 Gray Zone 보험이라고 불리기도 한다.

보장성에 따른 상품 분류

상해보험	생명보험의 재해보험, 손해보험의 상해보험 등
질병보험	진단보험, 암 보험, CI보험 등
간병보험	공적 · 민영 장기간병보험 등

05 정답 ③

출제 영역 | 보험계약법(인보험편)

[정답해설]

보험계약에 대한 설명으로 옳은 것은 ㄱ, ㄴ, ㄹ으로, 총 3개이다.

[오답해설]

ㄷ. 보험계약자는 보험가입증서(보험증권)를 받은 날부터 15일 이내에 청약을 철회할 수 있다.

06 정답 ②

출제 영역 | 보험계약법(인보험편)

[오답해설]

① 중복보험 시 보험계약은 무효가 된다.
③ 고객 자필 서명을 받지 않았을 경우 보험계약은 취소된다.
④ 청약서 부본 전달이 이루어지지 않았을 경우 보험계약은 취소된다.

더 알아보기 | 보험계약 무효와 취소

구분	보험계약 무효	보험계약 취소
요건	• 사기에 의한 초과, 중복보험 • 기발생 사고 • 피보험자의 자격미달 (사망보험의 경우)	• 보험자의 법률 위반이 존재할 때 • '3대 기본 지키기'를 미이행했을 때 ① 고객 자필 서명 ② 청약서 부본 전달 ③ 약관 중요내용 설명 및 교부
효력	보험금 지급사유가 발생하더라도 보험금 지급을 하지 않음	보험자는 납입한 보험료에 일정 이자를 합한 금액을 계약자에게 반환

07 정답 ④

출제 영역 | 우체국보험 일반현황

[정답해설]

④ 우체국보험적립금은 공공자금관리기금 및 금융기관을 통한 산업자금 지원과 지방경제 활성화를 위한 지방은행에의 자금 예치 및 보험계약자를 위한 대출제도 운영에 사용된다.

08 정답 ④

출제 영역 | 우체국보험 일반현황

[오답해설]

ㄱ. 민영보험의 가입한도액에 제한이 없는 것과 달리 우체국보험은 사망 4,000만원, 연금 연 900만원의 가입한도액이 있다.
ㄴ. 민영보험은 동일 금융기관 내에서 1인당 최고 5천만원까지 지급보장하고 우체국보험은 국가가 전액 보장한다.

더 알아보기	우체국보험과 민영보험	
구분	우체국보험	민영보험
보험료	상대적으로 저렴함	상대적 고액임
가입 한도액	사망 : 4,000만원 연금 : 연 900만원	제한 없음
지급 보장	국가 전액 보장	동일 금융기관 내에서 1인당 최고 5천만원 (예금보험공사 보증)
운영 방법	농어촌 · 서민 위주 전 국민 대상	도시 위주 전 국민 대상
사익 추구	주주이익 없음 (국영사업)	주주이익 추구
취급 제한	변액보험, 퇴직연금, 손해보험 불가	제한 없음
감독 기관	과학기술정보통신부, 감사원, 국회, 금융위원회 등	금융위원회, 금융감독원
적용 법률	•「우체국예금 · 보험에 관한 법률」·「우체국 보험특별회계법」 •「보험업법」(일부) ·「상 법」(보험 분야)	•「보험업법」 •「상법」(보험 분야)

09 정답 ④

출제 영역 | 리스크관리 및 자금운영

정답해설

④ 지급여력비율은 100% 이상을 유지하도록 노력하여야 한다.

10 정답 ④

출제 영역 | 우체국보험 모집 및 언더라이팅

오답해설

① 보험모집자는 계약체결 시 계약자에게 약관 및 청약서 부본을 전달하고 약관의 주요 내용을 설명해야 한다.
② 보험모집자가 청약 시 약관 및 청약서 부본 전달 등 의무(3대 기본 지키기)를 이행하지 않은 경우 계약자는 취소권을 행사할 수 있다.
③ 계약자가 취소권을 행사할 때 계약이 성립한 날부터 3개월 이내에 계약을 취소할 수 있다.

더 알아보기	3대 기본 지키기

• 보험계약자 및 피보험자의 자필서명
• 약관 및 청약서 부본 전달
• 약관의 주요 내용 설명

11 정답 ③

출제 영역 | 우체국보험 모집 및 언더라이팅

정답해설

③ 보험계약자는 보험가입증서(보험증권)를 받은 날부터 15일 이내에 그 청약을 철회할 수 있다. 다만, 전문보험계약자가 체결한 계약은 청약을 철회할 수 없다.

더 알아보기	전문보험계약자

보험계약에 관한 전문성, 자산규모 등에 비추어 보험계약의 내용을 이해하고 이행할 능력이 있는 자로서「보험업법」제2조(정의),「보험업법시행령」제6조의2(전문보험계약자의 범위 등) 또는「보험업감독규정」제1-4조의2(전문보험계약자의 범위)에서 정한 국가, 한국은행, 대통령령으로 정하는 금융기관, 주권상장법인, 지방자치단체, 단체보험계약자 등의 전문보험계약자를 의미한다.

12 정답 ①

출제 영역 | 우체국보험 모집 및 언더라이팅

정답해설

옳지 않은 것은 ㄷ으로, 총 1개이다.
ㄷ. 심신박약자를 피보험자로하여 사망을 보험금 지급사유로 한 계약의 경우 보험계약 무효사유가 되지만, 심신박약자가 계약을 체결하거나 소속 단체의 규약에 따라 단체보험의 피보험자가 될 때에 의사능력이 있는 경우에는 계약이 유효하다.

더 알아보기	보험계약 무효사유

종류	무효사유
1	타인의 사망을 보험금 지급사유로 하는 계약에서 계약을 체결할 때까지 피보험자의 서면에 의한 동의를 얻지 않은 경우(다만, 단체가 규약에 따라 구성원의 전부 또는 일부를 피보험자로 하는 계약을 체결하는 경우에는 이를 적용하지 않음. 이때 단체보험의 보험수익자를 피보험자 또는 그 상속인이 아닌 자로 지정할 때에는 단체의 규약에서 명시적으로 정한 경우가 아니면 이를 적용함)
2	만 15세 미만자, 심신상실자 또는 심신박약자를 피보험자로하여 사망을 보험금 지급사유로 한 계약의 경우(다만, 심신박약자가 계약을 체결하거나 소속 단체의 규약에 따라 단체보험의 피보험자가 될 때에 의사능력이 있는 경우에는 계약이 유효함)
3	계약을 체결할 때 계약에서 정한 피보험자의 나이에 미달되었거나 초과되었을 경우(다만, 체신관서가 나이의 착오를 발견하였을 때 이미 계약나이에 도달한 경우에는 유효한 계약으로 보나, 제2호의 만 15세 미만자에 관한 예외가 인정되는 것은 아님)

13 정답 ④

출제 영역 | 우체국보험 계약유지 및 보험금 지급

오답해설
① 체신관서는 중대사유 사실을 안 날부터 1개월 이내에 계약을 해지할 수 있다.
② 체신관서는 중대사유로 인한 계약 해지 시 그 취지를 보험계약자에게 통지하고 해당 상품의 약관에 따른 해약환급금을 지급한다.
③ 보험계약자, 피보험자 또는 보험수익자가 보험금 청구에 관한 서류에 고의로 사실과 다른 것을 기재하였거나 그 서류 또는 증거를 위조 또는 변조한 경우(다만, 이미 보험금 지급사유가 발생한 경우에는 보험금 지급에 영향을 미치지 않음) 중대사유에 해당한다.

14 정답 ④

출제 영역 | 우체국보험 계약유지 및 보험금 지급

오답해설
ㄴ. 계약해지(효력상실)일로부터 3년 이내, 보험기간 만기일까지 부활을 청구한 계약이어야 한다. 보험기간 만기일이 비영업일인 경우는 그 다음 업무 개시 영업일까지 가능하며 계약해지(효력상실) 후 3년 이내라도 만기일이 경과하면 부활이 불가능하다.
ㄷ. 미성년자 계약의 부활 시 보험계약자 또는 피보험자가 미성년자(만19세 미만)인 경우 부모 공동으로 친권을 행사하며, 친권자 각각의 서명 또는 날인을 득하여야 한다. 다만, 보험계약자가 친권자일 경우에는 나머지 친권자 1인의 자필서명을 받아야 하며, 보험계약자가 후견인일 경우에는 후견인 란의 자필서명 생략이 가능하다.

15 정답 ③

출제 영역 | 우체국보험 계약유지 및 보험금 지급

정답해설
③ 사망보험금 선지급제도란 해당 약관〈선지급서비스특칙〉에 의거 보험기간 중에「의료법」제3조(의료기관) 제2항에서 정한 종합병원의 전문의 자격을 가진 자가 실시한 진단결과 피보험자의 남은 생존기간이 6개월 이내라고 판단한 경우에 체신관서가 정한 방법에 따라 사망보험금액의 60%를 선지급사망보험금으로 피보험자에게 지급하는 제도이다.

16 정답 ③

출제 영역 | 우체국보험 상품

정답해설
옳은 것은 ㄱ, ㄴ, ㄹ으로 총 3개이다.

오답해설
ㄷ. 관련 세법에서 정하는 요건에 부합하는 경우 일반형은 이자소득이 비과세되고 금융소득종합과세에서도 제외된다.

17 정답 ②

출제 영역 | 우체국보험 상품

정답해설
ㄱ. 각종 특약설계로 보장범위를 경증질환까지 폭넓게 확대하여 사망부터 생존(진단, 첫날부터 입원, 수술, 재해사고, 후유장해 등)까지 종합적으로 보장한다.
ㄹ. 근로소득자는 납입보험료(연간 100만원 한도)에 대하여 12% 세액공제한다.

18 정답 ②

출제 영역 | 우체국보험 상품

오답해설
① 무배당 우체국온라인정기보험 2109의 경우, 생존기간 6개월 이내 판단 시 사망보험금의 60%를 선지급한다.
③ 무배당 우체국간편건강보험(325)(20년 갱신형) 2409의 경우, 20년 갱신형으로 운영하여 최대 100세까지 안정적인 보장을 제공한다.
④ 무배당 우체국암케어보험 2406의 경우, 우체국보험 암진단보험금 최고액 보장으로 암진단 시 최대 4,000만원까지 보장한다.

19 정답 ④

출제 영역 | 우체국보험 상품

오답해설
① 0세부터 65세까지 가입 가능한 건강보험으로 각종 질병, 사고 및 주요성인질환을 종합 보장한다.
② "국민체력100" 체력 인증 시 보험료 지원혜택이 있다.
③ 보험기간 만료일 30일 전까지 계약자에게 서면 또는 전화(음성녹음) 안내(보험료 등 변경내용)를 하여야 하며, 보험기간 만료일 15일 전까지 계약자의 별도 의사표시가 없으면 자동 갱신된다.

20
정답 ②

출제 영역 | 우체국보험 상품

정답해설

② 직전 3개 과세기간 중 소득의 합계액이 1회 이상 연 2천만원을 초과한 자는 제외된다.

더 알아보기	비과세종합저축 가입 대상자
구분	내용
1	만 65세 이상인 거주자
2	「장애인복지법」 제32조에 따라 등록한 장애인
3	「독립유공자 예우에 관한 법률」 제6조에 따라 등록한 독립유공자와 그 유족 또는 가족
4	「국가유공자 등 예우 및 지원에 관한 법률」 제6조에 따라 등록한 상이자(傷痍者)
5	「국민기초생활보장법」 제2조 제2호에 따른 수급자(단, 생계급여 및 의료급여 수급자에 한함)
6	「고엽제후유의증 등 환자지원 및 단체설립에 관한 법률」 제2조 제3호에 따른 고엽제후유의증환자
7	「5·18민주유공자 예우 및 단체설립에 관한 법률」 제4조 제2호에 따른 5·18민주화운동부상자

04 컴퓨터일반(기초영어 포함)

01	02	03	04	05	06	07	08	09	10
②	③	①	④	④	④	②	④	③	④
11	12	13	14	15	16	17	18	19	20
③	③	②	②	①	③	①	③	④	③

01
정답 ②

출제 영역 | 엑셀(스프레드시트)

정답해설

② 음수가 입력된 경우에는 천 단위 구분 기호 표시로서 빨강색으로 표시된다. 따라서 음수 −50을 입력하면 빨강색으로 50이 표시된다.

02
정답 ③

출제 영역 | 소프트웨어 설계와 객체 지향

정답해설

③ 구조 결합도(Stamp Coupling) : 모듈 간의 인터페이스로 배열이나 레코드 등의 자료 구조가 전달된 경우

더 알아보기	결합도

종류
- 자료결합도(Data Coupling) : 다른 모듈에게 데이터를 넘겨주고, 호출한 모듈은 데이터 처리 결과를 다시 돌려주는 것
- 구조결합도(Stamp Coupling) : 모듈 간의 인터페이스로 배열이나 레코드 등의 자료 구조가 전달된 경우
- 제어결합도(Control Coupling) : 다른 모듈의 수행 횟수와 수행 순서를 지시
- 외부결합도(External Coupling) : 어떤 모듈에서 외부로 선언한 변수를 다른 모듈에서 참조하는 것
- 공통결합도(Common Coupling) : 공유되는 데이터 영역을 여러 모듈이 사용하는 것
- 내용결합도(Content Coupling) : 한 모듈이 다른 모듈의 내부 기능과 내부 자료를 조회하는 경우 특정 모듈이 국부적(Local)인 자료 값을 수정

순서
내용결합도 → 공통결합도 → 외부결합도 → 제어결합도 → 구조결합도 → 자료결합도

03
정답 ①

출제 영역 | 데이터베이스 운용

정답해설

① 원자성(Atomicity) : 트랜잭션의 연산을 데이터베이스에 모두 반영하든지 아니면 전혀 반영되지 않아야 한다(All or Nothing). 은행에서 인출이 되는 경우라면 인출이 되거나 인출이 전혀 안 돼야 한다.

오답해설

② 일관성(Consistency) : 트랜잭션을 완전히 실행하면 데이터베이스는 하나의 일관된 상태에서 다른 일관된 상태로 바꿔야한다. 은행에서 출금을 했다면 잔액이 감소된 상태로 유지되어야한다.
③ 격리성(Isolation) : 하나의 트랜잭션의 실행은 동시에 실행 중인 다른 트랜잭션 수행 중에 다른 트랜잭션 연산을 끼어놓을 수 없다. 은행인출기에서 사용하는 출금 계좌는 다른 곳에서 동시에 사용할 수 없도록 독립적으로 처리하게 해야 한다.
④ 영속성(Durability) : 완료된 트랜잭션에 의해 데이터베이스에 가해진 변경은 어떠한 고장에도 손실되지 말아야한다. 은행인출기에서 출금 처리 중에 기계 고장이 발생하더라도 잔액에 문제가 없어야 한다.

더 알아보기 | 트랜잭션의 정의

- 데이터베이스 상태를 일관적으로 유지하기 위한 병행 수행 제어 및 회복의 기본 단위이다.
- 사용자 시스템에 대한 서비스 요구 시 시스템의 상태 변환 과정의 작업 단위이다.
- 한꺼번에 모두 수행되어야 할 일련의 데이터베이스의 논리적 연산 집합이다.
- 하나의 트랜잭션은 완료(Commit)되거나 복귀(Rollback)되어야 한다.
- 복구 및 병행 시행 시 작업의 논리적 단위이며, 구조점(Save Point)은 필요에 따라 여러 번 지정이 가능하다.

04
정답 ④

출제 영역 | 기억장치

정답해설

④ DRAM(동적램)은 소비 전력이 낮은 반면, 구성 회로가 간단하여 집적도가 높다.

05
정답 ④

출제 영역 | 멀티미디어

정답해설

④ 스트리밍 기술의 특징파일을 완전히 다운로드 하지 않고도 오디오 및 비디오 파일을 재생할 수 있다. 스트리밍 기술을 적용한 것으로는 인터넷 방송이나 원격교육 등이 있다. 스트리밍 기술로 재생 가능한 형식에는 *.ram(리얼플레이어), *.asf(윈도우 미디어 플레이어), *.wmv(윈도우 미디어플레이어) 스트리밍 기술은 일반적으로 수신만 가능한 기술이다.
예 인터넷 라디오, 인터넷방송, 동영상 재생

06
정답 ④

출제 영역 | 프로토콜과 네트워크

정답해설

④ FTP는 응용 계층에 해당한다.

더 알아보기 | OSI 7계층 대표 프로토콜

계층	프로토콜
Physical (물리 계층)	전선, 전파, 광섬유, 동축 케이블, 도파관, PSTN, Repeater, DSU, CSU, Modem
Data link (데이터링크 계층)	Ethernet, Token Ring, PPP, HDLC, Frame relay, ISDN, ATM, 무선랜, FDDI
Network (네트워크 계층)	IP, ICMP, IGMP, X.25, CLNP, ARP, RARP, BGP, OSPF, RIP, IPX, DDP
Transport (전송 계층)	TCP, UDP, RTP, SCTP, SPX, AppleTalk
Session (세션 계층)	TLS, SSH, ISO 8327 / CCITT X.225, RPC, NetBIOS, AppleTalk
Presentation (표현 계층)	JPEG, MPEG, XDR, ASN.1, SMB, AFP
Application (응용 계층)	HTTP, SMTP, SNMP, FTP, Telnet, SSH & Scp, NFS, RTSP

07
정답 ②

출제 영역 | 논리 회로

정답해설

② JK 플립플롭은 RS 플립플롭에서 S=R=1일 때 동작이 안 되는 단점을 보완한 플립플롭으로, 다른 모든 플립플롭의 기능을 대용할 수 있으며 응용범위가 넓고 집적회로화되어 가장 널리 사용되는 플립플롭이다. RS플립플롭의 2개의 입력선이 R, S인 것처럼 JK 플립플롭의 2개의 입력선은 J, K이다.

08 정답 ④

출제 영역 | 정보통신망

정답해설

소프트웨어 프로젝트 관리(Project Management)는 소프트웨어 생명 주기의 전 과정에 걸쳐 진행되며, 주어진 기간 내에 최소의 비용으로 사용자를 만족시키는 시스템을 개발하기 위한 활동이다. 소프트웨어의 기술적인 구축 방법과 자원, 도구들을 제공하고, 인력을 적절히 투입한다.

> **더 알아보기** 프로젝트 관리
>
> **특징**
> - 개발 계획의 수립, 분석, 설계, 구현 등의 작업과 생산 제품에 대한 관리를 수행한다.
> - 소프트웨어 라이프 사이클(Life Cycle)의 전 과정을 수행한다.
> - 가장 대표적인 위험 요소는 사용자의 요구사항 변경이다.
> - 프로젝트의 관리 대상에는 비용 관리(최소 비용), 일정 관리, 품질 관리 등이 있다.
>
> **단계**
> - 1단계-프로젝트 계획 수립 : 범위, 자원, 비용 측정을 통하여 위험성(Risk)을 최소화한다.
> - 2단계-프로젝트 시동 : 프로젝트의 작업 환경, 인적 교육 등을 통하여 계획을 수행한다.
> - 3단계-프로젝트 감시 : 프로젝트의 실행 기간 동안 프로젝트에 대한 상황표를 작성한다.
> - 4단계-프로젝트 종료 : 프로젝트의 사용 후 성과와 평가를 검토한다.
>
> **프로젝트 관리를 위한 3P**
> - 사람(People) : 프로젝트를 효과적으로 관리하기 위한 인적 자원이다(프로그래머의 능력).
> - 문제(Problem) : 사용자 시스템의 문제 인식과 발생할 수 있는 문제를 고려한다.
> - 프로세스(Process) : 소프트웨어 개발의 사용 방법과 전체 흐름 등의 작업 계획이다.

09 정답 ③

출제 영역 | 인터넷과 보안

정답해설

③ 랜섬웨어는 몸값(Ransom)과 소프트웨어(Software)의 합성어이며, 시스템에 침투하여 데이터를 암호화하는 악성 프로그램이다. 복호화 키에 대한 금전을 요구하는 것이 특징이다.

오답해설

① 애드웨어 : 특정 소프트웨어를 실행할 때 또는 설치 후 자동적으로 광고가 표시되는 프로그램
② 스푸핑 : 신뢰성 있는 사람이 네트워크를 통해 데이터를 보낸 것처럼 허가받지 않은 사용자가 데이터를 변조하여 접속하는 행위
④ 트로이목마 : 자기 복제 기능은 없지만 정상적인 프로그램을 위장하고 있다가 프로그램이 실행되면 시스템에 손상을 주는 악의적인 루틴

10 정답 ④

출제 영역 | 소프트웨어 설계와 객체 지향

정답해설

UML
- UML(Unified Modeling Language)는 요구 분석, 시스템 설계 및 구현 등의 시스템 개발 과정에서 개발자 간 의사소통을 원활하게 하기 위하여 표준화한 통합 모델링 언어이다.
- 시스템 개발자가 구축하고자 하는 소프트웨어를 코딩하기에 앞서 표준화되고, 이해하기 쉬운 방법으로 소프트웨어를 설계한다.
- 가시화 언어 : 개념 모델 작성 시 오류가 적고, 의사소통을 쉽게 하는 그래픽 언어이다.
- 문서화 언어 : 시스템에 대한 평가, 통제, 의사소통의 문서화(요구사항, 아키텍처 설계, 소스코드, 프로젝트 계획, Test 등)가 가능하다.
- 구현 언어 : 다양한 프로그래밍 언어와 연결 왕복 공학 기능(순공학/역공학), 실행 시스템의 예측이 가능하다.
- 명세화 언어 : 정확한 모델 제시, 완전한 모델 작성, 분석, 설계의 결정을 표현한다.

11 정답 ③

출제 영역 | 관계형 데이터베이스

정답해설

문제에 나와 있는 조건문을 보면 'K?'라고 나타내고 있다. 문자 뒤에 오는 ?는 그 개수와 문자의 수가 같아야 한다. 그러므로 K 뒤에 있는 ?는 하나밖에 없으므로, K문자 뒤에 하나의 문자나 숫자밖에 올 수 없다.

12 정답 ③

출제 영역 | 소프트웨어 검사와 최신 기술

정답해설

블랙박스 검사 : 모듈의 구조보다 설계된 모든 기능이 정상적으로 수행되는지 확인한다.

화이트박스 테스트(White Box Test)
- 모듈 안의 작동을 자세히 관찰할 수 있으며, 프로그램 원시 코드의 논리적인 구조를 커버되도록 검사사례를 설계하는 프로그램 검사기법이다.
- 원시코드의 모든 문장을 한 번 이상 수행함으로써 수행된다.
- 프로그램의 제어구조에 따라 선택, 반복 등의 부분들을 수행함으로써 논리적인 경로를 점검한다.
- 모듈 안의 작동을 직접 관찰할 수 있다.
- 검사대상의 가능한 경로를 어느 정도 통과하는지의 적용 범위성을 측정기준으로 한다.

> **더 알아보기** 화이트 박스 및 블랙 박스 검사의 종류
>
> - 화이트 박스 검사의 종류 : 기초 경로 검사, 조건 기준 검사, 구조 검사, 루프 검사, 논리 위주 검사, 데이터 흐름 검사 등
> - 블랙 박스 검사의 종류 : 동치 분할 검사, 경계값 검사, 오류 예측 검사, 원인 결과 그래프 검사, 비교검사 등

13 정답 ②

출제 영역 | 소프트웨어 공학과 프로젝트

[정답해설]

나선형 모형(Spiral Model)
- 보헴이 제시하였으며 반복적인 작업을 수행하면서 점증적으로 소프트웨어를 개발하는 생명주기모형
- 점증적 모형, 집중적 모형이라고 함
- 개발단계 : 계획 수립(Planning) → 위험 분석(Risk Analysis) → 공학적 개발(Engineering) → 고객 평가(Customer Evaluation)

> **더 알아보기** 소프트웨어 공학 모델
>
> - 4GT 모델(4세대 기법) : 개발 시작과 동시에 완성시킨다는 개념이다.
> - 폭포수 모델
>   - 보헴에 의해 개발된 모델로 앞 단계가 종료되어야만 다음 단계로 넘어가는 선형 순차 모형이다.
>   - 요구 사항의 변경이 어렵다.
>   - 계획 → 요구분석 → 설계 → 구현 → 검사 → 유지보수
> - 프로토타입 모델
>   - 사용자의 요구 사항을 충실히 반영한다.
>   - 최종 결과물이 만들어지기 전에 의뢰자가 최종 결과물의 일부 또는 모형(시제품)을 볼 수 있다.
>   - 요구 수집 → 빠른 설계 → 프로토타입 구축 → 고객 평가 → 프로토타입 조정 → 구현
> - 나선형 모델(=점진적 모형)
>   - 폭포수 모형과 프로토타입 모형의 장점만을 적용한 방식이다.
>   - 사용자의 요구 사항에 있는 위험요소들을 해결한다.
>   - 대규모 프로젝트 구축시 유리하다.

14 정답 ②

출제 영역 | 어휘 및 숙어

[정답해설]

② 대화에서 A가 이메일 보내는 방법을 알려달라고 하자 B가 '먼저 이메일 프로그램을 열고 상단에 있는 '새 메일' 버튼을 클릭해.'라고 알려주는 상황으로, 'Are you following me?'는 '알아듣겠니?'라는 뜻이므로, 밑줄 친 following과 바꿔쓸 수 있는 단어는 'with'이다.

[오답해설]

① 도와주는 ③ 부르는 ④ ~을 이해하는

[해석]

A : 내게 이메일 보내는 방법 좀 알려줄래?
B : 물론이지. 먼저, 이메일 프로그램을 열어. 그 다음에 상단에 있는 '새 메일' 버튼을 클릭해. <u>알아듣겠니?</u>

15 정답 ①

출제 영역 | 어휘 및 숙어

[정답해설]

① 우체부

[오답해설]

② 우편요금
③ 소포
④ 우표

[해석]

우리는 왜 편지를 배달하는 사람들을 <u>우편집배원</u>이라고 하는가?

16 정답 ③

출제 영역 | 회화

[정답해설]

③ 대화에서 B가 빈칸 다음에서 'It closes at six o'clock.'이라고 대답했으므로, 빈칸에 들어갈 표현으로 가장 적절한 것은 'What time does the post office close(우체국은 몇 시에 문을 닫나요?)'이다.

[오답해설]

① 우체국이 어디 있나요
② 우체국이 어디에 있나요
④ 우체국은 몇 시에 문 여나요

[해석]

A : 실례합니다. 이 근처에 우체국이 있나요?
B : 교회 건너편에 있습니다.
A : 감사합니다. <u>우체국은 몇 시에 문 닫나요?</u>
B : 6시에 닫아요.

17 정답 ①

출제 영역 | 회화

[정답해설]

① 대화에서 빈칸 앞에서 B가 'In that case, I will do it for ten cents per page.'라고 하자 A가 '하지만 아직 타이핑이 ~하지 않아요.'라고 한 다음에, 'It will get ready within four or five days.'라고 했다. 따라서 대화의 흐름상 빈칸에는 '끝내다(be through)'라는 뜻의 단어가 들어가야 하므로, 빈칸에 들어갈 말로 적절한 것은 'through'이다. ③ 'finish(끝내다)'는 빈칸 앞에 be not이 있으므로 적절하지 않다.

[오답해설]

② 마음에 드는 ③ 끝내다, 마무리 짓다 ④ 에 대항하여

[해석]

A : 복사비가 얼마인가요?
B : 페이지당 15센트입니다.
A : 대량으로 하면 얼마인가요?
B : 대략 몇 페이지 정도 되시나요?
A : 약 100페이지 정도입니다. 제 논문입니다.
B : 그런 경우라면 한 장당 10센트에 해드리겠습니다.
A : 좋습니다! 하지만 아직 타이핑이 끝나지 않았어요. 4~5일 안에 준비가 될 겁니다.
B : 그럼 일주일 후에 보죠.

[어휘]

- charge (요금 · 값을) 청구하다[주라고 하다]
- photocopying 복사
- for bulk 대량으로
- approximately 거의 (정확하게), …가까이
- dissertation (특히 대학 학위) 논문

18 정답 ③

출제 영역 | 회화

[정답해설]

③ 대화에서 자산, 주식, 채권 등을 소유하고 있는지 묻는 B의 질문에 A가 'No.'라고 하자 B가 다시 '~이 없으시군요.'라고 하고 빈칸 다음에서 'Perhaps you could get a guarantor—someone to sign for the loan for you.'라고 했으므로 대화의 흐름상 빈칸에 들어갈 적절한 것은 'collateral(담보물)'이다.

[오답해설]

① 조사 ② 동물 ④ 영감, 자극

[해석]

A : 우리가 대출을 받을 수 있을까요?
B : 음, 경우에 따라 다릅니다. 다른 어떤 자산을 소유하고 있나요? 주식이나 채권 같은?
A : 아니요.
B : 알겠습니다. 그렇다면 어떤 담보물도 없으시군요. 아마도 당신을 위해 대출에 서명해 줄 사람, 보증인을 구할 수 있을 것 같은데요.

[어휘]

- loan 대출
- it depends. 상황에 따라 다르다.
- own 소유하다
- property 자산
- bond 채권
- guarantor 보증인

19 정답 ④

출제 영역 | 독해

[정답해설]

④ 제시된 문장에서 'This all amounts to heightened activity and noise levels, ~(이것은 모두 결과적으로 활동 및 소음 수준을 높이게 되어 청각 기능 장애를 겪는 아이들에게 특히 심각할 수 있다.)'라고 했는데, 마지막 문장에서 '최근 학습의 추세는 종종 개인이 정보를 보유하는 것 못지않게 다양한 생각과 도구의 협력적인 상호작용이 포함된다.'라고 했으므로, 글의 흐름상 제시된 글이 들어갈 위치로 알맞은 것은 마지막 문장 다음인 'ⓓ'이다.

[해석]

어린이들에게 있어서 청각 장애 또는 청각 기능의 장애는 그들의 언어 능력과 의사소통의 발전에 지대한 영향을 미칠 수 있으며, 결과적으로 그들의 학교에서의 학습 능력에 악영향을 초래한다. 이는 개인과 전체 인구에 중대한 결과를 가져올 가능성이 있다. 뉴질랜드 보건부는 지난 20년 이상 동안에 수행된 연구에서 그 나라 어린이들의 6~10%가 난청에 의해 영향을 받고 있다는 것을 발견했다. 뉴질랜드의 한 예비 연구는 교실의 소음이 교사와 학생에게 주요한 우려스러운 상황을 야기한다는 것을 밝혔다. 현대적인 교습 관행, 교실의 책상 구성, 열악한 교실 음향, 에어컨 시설과 같은 기계적인 환기 수단이 모두 교사의 목소리를 이해하지 못하는 아이들의 수의 원인이 된다. 교육 연구원인 Nelson과 Soli는 또한 최근 학습의 추세는 종종 개인이 정보를 보유하는 것 못지않게 다양한 생각과 도구의 협력적인 상호작용이 포함된다는 것을 시사한다. 이것은 모두 결과적으로 활동 및 소음 수준을 높이게 되어, 청각 기능 장애를 겪는 아이들에게 특히 심각할 수 있다.

[어휘]

- amount to 결과적으로 …이 되다, …에 해당[상당]하다
- potential 가능성 있는, 잠재적인
- auditory 청각의
- deficit 결손
- hearing impairment 청각 장애
- detrimental 해로운
- hearing loss 난청, 청력 상실
- present (문제 등) 야기하다
- preliminary 예비의
- pupil 학생
- acoustics 음향 시설
- ventilation 환기, 통풍
- contribute (…의) 한 원인이 되다

20 정답 ③

출제 영역 | 독해

정답해설

③ 문맥상 신원도용 피해자들(Victims of identity theft)이 공항 검색대에서 '거절당하는'의 수동 의미가 되어야 하므로, 밑줄 친 turn away는 수동태 형태인 be turned away로 고쳐야 한다.

오답해설

① 'has'를 받는 주어가 'The connectedness of words ~ people and things'로 3인칭 단수이므로 동사 has가 어법상 적절하게 사용되었다.
② 앞의 명사(information)를 수식하는 분사로 '연결된'이라는 수동의 의미이므로, 과거분사 connected가 어법상 적절하게 사용되었다.
④ spend+목적어+(전치사)+명사[-ing]는 '…하는 데 돈을/시간을 쓰다'의 뜻이므로, reclaiming이 어법상 적절하게 사용되었다.

해석

실제 사람들과 사물에 대한 단어들의 결합관계는 단지 그 사람들과 사물에 대한 정보를 주는 것이 아니라 뉴스에 많이 나오는 실제적인 응용을 갖고 있다. 이번 세기 초에 급속도로 증가하는 범죄는 신원도용 범죄이다. 명의도용범은 사회보장번호 또는 신용카드 번호나 은행 계좌번호와 비밀번호 같은 여러분의 이름과 연관된 정보를 이용해서 사기를 치거나 자산을 훔친다. 신원도용 피해자들은 직업, 대출, 그리고 대학 입학에서 손해를 볼 수 있고, 공항 보안검색대에서 거절당할 수 있으며, 심지어 명의도용범이 저지른 범죄로 인해 체포될 수 있다. 그들은 자신들의 신원을 되찾는 데 많은 시간과 많은 돈을 쓸 수 있다.

어휘

- connectedness 소속관계, 유대감
- practical 현실[실질/실제]적인
- application 응용
- fastestgrowing 급속도로 성장하는
- crime 범죄
- identity theft 신원도용
- identity thief 명의도용범
- commit fraud 사기를 치다
- assets 자산
- lose out on (~을) 놓치다, 손해를 보다
- loan 대출[융자](금)
- turn away 거부[거절]하다
- security checkpoints 보안검색대
- reclaim 되찾다[돌려 달라고 하다]

남에게 이기는 방법의 하나는 예의범절로 이기는 것이다.

– 조쉬 빌링스 –

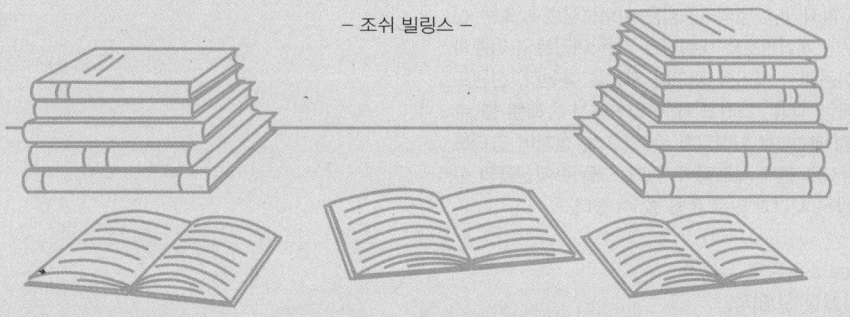

제5회 정답 및 해설

문제편 p.081

01 우편일반

01	02	03	04	05	06	07	08	09	10
②	②	②	④	①	③	②	①	②	②
11	12	13	14	15	16	17	18	19	20
④	④	③	④	③	①	①	②	①	②

01　　　　　　　　　　　　　　　　　　　정답 ②
출제 영역 | 우편서비스 종류와 이용조건
[정답해설]
② 교통 여건 등으로 인해 우편물 운송이 특별히 어려운 곳은 관할 지방우정청장이 별도로 배달기한을 정하여 공고한다.

02　　　　　　　　　　　　　　　　　　　정답 ②
출제 영역 | 우편서비스 종류와 이용조건
[정답해설]
ㄱ. 계약소포에서 계약기간이 12개월인 연간계약의 종류에는 일반계약, 연합체 발송계약, 다수지 발송계약, 반품계약이 있으며, 이중 일반 계약은 개인 또는 업체가 월 평균 100통 이상 계약소포를 발송을 위해 우편관서와 계약을 체결하는 일반적인 계약이다.
ㄹ. 계약소포에 있는 지방우정청장 특별감액은 지방우정청장이 특별히 감액하여 주는 제도이다.
[오답해설]
ㄴ. 계약소포의 계약요금 중 평균요금은 계약요금 중 규격·물량단계별 요금을 발송물량의 규격별 점유비에 따라 산출된 요금을 합산하여 적용하는 단일요금으로, 발송물량이 월 평균 1,000통 이상의 연간 계약자에 한하여 적용 가능하다.
ㄷ. 초소형 특정 요금은 초소형 계약소포에 대하여 규격·물량 단계별 요금 및 평균요금을 적용하지 않고 본부장 또는 지방우정청장 승인으로 적용하는 요금으로, 월 평균 10,000통 이상 발송 업체 중 초소형 물량이 90% 이상인 경우 적용이 가능하다.

03　　　　　　　　　　　　　　　　　　　정답 ②
출제 영역 | 국내우편물의 부가서비스
[정답해설]
② 등기취급을 전제로 이사 등 거주지 이전으로 우편주소가 바뀐 경우 우편물을 바뀐 우편주소로 배달하고, 수취인의 동의를 받아 발송인에게 바뀐 우편주소정보를 제공하는 부가취급제도는 우편주소 정보제공 서비스이다. 우편주소 정보제공의 수수료는 1,000원이다.

[더 알아보기] **부가취급수수료**

부가취급서비스	수수료	비고
회신우편	1,500원	일반형 및 맞춤형 계약등기
본인지정배달	1,000원	
착불배달	500원	
우편주소 정보제공	1,000원	
반송수수료 사전납부	반송수수료×반송률	일반형 계약등기

04　　　　　　　　　　　　　　　　　　　정답 ④
출제 영역 | 국내우편물의 부가서비스
[정답해설]
④ 발송 후의 배달증명 청구기간은 발송한 다음 날부터 1년이며 단, 내용증명우편물에 대한 배달증명 청구기간은 발송한 다음 날부터 3년이다.

05　　　　　　　　　　　　　　　　　　　정답 ①
출제 영역 | 그 밖의 우편서비스
[정답해설]
옳은 것은 ㄱ으로 총 1개이다.
ㄱ. 모사전송(팩스) 우편 서비스는 우정사업본부장이 지정·고시하는 우체국에서만 취급할 수 있다. 우편취급국은 제외이고, 군부대 내에 소재하는 우체국도 우정사업본부장이 지정·고시하는 우체국만 가능하다.
[오답해설]
ㄴ. 모사전송(팩스) 우편 서비스의 이용 수수료는 내용문 최초 1매 500원, 추가 1매당 200원이며, 복사비는 1장당 50원이다.

ㄷ. 나만의 우표의 종류에는 기본형, 홍보형, 시트형, 카드형이 있다.
ㄹ. 나만의 우표에서 기본이미지 외 이미지 추가 요청 시 1종 추가마다 600원씩 추가된다. 단, 신청량이 전지 기준 101장부터 추가 이미지(최대 20종)를 무료 제공한다.

전지 신청량	1~100장	101장 이상
이미지 서비스 수량 (기본 종수)	1종	20종

06 정답 ③

출제 영역 | 우편에 관한 요금

정답해설
③ 요금후납 계약을 위한 담보금액은 계약자가 납부할 1개월분의 우편요금을 개략적으로 추산한 금액의 2배 이상이며, 납부한 담보금액이 실제 1개월 발송 우편요금의 2배액에 미달되거나 초과되는 경우에는 담보금액을 증감 조치할 수 있다.

오답해설
① 한 사람이 매월 100통 이상 발송하는 통상우편물, 소포우편물은 요금후납 우편물의 대상이다.
② 우체국은 요금후납 제도의 이용이 가능하며, 우편취급국은 총괄우체국장의 사전 승인을 받은 후 이용이 가능하다.
④ 1개월간 납부하는 요금이 100만원 이하인 사람은 담보금 전액 면제 대상이다.

07 정답 ④

출제 영역 | 우편에 관한 요금

정답해설
④ 다량우편물 중 1만 통 이상 타지역으로 배달하는 경우 0.5%의 물량(기본) 감액률이 적용된다.

더 알아보기 | 물량(기본) 감액률

구분	1만 통 이상		5만 통 이상		10만 통 이상	
	동일 지역	타 지역	동일 지역	타 지역	동일 지역	타 지역
다량우편물	1%	0.5%	2%	1%	3%	1.5%

08 정답 ①

출제 영역 | 손해배상 및 손실보상

정답해설
① 우편물을 발송한 날로부터 1년 내에 청구한 것인지를 심사한다.

더 알아보기 | 손해배상 제한사유

- 우편물의 손해가 주소 오표기, 포장부실* 등 발송인의 잘못 또는 수취인 부재, 수취거절 등 수취인의 사정으로 지연배달 된 경우
  * 내용품에 적합한 포장이 아님을 안내하였음에도 동일한 방식으로 포장하거나, 완충재 등의 포장 없이 발송하여 파손이 발생한 경우
- 우편물의 성질·결함 또는 불가항력적인 이유로 손해가 생긴 경우
- 우편물을 배달(교부)할 때 외부에 파손 흔적이 없고, 무게도 차이가 없는 경우
- 수취인이 우편물을 정당하게 받았을 경우

09 정답 ②

출제 영역 | 그 밖의 청구와 계약

정답해설
② 우편사서함이란 신청인이 우체국장과 계약을 하여 우체국에 설치된 우편함에서 우편물을 직접 찾아가는 서비스로, 우편사서함의 사용계약을 하려는 사람은 주소·성명 등을 기록한 계약신청서와 등기우편물 수령을 위하여 본인과 대리수령인의 서명표를 사서함 시설이 갖춰진 우체국에 제출한다.

오답해설
① 우편사서함은 우편물을 다량으로 받는 고객이 우편물을 수시로 찾아갈 수 있으며, 수취인 주거지나 주소변경에 관계없이 이용할 수 있는 장점이 있다.
③ 법인, 공공기관 등 단체의 우편물 수령인은 5명까지 등록 가능하며, 신규 개설할 때나 대리수령인이 바뀐 때에는 미리 신고할 경우에만 가능하다.
④ 사서함 신청을 받은 우체국장은 국가기관, 지방자치단체, 일일 배달예정물량이 100통 이상인 다량이용자, 우편물 배달 주소지가 사서함 설치 우체국의 관할구역인 신청자 순서로 우선적으로 계약할 수 있다.

10 정답 ②

출제 영역 | 발착 및 운송작업

정답해설
② 집중국·물류센터 약호는 수도권과 강원청 소속 집중국은 알파벳, 지방권은 한글로 이루어진다.

11 정답 ④

출제 영역 | 주요 부가서비스 및 제도

오답해설
① 미국행 국제(항공·선편)우편물 전량이 사전신고 대상이다.
② 가정에서 만든 식품을 우편으로 발송하는 경우는 사전신고 면제 우편물이다.
③ 부패성 식품을 우체국을 통해 발송한 후 내용품의 특성상 운송도중 부패한 경우는 발송인 책임이다.

12 정답 ④

출제 영역 | 발착 및 운송작업

정답해설

④ 집배코드의 집배구 부여는 단순히 집배원당 하나의 집배구를 부여하는 것이 아니라 배달환경에 따라 1명의 집배원에 여러 개의 집배구를 할당하거나 또는 배달단위별로 부여할 수 있다.

13 정답 ③

출제 영역 | 우편물 수집 및 배달

정답해설

③ 기록취급우편물, 국제항공우편물은 제1순위 배달물이다.

14 정답 ④

출제 영역 | 국제우편 총설

오답해설

ㄱ. 우편자루 내 각 우편물의 중량은 2kg을 초과할 수 없다.
ㄴ. 절차대행수수료는 4,000원으로 우편요금과는 별도로 징수한다.

15 정답 ③

출제 영역 | 국제우편 총설

정답해설

③ 항공서간은 정부에서 발행하는 항공서간과 사제항공서간으로 구분한다. 정부에서 발행하는 항공서간에는 우편요금을 표시하는 증표를 인쇄할 수 있으나, 사제항공서간에는 우편요금을 표시하는 증표를 인쇄할 수 없다.

16 정답 ①

출제 영역 | 국제우편 총설

정답해설

① 서류와 비서류 모두 세관검사 대상에 해당한다.

서류 (Document)	편지, 유학 서류, 각종 서류 등에 해당하며, 서류용 기표지(운송장) 사용
비서류 (Non-Document)	서류용 국제특급에 해당하지 않는 내용품(상품견본⟨Sample⟩과 물품⟨Gift, Merchandise⟩ 등)에 해당하며, 비서류용 기표지(운송장) 사용

17 정답 ①

출제 영역 | 국제우편 총설

오답해설

② 우편자루배달 인쇄물(M-bag) : 무게한계 10kg~30kg
③ 서장(Letters), 소형포장물(Small packet) : 무게한계 2kg
④ 시각장애인용 우편물(Items for the blind) : 무게한계 7kg

18 정답 ②

출제 영역 | 국제우편요금

정답해설

옳은 것은 ㄱ, ㄹ, ㅂ으로, 총 3개이다.

오답해설

ㄴ. UPU 총회가 개최되는 4년마다 총회 개최지명으로 국제회신우표권을 발행하며(4년마다 디자인 변경) 국제회신우표권의 유효기간은 앞면 우측과 뒷면 하단에 표시한다.
ㄷ. 국제회신우표권은 '우표류'에 속하나 할인판매가 불가하다.
ㅁ. 20장 이하는 자유판매, 20장 초과판매를 요구할 시 구체적인 사용목적을 확인한 후 판매한다.

19 정답 ①

출제 영역 | 국제우편물 종별 접수요령

정답해설

① 보험가액은 운송장 보험가액란에 'ㅇㅇㅇ원'으로 기록하고 보험 취급수수료는 별도 기재 없이 요금에 포함하여 기록한다.

보험취급 한도액	보험 취급수수료
4,000SDR 또는 7백만원 ※ EMS프리미엄 : 5천만원	• 보험가액 최초 65.34SDR 또는 최초 114,300원까지 : 2,800원 • 보험가액 65.34SDR 또는 114,300원 추가마다 : 550원 추가

20 정답 ②

출제 영역 | 주요 부가서비스 및 제도

오답해설

① 접수대상 우편물은 EMS(EMS 프리미엄), 국제소포(항공 · 선편), 등기소형포장물(항공)이다.
③ 국제소포는 요금할인이 없고, EMS(EMS 프리미엄은 사전접수 요금할인 없음)와 등기소형포장물을 스마트접수할 경우 5% 할인이 적용된다.
④ EMS이며 요금할인이 5%(EMS프리미엄은 요금할인 없음), 고객 선택에 따라 우체국 창구접수 및 방문접수(방문접수수수료 납부 필요)가 가능하다.

02 예금일반

01	02	03	04	05	06	07	08	09	10
②	③	②	③	③	③	①	③	②	②
11	12	13	14	15	16	17	18	19	20
③	③	①	④	②	①	④	①	①	②

01　정답 ②
출제 영역 | 금융경제 일반
정답해설
② 금리는 자금에 대한 수요가 증가하면 금리는 상승하고 자금의 공급이 증가하면 금리는 하락한다.

02　정답 ③
출제 영역 | 금융경제 일반
정답해설
③ 우리나라의 경우, 최종적인 차입자인 기업 부문(적자 경제주체)이 주식·사채 등을 발행하여 최종적인 대출자인 가계 부문(흑자 경제주체)에 매각함으로써 자금을 직접 조달하는 경우가 이에 해당한다.
오답해설
① 간접금융은 금융중개기관이 자신에 대해서 발행하는 청구권을 간접증권 또는 제2차 증권(secondary security)이라 하며, 금융중개기관이 대출자와 차입자 간에 자금융통을 매개하는 방식을 말한다.
② 직접금융은 기업들이 원하는 금액의 자금을 장기로 조달할 수 있는 장점이 있어 장기설비 투자를 위한 자금조달에 용이하다.
④ 직접금융은 최종적 차입자가 자금의 최종적인 대출자에게 주식이나 사채 등을 직접적으로 발행함으로써 자금을 조달하는 방식을 말한다.

03　정답 ②
출제 영역 | 금융회사와 금융상품
정답해설
ㄱ·ㄹ. 은행의 업무는 고유업무, 부수업무 그리고 겸영업무로 구분된다. 「은행법」 제27조에 규정된 은행의 고유업무에는 예금·적금의 수입 또는 유가증권, 그 밖의 채무증서의 발행, 자금의 대출 또는 어음의 할인, 내국환·외국환 등이 있다.
오답해설
ㄴ. 수납 및 지급 대행과 전자상거래와 관련한 지급 대행은 「은행법」 제27조의2에 규정된 은행의 부수업무에 해당한다.
ㄷ. 파생상품의 매매·중개업무, 파생결합증권의 매매 업무는 「은행법 시행령」 제18조의2에 규정된 은행의 겸영업무에 해당한다.

04　정답 ③
출제 영역 | 금융회사와 금융상품
정답해설
옳은 것은 ㄱ, ㄴ, ㄷ, ㄹ으로, 총 4개이다.
한국은행
우리나라 중앙은행인 한국은행은 화폐를 독점적으로 발행하는 발권은행이다. 화폐발행 외에 한국은행의 가장 중요한 역할은 물가안정을 위해 통화신용정책을 수립하고 집행하는 것이다. 한국은행이 채택하고 있는 통화정책 운영체제는 물가안정목표제이다. 물가안정목표제는 통화량 등의 중간목표를 두지 않고 정책의 최종 목표인 '물가상승률' 자체를 목표로 설정하고 중기적 시계에서 이를 달성하려는 통화정책 운영방식이다. 한국은행의 금융통화위원회(금통위)는 기준금리(정책금리)를 정하고 여타 통화신용정책에 관해 결정을 내린다. 금통위는 한국은행의 통화신용정책에 관한 주요 사항을 심의·의결하는 정책결정기구로서 한국은행 총재 및 부총재를 포함한 총 7인의 위원으로 구성된다. 한국은행은 금융안정에도 노력하고 있다. 금융회사로부터 예금을 받아 금융회사 고객의 예금인출에 대비한 지급준비금 등으로 이용하고 금융회사에 대출을 해주며 자금부족에 직면한 금융회사가 순조롭게 영업할 수 있도록 도와주는 등 은행의 은행 역할을 수행하고 있다. 또 국민이 정부에 내는 세금 등 정부의 수입을 국고금으로 받아 두었다가 정부가 필요로 할 때 자금을 내어주는 정부의 은행 역할도 수행한다.
오답해설
ㅁ. 금융감독원에서 금융회사에 대한 감독업무, 이들 회사의 업무 및 재산상황에 대한 검사와 검사결과에 따른 제재업무, 금융분쟁의 조정 등 금융소비자 보호업무 등의 기능을 수행한다.

05　정답 ③
출제 영역 | 저축과 금융투자에 대한 이해
정답해설
③ 채권에 관한 설명이다. 채권은 발행 시에 발행자가 지급하여야 할 약정이자와 만기 시 상환해야 할 금액이 사전에 확정되며, 발행자의 영업실적과 무관하게 이자와 원금을 상환해야 한다.

06　정답 ③
출제 영역 | 저축과 금융투자에 대한 이해
정답해설
③ 채권은 만기일에 약속된 원금과 이자를 받을 수 있고 차입자가 파산할 경우에도 주주권에 우선하여 변제받을 수 있으며, 원금의 손실가능성이 매우 낮아 복리효과를 이용한 장기투자에 적합하다.
오답해설
① 채권의 이자소득에 대해서는 이자소득세가 과세되지만 매매에 따른 자본이득에 대해서는 주식과 마찬가지로 과세되지 않는다.

② 채권의 발행자격을 갖춘 기관은 법으로 정해져 있는데 발행자격이 있더라도 발행을 위해서는 정부로부터 별도의 승인을 얻어야 한다.
④ 채권은 정부, 지방자치단체, 공공기관, 특수법인 또는 주식회사가 불특정 다수의 투자자를 대상으로 비교적 장기에 걸쳐 대규모 자금을 조달할 목적으로 발행하는 일종의 차용증서인 유가증권이다. 주식의 발행은 자기자본의 증가를 가져오지만 채권은 타인자본인 부채의 증가를 수반한다.

07　　　　　　　　　　　　　　　　　정답 ①

출제 영역 | 저축과 금융투자에 대한 이해

[정답해설]

ㄱ. 유동성지표(liquidity measures) : 기업이 부담하고 있는 단기부채를 충분하게 상환할 수 있는 능력을 살펴보는 지표로 1년 이내에 만기가 돌아오는 유동부채 대비 현금성이 있는 유동자산의 비율로 측정된다.
ㄴ. 활동성지표(activity measures) : 기업이 보유자산을 얼마나 잘 활용하고 있는가를 보여주는 지표로 주로 총자산 대비 매출액으로 측정한 자산회전율로 측정한다.
ㄷ. 수익성지표(earnings measures) : 크게 매출액과 투자자본 대비 수익률로 측정되며 기업의 경영성과를 나타내며 가장 중요한 재무비율지표로 평가된다.

08　　　　　　　　　　　　　　　　　정답 ③

출제 영역 | 우체국금융 일반현황

[정답해설]

③ 우체국예금의 원금과 이자 그리고 우체국보험의 보험금 등은 「우체국예금·보험에 관한 법률」에 의해 국가가 법으로 전액 지급을 보장한다.

09　　　　　　　　　　　　　　　　　정답 ②

출제 영역 | 예금관련법

[정답해설]

금융소득 중 비과세 및 분리과세 소득을 제외한 금융소득이 2천만원을 초과하는 경우 금융소득 전체를 종합과세 한다. 금융소득이 2천만원을 초과하면 다른 종합소득과 합산하여 산출세액을 계산하고 2천만원 이하 금액은 원천징수세율(14%)을 적용하여 산출세액을 계산한다.

- 금융소득＝이자소득＋배당소득
- 종합과세 제외 금융소득＝비과세 되는 금융소득＋분리과세 되는 금융소득
- 종합과세 대상 금융소득＝금융소득－종합과세 제외 금융소득

- A씨의 종합과세되는 금융소득 금액은 75,000,000원(회사채 이자＋정기예금 이자)이다.
- 기준금액초과 금융소득 : 75,000,000원－20,000,000원＝55,000,000원

- 종합소득 산출세액의 계산
 ㉠ 금융소득을 기본세율로 과세 시 산출세액
   ＝(2천만원 초과금액＋사업소득 금액－종합소득공제)
     ×기본세율＋2천만원×14%
   ＝(55,000,000원＋20,000,000원－5,100,000원)
     ×기본세율＋(20,000,000원×14%)
   ＝69,900,000원×24%－누진공제(5,760,000원)
     ＋2,800,000원
   ＝13,816,000원
 ㉡ 금융소득을 원천징수세율로 과세 시 산출세액
   ＝금융소득금액×14%＋(사업소득금액－종합소득공제)
     ×기본세율
   ＝75,000,000원×14%＋(20,000,000원－5,100,000원)
     ×15%－누진공제(1,260,000원)
   ＝11,475,000원
종합소득 산출세액은 ㉠과 ㉡ 중 큰 금액인 ② 13,816,000원이다.

10　　　　　　　　　　　　　　　　　정답 ②

출제 영역 | 예금업무 개론

[정답해설]

② 외국인이라도 거주자이면 금융회사와의 원화예금거래는 자유이다. 비거주 외국인은 외국환은행과 일부 예금거래가 가능하다.

11　　　　　　　　　　　　　　　　　정답 ③

출제 영역 | 예금업무 개론

[정답해설]

옳은 것은 ㄱ, ㄷ, ㄹ, ㅁ으로, 총 4개이다.

[오답해설]

ㄴ. 직원이 입금조작을 잘못하여 착오계좌에 입금한 경우 잘못된 입금은 착오에 기인한 것이므로 착오계좌 예금주의 동의 없이 취소하여 정당계좌에 입금할 수 있다.

12　　　　　　　　　　　　　　　　　정답 ③

출제 영역 | 내부통제 및 금융소비자 보호

[정답해설]

금융기관은 계좌의 신규개설이나 1천만원(미화 1만불) 이상의 일회성 금융 거래, 1백만원을 초과하는 전신송금, 금융거래의 실제 당사자 여부가 의심되는 등 자금세탁행위나 공중협박자금조달 행위를 할 우려가 있는 경우 고객의 신원을 확인해야 한다.

고객확인의무 면제 대상

- 「금융실명법」상 실명확인 생략 가능한 각종 공과금 등의 수납, 1백만원 이하의 원화송금(무통장입금 포함), 1백만원 이하에 상당하는 외국통화의 매입·매각
- 「금융실명법」 제3조 제2항 제3호에서 정한 특정채권의 거래
- 법원공탁금, 정부·법원 보관금, 송달료를 지출한 금액
- 보험기간의 만료 시 보험계약자, 피보험자 또는 보험수익자에 대하여 만기환급금이 발생하지 아니하는 보험계약 등

13 정답 ①

출제 영역 | 내부통제 및 금융소비자 보호

정답해설

옳은 것은 ㄱ, ㄹ, ㅂ으로, 총 3개이다.

비밀보장의 대상 및 제외대상

비밀보장의 대상	비밀보장의 제외 대상
• 특정인의 금융거래사실(누가 어느 금융회사 등, 어느 점포와 금융거래를 하고 있다는 사실) • 금융회사가 보유하고 있는 금융거래 내용을 기록·관리하고 있는 모든 장표·전산기록 등의 원본·사본(금융거래자료) 및 그 기록으로부터 알게 된 것(금융거래정보) • 당해 정보만으로 명의인의 정보 등을 직접 알 수 없으나 다른 정보와 용이하게 결합하여 식별할 수 있는 것 • 특정 명의인이 전화번호, 주소, 근무처 등이 포함된 금융거래 자료 또는 정보 • 정보 요구자가 특정인의 성명, 주민등록번호, 계좌번호 등을 삭제하는 조건으로 요구한 당해 특정인의 식별 가능한 금융거래 자료 또는 정보	• 특정명의인의 금융거래 사실 또는 금융거래에 대한 정보를 알 수 없는 것은 비밀보장의 대상에서 제외 • 금융거래에 관한 단순통계자료 • 성명, 주민등록번호, 계좌번호, 증서번호 등이 삭제된 다수 거래자의 금융거래 자료로서 특정인에 대한 금융거래정보를 식별할 수 없는 자료 • '93.8.12 이전에 거래된 무기명, 가명의 금융거래 • 순수한 대출거래·보증·담보내역 등에 관한 정보 및 자료 • 신용카드 발급, 가맹점 가입, 카드를 이용한 매출, 현금서비스, 기타 회원, 가맹점 및 채무관리 등에 관한 정보 및 자료 • 대여금고 이용에 관한 정보 • CCTV화면 관련 정보 ※ CCTV관련 정보는 「개인정보 보호법」 등 타 법률에 따라 제한사항 여부 확인

14 정답 ④

출제 영역 | 예금관련법

오답해설

① 예금보험공사는 예금보험 가입 금융회사가 취급하는 예금 등을 보호한다. 은행의 확정급여형 퇴직연금제도의 적립금은 예금보험공사의 보호대상 금융상품이 아니다.
② 농협은행, 수협은행 및 외국은행 국내지점은 보호대상 금융회사이다. 농·수협 지역조합, 신용협동조합, 새마을금고는 예금보험공사의 보호대상 금융회사가 아니며, 관련 법률에 따른 자체 기금에 의해 보호된다.
③ 우체국의 경우 우체국예금(이자 포함)과 우체국보험 계약에 따른 보험금 등 전액에 대하여 국가에서 지급을 책임지고 있다.

15 정답 ②

출제 영역 | 우체국금융 상품

정답해설

② • 우체국 장병내일준비적금의 가입대상은 현역병, 상근예비역, 의무경찰, 해양의무경찰, 의무소방대원, 사회복무요원, 대체복무요원 등 병역의무 수행자이다.
• 저축한도는 매월 30만원 범위 내에서 적립 가능하며, 「장병내일준비적금」 상품을 판매하는 모든 취급기관을 합산하여 고객의 최대 저축 한도는 월 55만원까지 가능하다.

16 정답 ①

출제 영역 | 우체국금융 상품

정답해설

① 우체국 체크카드 개인형 일반 상품의 가입연령은 12세 이상이며, 소액신용 및 후불교통 기능이 부여되는 하이브리드 체크카드의 가입연령은 18세 이상이다. 법인카드의 경우 일반법인, 개인사업자, 고유번호 또는 납세번호가 있는 단체(임의단체)가 발급대상이다.

17 정답 ④

출제 영역 | 우체국금융 상품

정답해설

④ 법인 회원이 폐업, 청산에 따라 우체국에 신고 등록한 경우에는 우체국 체크카드의 효력이 상실된다.

체크카드의 이용정지 및 일시 제한이 가능한 사유
• 미성년자의 경우 법정대리인이 거래 중단을 요청하는 경우
• 예금에서 결제계좌의 지급정지 사유에 해당하는 경우
• 카드의 부정사용·비정상적인 거래로 판단되거나, 해킹으로 인하여 회원에게 피해가 갈 것이 우려되는 경우

18 정답 ①

출제 영역 | 우체국금융 서비스

오답해설

② 법인이 안전등급의 거래이용수단으로 폰뱅킹을 이용할 경우 1회 자금이체 한도는 1억원이다.
③ 개인이 일반등급의 거래이용수단으로 모바일뱅킹을 이용할 경우 1일 자금이체 한도는 5천만원이다.
④ 우체국 간편인증서(PIN), 공동인증서, 금융인증서 등 우체국이 정한 인증서만으로 거래하는 경우 기본등급에 해당한다. 기본등급 거래이용수단으로 인터넷뱅킹을 이용할 경우 1회 자금이체 한도는 3백만원이다.

19 정답 ①

출제 영역 | 우체국금융 서비스

[정답해설]

외화 배달서비스 신청이 가능한 통화는 ㄱ, ㄷ, ㅁ, ㅂ으로, 총 4개이다.

외화배달 서비스
- 우체국 인터넷뱅킹 또는 스마트뱅킹 등 비대면 채널을 통하여 (우체국 창구 접수는 불가) 환전거래와 대금 지급을 완료하고, 고객이 직접 날짜와 장소를 지정하면 우편서비스(맞춤형계약등기)를 이용하여 접수된 외화 실물을 직접 배달해 주는 서비스이다.
- 외화 수령일은 신청일로부터 3영업일에서 10영업일 이내로 지정할 수 있다.
- 외화 배달서비스 신청이 가능한 통화는 미국달러(USD), 유럽유로(EUR), 일본엔(JPY), 중국위안(CNY) 총 4개 통화이다.

20 정답 ②

출제 영역 | 우체국금융 서비스

[정답해설]

② 통합멤버십 포인트는 우정사업 서비스 및 이벤트에서 모은 포인트 외에 우체국예금 계좌로 선불 충전이 가능하다. 신용카드 결제로 선불 충전이 불가능하다.

---

03 보험일반

01	02	03	04	05	06	07	08	09	10
④	②	④	①	②	④	①	④	④	③
11	12	13	14	15	16	17	18	19	20
③	③	②	①	③	②	①	③	④	②

01 정답 ④

출제 영역 | 보험 일반 이론

[정답해설]

④ 피보험자가 보험기간 중의 사고로 인하여 제3자에게 배상할 책임을 질 경우에 보험자가 이로 인한 손해를 보상할 것을 목적으로 하는 보험은 책임보험이며 보증보험이란 각종 거래에서 발생하는 신용위험을 감소시키기 위해 보험의 형식으로 하는 보증제도로서 보증보험회사가 일정한 대가(보험료)를 받고 계약상의 채무이행 또는 법령상의 의무이행을 보증하는 특수한 형태의 보험을 말한다.

02 정답 ②

출제 영역 | 생명보험 이론

[오답해설]

ㄴ. '타인을 위한 보험'은 피보험자가 아닌 보험수익자와 보험계약자가 다른 사람일 경우이다.
ㄷ. 계약자가 보험계약 시 보험수익자를 지정하지 않은 경우 사망보험금의 보험수익자는 피보험자의 상속인이다.

더 알아보기 보험금을 받는 자를 지정하지 않은 경우

보험사고별 종류	보험수익자
사망보험금	피보험자의 상속인
생존보험금	보험계약자
장해 · 입원 · 수술 · 통원급부금 등	피보험자

03 정답 ④

출제 영역 | 생명보험 이론

정답해설

기본공제 대상자 요건

보험료 납입인	피보험자	소득금액 요건	연령 요건	세액공제 여부
본인	부모	연간 100만원 이하	만 60세 이상	가능
본인	배우자	연간 100만원 이하	특정 요건 없음	가능
본인	자녀	연간 100만원 이하	만 20세 이하	가능
본인	형제자매	연간 100만원 이하	만 20세 이하 또는 만 60세 이상	가능

04 정답 ①

출제 영역 | 생명보험 이론

정답해설

① 세액공제 대상을 근로소득자로 제한하고 있어 연금소득자 또는 개인사업자 등은 보장성 보험에 가입하더라도 세액공제를 받을 수 없다.

05 정답 ②

출제 영역 | 보험계약법(인보험편)

정답해설

② 보험계약자는 보험 가입 증서(보험증권)를 받은 날부터 15일 이내에 청약을 철회할 수 있다. 다만, 진단계약, 보험기간이 90일 이내인 계약 또는 전문금융소비자가 체결한 계약은 청약을 철회할 수 없으며, 청약일로부터 30일이 초과된 계약도 청약 철회가 불가하다.

06 정답 ④

출제 영역 | 보험계약법(인보험편)

오답해설

ㄴ. 보험계약자가 보험사고에 의한 보장을 받기 위하여 보험자(보험회사)에게 지급하여야 할 금액을 보험료라고 한다.
ㄷ. 보험사고가 발생할 경우 보험자가 지급하는 금액을 보험금이라고 한다.

07 정답 ①

출제 영역 | 보험계약법(인보험편)

정답해설

ㄱ. 사망보험의 경우 피보험자의 자격 미달은 보험계약 무효요건에 해당한다.
ㄴ. 2월 1일 10시에 보험 가입 증서를 받은 경우 2월 16일까지 청약 철회가 가능하다(일자 계산은 초일 불산입을 적용하므로 1일 보험 가입 증서를 받은 경우 16일까지 청약 철회가 가능하다).

08 정답 ④

출제 영역 | 우체국보험 일반현황

정답해설

④ 「우체국보험특별회계법」 제5조(적립금의 운용)에 따라 우체국보험의 적립금은 과학기술정보통신부 장관이 운용·관리한다.

09 정답 ④

출제 영역 | 리스크관리 및 자금 운영

정답해설

④ 우정사업본부장은 자산건전성 분류 대상 자산에 해당하는 보유 자산에 대해 건전성을 '정상', '요주의', '고정', '회수의문', '추정손실'의 5단계로 분류하여야 하며, '회수의문' 또는 '추정손실'로 분류된 자산을 조기에 상각하여야 한다.

10 정답 ③

출제 영역 | 우체국보험 및 언더라이팅

정답해설

언더라이팅(청약심사)에 대한 설명으로 옳은 것은 ㄱ, ㄴ, ㄷ으로, 총 3개이다.

오답해설

ㄹ. 계약적부 조사는 적부 조사자가 피보험자를 직접 면담 또는 전화를 활용하여 적부 주요 확인 사항을 중심으로 확인하며, 계약적부 조사서상에 주요 확인 사항 등을 기재하고 피보험자가 최종 확인하는 제도이다.

11 정답 ③

출제 영역 | 우체국보험 및 언더라이팅

정답해설

③ 사기에 의한 계약으로 보험계약의 취소사유에 해당한다.

오답해설

①·②·④ 보험계약의 무효사유에 해당한다.

12 정답 ③

출제 영역 | 우체국보험 계약유지 및 보험금 지급

오답해설

① 보험료의 납입 연체로 인한 해지 계약이 해약환급금을 받지

않은 경우, 계약자는 해지된 날부터 3년 이내에 계약의 부활을 청약할 수 있다.
② 보험계약자가 제2회 이후의 보험료를 납입기일까지 납입하지 않아 보험료 납입이 연체 중인 경우에 체신관서는 납입최고(독촉)하고, 유예기간이 끝나는 날까지 보험료가 납입되지 않은 경우 유예기간이 끝나는 날의 다음 날에 계약은 해지(효력상실)된다. 이때, 체신관서의 납입최고는 유예기간이 끝나기 15일 이전까지 서면(등기우편 등) 등으로 이루어진다.
④ 보험료 납입 유예기간은 해당 월분 보험료의 납입기일부터 납입기일이 속하는 달의 다음 다음 달의 말일까지로 한다.

13 정답 ②

출제 영역 | 우체국보험 계약유지 및 보험금 지급

[정답해설]
② 체신관서가 보험금 청구 서류를 접수한 때에는 접수증을 교부하고 휴대전화 문자메시지 또는 전자우편 등으로도 송부하며, 그 서류를 접수한 날부터 3영업일 이내에 보험금을 지급하거나 보험료 납입을 면제한다.

14 정답 ①

출제 영역 | 우체국보험 계약유지 및 보험금 지급

[정답해설]
①「상법」제662조(소멸시효)에 따라 보험금청구권은 3년간 행사하지 아니하면 시효의 완성으로 소멸한다.

15 정답 ③

출제 영역 | 우체국보험 상품

[정답해설]
③ 무배당 파워적립보험 2109는 적립 부분 순보험료를 신공시이율Ⅳ로 부리·적립하며, 시중금리가 떨어지더라도 최저 1.0% 금리를 보증하는 상품이다.

16 정답 ②

출제 영역 | 우체국보험 상품

[정답해설]
저축성보험(5종)

	보험 종류	시행일(고시일)
1	무배당 청소년꿈보험 2109	2021.09.13.
2	무배당 그린보너스저축보험플러스 2203	2022.03.25.
3	무배당 파워적립보험 2109	2021.09.13.
4	무배당 우체국온라인저축보험 2109	2021.09.13.
5	무배당 알찬전환특약 2109	2021.09.13.

[오답해설]
ㄴ. 무배당 우체국연금보험 2109 : 연금보험
ㄹ. 무배당 에버리치상해보험 2109 : 보장성보험

17 정답 ①

출제 영역 | 우체국보험 상품

[오답해설]
② 무배당 우체국와이드건강보험 2112에 보험가입금액 2,500만원을 가입하는 경우, 주계약 보험료에 대해서 1.0% 할인을 받을 수 있다.
③ 무배당 우체국치매간병보험 2109의 해약환급금 50% 지급형에 가입한 경우, 보험료 납입기간 중 계약이 해지될 경우에는 표준형 해약환급금의 50%를 해약환급금으로 지급받는다.
④ 무배당 우체국실속정기보험 2109 2종(간편가입)에 가입 후 계약일부터 3개월 이내에 1종(일반가입)으로 가입을 희망하는 경우, 일반계약 심사를 통하여 1종(일반가입)에 청약할 수 있다.

18 정답 ③

출제 영역 | 우체국보험 상품

[정답해설]
③ 연금 소득자의 나이에 따른 세율과 종신연금형을 동시에 충족하는 경우 낮은 세율을 적용하므로 연금 수령 한도 이내 연간연금액인 12,000,000원은 4.4%의 연금 소득세율이 적용되고 연금 수령 한도 초과 연간연금액인 10,000,000원은 16.5%의 기타 소득세율이 적용되어 $12,000,000 \times 0.044 + 10,000,000 \times 0.165 = 2,178,000$(원)이 된다.

19 정답 ④

출제 영역 | 우체국보험 상품

[정답해설]
④ 무배당 만원의행복보험 2109는 차상위계층 이하 저소득층을 위한 공익형 상해보험으로, 성별·나이에 상관없이 보험료 1만원(1년 만기 기준), 1회 납입 1만원(1년 만기 기준) 초과 보험료는 체신관서가 공익자금으로 지원하는 상품이다.

20 정답 ②

출제 영역 | 우체국보험 상품

[오답해설]
ㄴ. 지정대리 청구 서비스 특약 2109에서 지정대리 청구인은 피보험자의 가족관계등록부상의 배우자 또는 3촌 이내의 친족이다.
ㄹ. 무배당 급성 심근경색증 진단 특약(갱신형) 2109는 보험기간(10년)이 끝날 때까지 살아 있을 때 건강관리 자금이 지급된다.

04 컴퓨터일반(기초영어 포함)

01	02	03	04	05	06	07	08	09	10
④	④	③	①	③	②	①	②	④	①
11	12	13	14	15	16	17	18	19	20
④	③	①	④	④	④	①	③	①	②

01 정답 ④

출제 영역 | 기억장치 관리

[정답해설]

④ 최적 적합(Best-Fit) 배치전략은 들어오는 순서대로 배치가 가능한 공간 중 남는 공간이 가장 적은 곳에 배치한다. 따라서 18KB는 20KB에 32KB는 35KB에 14KB는 15KB에 배치된다. 그런데 22KB는 남은 공간이 30KB밖에 없기 때문에 30KB에 배치된다.

[더 알아보기] 기억장치 배치전략

종류	설명
최초 적합 (First Fit)	• 주기억장치 내에서 작업을 수용할 수 있으면서 처음 만나는 공간에 배치(프로그램보다 가용 공간이 적은 곳은 배제) • 내부 단편화가 많이 발생하며, 배치 결정이 가장 빠름
최적 적합 (Best Fit)	• 입력된 작업은 주기억장치 내의 공백 중 가장 알맞은 작업의 공백으로 사용되지 않는 공간을 가장 적게 남기는 공백에 배치 • 내부 단편화가 가장 적게 발생
최악 적합 (Worst Fit)	• 데이터를 입력한 후 주기억장치 내의 공백이 너무 많이 남은 경우에 배치 • 내부 단편화가 가장 크게 발생

02 정답 ④

출제 영역 | 인터넷과 보안

[정답해설]

④ MIME는 웹에서 지원하지 않는 멀티미디어 전자우편을 주고받기 위한 인터넷 메일의 표준이다.

[오답해설]
① HTTP에 대한 설명이다.
② POP3 또는 IMAP에 대한 설명이다.
③ SMTP에 대한 설명이다.

03 정답 ③

출제 영역 | 데이터베이스의 개념

[정답해설]

DBMS(DataBase Management System)
• 기존 파일시스템이 갖는 데이터 종속성과 데이터 중복성 문제점 해결
• 수많은 자료들을 사용자의 요구에 따라 쉽고 빠르게 추가·수정·삭제할 수 있도록 해주는 소프트웨어
• 응용 프로그램과 데이터의 중재자로서 모든 응용 프로그램들이 데이터베이스를 공유할 수 있도록 관리하는 소프트웨어
• 데이터베이스를 생성, 관리하며, 데이터로부터 사용자의 물음에 대한 대답을 추출하는 프로그램(DDL, DML, DCL)

04 정답 ①

출제 영역 | 비관계형 데이터베이스

[정답해설]

NoSQL(Not only SQL) 개념
• 관계형 데이터베이스의 한계를 벗어나, Web 2.0의 비정형 초고용량 데이터 처리를 다수 서버들의 데이터 복제 및 분산 저장이 가능한 데이터베이스 관리시스템이다.
• 데이터의 읽기보다 쓰기에 중점을 둔, 수평적 확장이 가능한 데이터베이스 관리시스템이다.

[더 알아보기] NoSQL의 특징

• 데이터의 분산 저장으로 수평적인 확장이 쉬워졌다.
• 대용량 데이터의 쓰기 성능이 향상되었다.
• 디스크 기반인 경우 저비용으로 대용량 데이터 저장소 구축이 쉽다.
• 기존 RDBMS(원자성, 일관성, 독립성, 지속성) 특성을 보장할 수 없다.
• 구현기술의 난이도가 높다
• 대부분 공개 소스 기반으로 안정성 보장 및 문제 발생 시 기술지원이 곤란하다.
• 자체적인 기술력을 확보하여야 구축, 유지 보수가 가능하다.
• Google, Yahoo, Twitter, Facebook 등 대형 인터넷 포털 업체들이 주로 채택하고 있다.

05 정답 ③

출제 영역 | 소프트웨어 공학과 프로젝트

[정답해설]

③ 생산성은 1달에 개발자들이 개발할 수 있는 라인 수
→ 10명×500라인
개발기간은 50,000라인을 생산성에 따라 개발하는 기간으로 50,000/5,000=10
따라서 10개월간 개발기간이 소요된다.

> **더 알아보기** 소프트웨어의 비용

소프트웨어의 비용 결정 요소
- 소프트웨어 비용은 프로젝트의 일정 계획과 비용을 적절히 유지하기 위해 사용되지만 오류(Error)가 많이 발생한다.
- 비용은 프로젝트의 시작 단계에서부터 종료 단계까지 연속적으로 소요된다.
- 비용을 정확하게 예측하려면 경험적 모형, 분해 기법, 과거의 유사한 프로젝트를 이용한다.
  - 프로젝트 요소 : 제품의 복잡도와 크기, 요구되는 신뢰도, 시스템의 크기와 처리 능력
  - 자원 요소 : 인적 자원, 시스템 자원, 재사용이 가능한 자원
  - 생산성 요소 : 개발자의 능력, 개발 기간, 개발 비용, 개발 방법론, 팀의 의사 전달
  - 일반 요소 : 프로그래머의 능력, 가용 시간, 기술 수준

소프트웨어의 비용 측정 계산
- 예측치=[낙관치+(4×기대치)+비관치]/6
- 생산성=LOC/인 월
- 개발 기간=인 월/투입 인원
- 월별 생산성=KLOC(KDSI)/노력(인 월)
- KLOC(Kilo Line Of Code) : 개발 프로그램의 라인 수를 1,000라인으로 묶어서 표현한다.

06   정답 ②

출제 영역 | 인터넷과 보안

[정답해설]
② Telnet : 인터넷 서비스에서 다른 컴퓨터를 자신의 컴퓨터와 같이 가상 터미널을 이용해 원격으로 사용할 수 있도록 지원해 준다.

[오답해설]
① FTP : 인터넷을 통하여 파일을 송수신 할 수 있는 서비스이다.
③ Gopher(고퍼) : 인터넷 정보에 대하여 메뉴 형식으로 정보 검색을 하는 서비스이다.
④ Archie(아키) : 전 세계 인터넷상에서 익명의 FTP 사이트 정보를 검색할 수 있는 서비스이다.

07   정답 ①

출제 영역 | 소프트웨어 설계와 객체 지향

[정답해설]
럼바우의 객체 지향 분석절차 : 객체모델링 → 동적모델링 → 기능모델링

> **더 알아보기** 럼바우의 객체 지향 분석

객체모델링 (Object Modeling)	• 객체, 속성, 연산 등의 식별 및 객체간의 관계 정의 • 속성과 연산 식별 및 객체들 간의 관계를 규정하여 객체 다이어그램으로 표시 • 정보모델링이라고도 함
동적모델링 (Dynamic Modeling)	객체들의 제어 흐름, 상호반응, 연산 순서를 나타내고 상태도를 작성
기능모델링 (Functional Modeling)	입·출력의 결정 → 자료흐름도 작성 → 기능의 내용 상세 기술 → 제약사항을 결정 및 최소화

08   정답 ②

출제 영역 | 웹 저작 언어

[정답해설]
② html은 대소문자를 구별하지 않고 html5가 되면서 그 규정이 타이트해졌으나 닫힌 태그가 없어도 실행이 되기도 한다.

09   정답 ④

출제 영역 | 데이터 통신

[정답해설]
④ CSMA/CD : 공유 링크에 접근하기 위한 프로토콜로 Random Access(임의접근) 방식에 속하는 프로토콜에는 ALOHA, CSMA, CSMA/CD, CSMA/CA 가 있다.

> **더 알아보기** 에러 검출 및 정정 방식의 종류

- 패리티 검사 : 블록의 데이터 끝에 패리티 비트를 추가하여 오류를 검출하는 방식, 1비트의 오류만 검출, 짝수(우수) 패리티 검사와 홀수(기수) 패리티 검사 방법이 존재
- 블록합 검사 : 각 문자당 패리티 체크 비트와 데이터 프레임의 모든 문자열에 대한 에러 체크의 블록합 검사 문자를 함께 전송하는 방식
- 순환 잉여 검사(CRC) : 집단 오류를 검출하기 위한 방식. 다항식을 이용, 오류 정정도 가능
- 정마크 부호 방식 : 일정비 코드라고 하며 전송문자를 부호화하고자 할 때 각 부호의 1(또는 0)의 개수를 일정하게 유지하여 전송하고 수신 측에서는 전송된 문자 중 1(또는 0)이 일정한 개수인가를 판정하여 오류를 검사하는 방식
- 해밍코드 : 오류 검출 및 정정 가능

10 정답 ①

출제 영역 | 프로토콜과 네트워크

[정답해설]
① ICMP는 IP와 조합하여 통신중에 발생하는 오류의 처리와 전송 경로의 변경 등을 위한 제어 메시지를 관리하는 프로토콜이라 할 수 있다.

[오답해설]
② ARP : IP 주소를 MAC 주소로 변경하는 프로토콜
③ RARP : 호스트의 물리적 주소로부터 IP 주소를 구할 수 있도록 하는 프로토콜
④ IP : 각 패킷의 주소 부분을 처리하여 패킷이 목적지에 정확히 도달할 수 있도록 하며 비연결형 프로토콜

11 정답 ④

출제 영역 | 프로토콜과 네트워크

[정답해설]
㉠ 연결설정이 필요한 교환방식 : 회선교환, 가상회선
㉡ 연결설정이 불필요한 교환방식 : 메시지교환, 데이터그램 패킷교환

12 정답 ③

출제 영역 | 상용 운영 체제

[정답해설]
③ 데이터 블록에 해당하는 설명이다.

[더 알아보기] **UNIX 시스템 파일 구조**

부트 블록 (Boot Block)	시스템의 부팅 시 필요한 코드를 저장한 블록
슈퍼 블록 (Super Block)	전체 파일 시스템의 정보를 저장한 블록
데이터 블록 (Data Block)	실제 파일들에 대한 데이터와 디렉토리별 디렉토리 엔트리가 보관되는 블록
I-node 블록	• 각 파일에 대한 정보를 기억하는 자료 구조 블록 • 포함된 정보 : 파일 소유자와 그룹, 소유자의 식별자, 파일의 접근 허가 및 보호권한, 파일이 생성된 시간, 파일의 최종 접근 및 수정시간, 파일 크기, 파일 링크 수, 데이터가 저장된 블록의 주소, 파일 종류(일반 파일, 특수 파일, 디렉토리) 등

13 정답 ①

출제 영역 | 관계형 데이터베이스

[정답해설]
① DISTINCT : 중복제거, 즉 중복된 것을 제거하므로 한 번만 나타남

[오답해설]
② UNIQUE : 값이 유일하다는 의미이다.

14 정답 ④

출제 영역 | 어휘 및 숙어

[정답해설]
④ 밑줄 친 feasible은 '실현 가능한'의 뜻으로, 이와 의미가 가장 가까운 것은 'practicable(실행[실현] 가능한)'이다.

[오답해설]
① 융통성 있는 ② 중요한 ③ 불가능한

[해석]
바닷물로부터 금을 끌어내는 일은 경제적으로 실행 가능하지 않다.

[어휘]
• economically 경제적으로
• take out of ~에서 끌어내다

15 정답 ④

출제 영역 | 회화

[정답해설]
④ Jim이 업무 중에 실수를 반복해서 그를 해고할지 결정을 내리는 상황이다. A가 그에게 마지막 기회를 주고 싶지 않은지 물었으므로 이어지는 B의 대답으로는 '상황을 오래 끌어봤자 소용없다.'가 가장 적절하다.

[오답해설]
① 그렇게 경험이 없는 사람을 고용하지 않는 것이 나아요.
② 아니요, 차라리 그것을 Jim에게 맡기겠어요.
③ 그런 일이 일어나려면 그가 큰 실수를 해야 할 거예요.

[해석]
A : Jim은 아직도 근무 중에 아주 기본적인 실수들을 하고 있어요.
B : 알아요, 그를 해고할 때가 왔어요.
A : 그에게 마지막 기회를 주고 싶지 않나요?
B : 상황을 오래 끌어봤자 소용이 없어요.

[어휘]
• let go 해고하다
• there is no use ~ing ~해봤자 소용없다
• drag~out (필요 이상으로) ~을 오래 끌다

16
정답 ④

출제 영역 | 회화

정답해설
④ 대화에서 B가 내일 발표에 대해 아직 시작조차 하지 않았다고 하자 A가 빈칸 앞에서 'I'm here for you(내가 여기 있어).'라고 말했으므로 빈칸에 들어갈 표현으로 적절한 것은 'What are friends for(친구 좋다는 게 뭐니)?'이다.

오답해설
① 아직 정해진 것이 없어.
② 그게 나랑 무슨 상관이야?
③ 숨기지 않고 사실대로 말하는 게 좋을걸.

해석
A : 어이, 불쌍한 친구! 무슨 일이니?
B : 너도 알다시피 내가 갑자기 이 발표를 맡았잖아. 그리고 내일이 그 발표의 마감일이야. 나 아직 시작도 못했어.
A : 이봐! 내가 있잖아. 친구 좋다는 게 뭐야?

어휘
• take over 인계받다
• due date 예정일, 마감일

17
정답 ①

출제 영역 | 회화

정답해설
① 대화에서 A가 빈칸 앞에서 도움을 요청하고 빈칸 다음에서 소포를 보내려면 어디로 가야하는지 묻고 있으므로, 대화의 흐름상 빈칸에는 B가 도와주겠다고 말하는 내용이 들어가야 함을 유추할 수 있다. 따라서 빈칸에 들어갈 말로 가장 적절한 것은 'Sure. Can I help you with anything(물론이죠. 무엇을 도와드릴까요)?'이다.

오답해설
② 우리는 이 상황을 어떻게 처리해야 할지 모르겠어요.
③ 담당자가 누구인지 말씀해 주시겠어요?
④ 네, 여기 도움이 필요해요.

해석
A : 죄송하지만, 좀 도와주실 수 있나요?
B : 물론이죠. 무엇을 도와드릴까요?
A : 우체국을 찾고 있어요. 이 소포를 보내고 싶어요.
B : 3층에 있어요.
A : 거기로 어떻게 올라가죠?
B : 모퉁이를 돌아서 엘리베이터를 타세요.

어휘
• give a hand 도와주다
• have no idea 전혀 모르다
• could use some help 도움이 필요하다

18
정답 ③

출제 영역 | 독해

정답해설
③ 세 번째 문장에서 'It is also a good fit, especially for soldiers in training who may only have the chance to use the post office after business hours(그것은 우체국 업무시간 이후에나 우체국을 이용할 수 있는 훈련 중인 군인들에게 특히 유용하다).'라고 했으므로, 글의 내용과 일치하지 않는 것은 'The kiosk is useful for soldiers especially at lunchtime(키오스크는 점심시간에 군인들에게 특히 유용하다).'이다.

오답해설
① 키오스크는 우편 서비스 라인을 단축할 것으로 예상된다. → 네 번째 문장에서 '~the kiosk will help shorten the postal service lines ~'라고 했으므로, 글의 내용과 일치한다.
② 키오스크는 우편 고객들에게 셀프서비스를 제공한다. → 첫 번째 문장에서 '~a self-service kiosk that gives postal patrons a do-it-yourself option for a variety of postal services.'라고 했으므로, 글의 내용과 일치한다.
④ 키오스크는 우선취급 우편요금 인쇄에 사용될 수 있다. → 두 번째 문장에서 '~print postage for express, priority, first-class mail and parcel postage.'라고 했으므로, 글의 내용과 일치한다.

해석
현대의 우체국은 고객 스스로 다양한 우편 서비스를 선택할 수 있는 셀프서비스 키오스크를 운영한다. 키오스크는 우표 구매와 특급우편·우선 취급우편·1종 우편물·소포 등의 우편요금 인쇄에 사용될 수 있다. 키오스크는 우체국 업무시간 이후에나 우체국을 이용할 수 있는 훈련 중인 군인들에게 특히 유용하다. 우체국은 특히 키오스크를 통해 점심시간에 우편서비스 라인을 단축하는 데 도움이 되기를 바라고 있다. 이 새로운 도구는 고객들이 더 빨리 들어가고 나오도록 우체국 직원들의 부족을 보완한다.

어휘
• patron 고객
• purchase 구입, 구매
• postage 우편요금, 우송료
• priority 우선 취급우편
• first-class mail 제1종 우편물
• parcel postage 소포 우편요금
• shorten 짧게 하다, 단축하다
• supplement (부족을) 보완하다

19   정답 ①

출제 영역 | 독해

정답해설

① 첫 문장에서 'Multi-national companies have tried to put processes in place that are scalable'이라고 했고, 다음 문장에서 '하지만 일을 빨리 끝내야 할 때, 기업들은 관료주의에서 벗어날 필요가 있다.'라고 했다. 빈칸 앞 문장에서 '그들은 일반적인 작업 흐름에서 한 팀을 끌어내어, 규칙을 유연하게 관리하고, 다르게 생각하고 일할 수 있도록 자유를 준다.'라고 했고, 빈칸 문장이 '요컨대(In short)'로 시작하고 '반드시 ~한 것은 아니다(are not necessarily)'라는 부분부정이므로 빈칸에는 그러한 '측정 가능한 프로세스(such scalable processes)가 반드시 ~ 한 것은 아니다'라는 의미에 맞는 단어가 와야 한다. 따라서 문맥상 빈칸 ⓐ에 들어갈 알맞은 단어는 '추천할 만한(commendable)'이다.

오답해설

② 부인할 수 있는 ③ 의심하는 ④ 정당화할 수 없는

해석

다국적 기업들은 측정 가능한 프로세스를 시행하려고 노력해 왔다. 다시 말해, 그들은 거대 조직에 걸쳐 대규모 그룹들을 위해 일해야 한다. 하지만 일을 빨리 끝내야 할 때, 기업들은 관료주의에서 벗어날 필요가 있다. 사실, 많은 기업들이 이미 그렇게 하는 혁신적인 프로젝트를 세우기로 결정한다. 그들은 일반적인 작업 흐름에서 한 팀을 끌어내어, 규칙을 유연하게 관리하고, 다르게 생각하고 일할 수 있도록 자유를 준다. 요컨대, 그러한 측정 가능한 프로세스들이 때로 반드시 ⓐ <u>추천할 만한</u> 것은 아니라는 것이다.

어휘

- multi-national company 다국적 기업
- put in place 확립하다, 시행하다
- scalable (저울로) 달 수 있는
- break free of ~에서 벗어나다
- bureaucracy 관료 (체제)
- innovative 혁신적인
- workflow 작업의 흐름
- permission 승인[허락/허가]
- flexibly 유연하게, 융통성 있게
- necessarily 어쩔 수 없이, 필연적으로

20   정답 ②

출제 영역 | 독해

정답해설

② 첫 번째 문장에서 'One of the most common errors in language learning is the failure to practice hearing.'이라고 한 다음에 세 번째 문장에서 '잘 듣지 못하는 사람은 결코 말을 잘할 수 없다.'라고 하면서 언어학습에 있어서 '듣기 연습'의 중요성을 말했다. 이후 부분에서 아기가 말을 배우는 과정을 예로 들고 있으므로, 지문에서 주장하는 영어 학습에서 가장 중요한 것은 '듣기 연습'이다.

해석

외국어 학습에서, 가장 흔한 실수 중 하나는 듣기 연습에 실패하는 것이다. 만일 여러분이 말을 잘하려면, 듣기에 힘써라. 잘 듣지 못하는 사람은, 결코 말을 잘할 수가 없다. 아기가 모국어를 배우는 과정을 살펴보라. 그 아기는 단지 말을 듣는 것으로 언어를 배우기 시작한다. 또한 노래를 반복해서 들은 후에야, 쉽게 노래를 부를 수 있다는 것도 기억하라.

어휘

- solely 혼자서, 홀로
- with ease 쉽게, 용이하게(=easily)
- over and over again 몇 번이고 되풀이 하여
- mother tongue 모국어

참고 기출문제

- 2021년 국가직 9급
- 2012년 국가직 9급
- 2023년 지방직 9급
- 2020년 지방직 9급
- 2019년 지방직 9급
- 2017년 서울시
- 2022년 지역인재 9급 수습직원
- 2018년 소방공무원 경력경쟁 채용시험
- 2011년 3월 고1 전국연합 학력평가

대부분의 사람은 마음먹은 만큼 행복하다.

− 에이브러햄 링컨 −

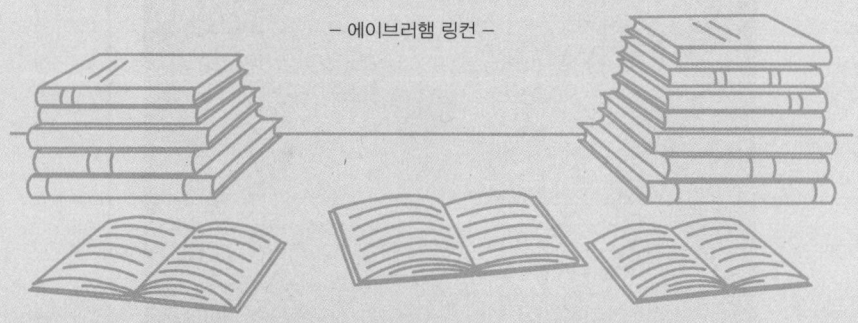

좋은 책을 만드는 길, 독자님과 함께하겠습니다.

2025 시대에듀 우정 9급 계리직 공무원 전과목(우편일반 · 예금일반 · 보험일반 · 컴퓨터일반) 최종모의고사 한권으로 끝내기

개정5판1쇄 발행	2025년 05월 20일 (인쇄 2025년 03월 14일)
초 판 발 행	2019년 08월 05일 (인쇄 2019년 02월 28일)
발 행 인	박영일
책 임 편 집	이해욱
편 저	시대공무원시험연구소
편 집 진 행	박종옥 · 이수지
표지디자인	박종우
편집디자인	김예슬 · 임창규
발 행 처	(주)시대고시기획
출 판 등 록	제10-1521호
주 소	서울시 마포구 큰우물로 75 [도화동 538 성지 B/D] 9F
전 화	1600-3600
팩 스	02-701-8823
홈 페 이 지	www.sdedu.co.kr
I S B N	979-11-383-8963-1 (13350)
정 가	21,000원

※ 이 책은 저작권법의 보호를 받는 저작물이므로 동영상 제작 및 무단전재와 배포를 금합니다.
※ 잘못된 책은 구입하신 서점에서 바꾸어 드립니다.